Stephan Leimgruber
Christliche Sexualpädagogik

Stephan Leimgruber

Christliche Sexualpädagogik

Eine emanzipatorische Neuorientierung
für Schule, Jugendarbeit und Beratung

Kösel

Verlagsgruppe Random House FSC-DEU-0100
Das für dieses Buch verwendete FSC®-zertifizierte Papier
Plano Plus lieferte Papyrus, Ettlingen.

Copyright © 2011 Kösel-Verlag, München,
in der Verlagsgruppe Random House GmbH
Umschlag: Monika Neuser, München
Umschlagmotiv: Petra Gurtner/Fotolia
Satz: EDV-Fotosatz Huber / Verlagsservice G. Pfeifer, Germering
Druck und Bindung: Kösel, Krugzell
Printed in Germany
ISBN 978-3-466-37018-4

Weitere Informationen zu diesem Buch und unserem
gesamten lieferbaren Programm finden Sie unter
www.koesel.de

Inhalt

1. Einleitung 13
   1.1 Aspekte jugendlicher Lebenswelten 14
   1.2 Was die Fälle sexuellen Missbrauchs zu lernen geben 21
   1.3 Religionspädagogik und Sexualpädagogik
       als wissenschaftliche Disziplinen 23
   1.4 Ausrichtung auf Schule, Religionsunterricht,
       Jugendarbeit und Beratung 25
   1.5 Merkmale einer christlichen Sexualpädagogik 26

2. Sexualität als anthropologische Grundgegebenheit –
   Humanwissenschaftliche Perspektiven und
   entwicklungsspezifische Bildungsaufgaben 29
   2.1 Sexualität beim Kleinkind und in der Familie 30
   2.2 Umgang mit Sexualität im Kindergarten 33
   2.3 Sexualität im Grundschulalter und Aufklärung
       als Bildungsaufgabe 35
   2.4 Jugendsexualität 37
   2.5 Plurale Sexualität Erwachsener 39
   2.6 Sexualität und Älterwerden 40
   2.7 Zusammenfassung 43

3. Biblische Aspekte der menschlichen Sexualität 45
   3.1 Was kann von der Bibel erwartet werden? –
       Methodologische Vorfragen 46
   3.2 »Und es war sehr gut« – Sexualität und
       das biblische Menschenbild 47
   3.3 Das Hohelied Salomos 51
   3.4 Vom »Schatten« der Sexualität – Gut und Böse 53

3.5	Unterschiedliche Aspekte bei Jesus und bei Paulus	54
3.6	Die neutestamentliche Magna Charta der Liebe	57
3.7	Die Liebe als Motiv allen Handelns	58
3.8	Zusammenfassung	60

4. Schlaglichter auf die Geschichte der christlichen Sexualpädagogik 63

4.1	Die Geschichte Onans	63
4.2	Die Einseitigkeiten des Aurelius Augustinus von Hippo (354–430 n. Chr.)	64
4.3	Die »Materia-gravis-Lehre in sexto« und das sechste und neunte Gebot des Dekalogs	66
4.4	Die Kulturrevolution der 1968er-Jahre und das Programm der sexuellen Befreiung	68
4.5	Der Durchbruch des sexualaffirmativen Ansatzes auf dem Zweiten Vatikanum, auf den Synoden und im Katholischen Erwachsenenkatechismus (KEK II, 1995)	69
4.6	Stellungnahmen der Evangelischen Kirche in Deutschland (EKD)	74
4.7	Der Abbruch des Dialogs über Sexualität zwischen Jugend und Bischofskonferenz	76
4.8	»Deus caritas est« (2005) – die Enzyklika Benedikts XVI.	80
4.9	Sexuelle Bildung als neues Paradigma im Handbuch der Sexualpädagogik (2008)	82
4.10	»Youcat« – Der neue Jugendkatechismus der Katholischen Kirche (2011)	83
4.11	Ergebnisse	86

5. Systematische Überlegungen zur gelebten Sexualität 89

5.1	Hinführung: Auf dem Weg zur christlichen Mündigkeit	89
5.2	Sexualität als menschliche Grundgegebenheit und gute Gabe Gottes – eine kleine Phänomenologie der Sexualität	90
5.3	Die Vielfalt sexueller Orientierungen und Identitäten	94

- 5.4 Fünf Sinndimensionen menschlicher Sexualität: Identität, Kommunikation, Lebensfreude, Fruchtbarkeit und Transzendenzoffenheit 96
- 5.5 Liebe als zentrales Motiv und einendes Prinzip der Sexualität.. 100
- 5.6 Liebe lernen durch Einübung in Freundschaft und Partnerschaft 101
- 5.7 Regeln sexueller Kommunikation........................ 104
- 5.8 Ehe als privilegierter Ort gelebter Sexualität................ 106
- 5.9 Würdigung und Problematik vorehelicher Lebensgemeinschaften 109
- 5.10 Sexualität und zölibatäre Lebensform 111

6. Sexualpädagogische Bildungsaufgaben – ein Kompetenzmodell 115

- 6.1 Identitätskompetenz................................... 116
- 6.2 Sprachliche und kommunikative Kompetenz............... 118
- 6.3 Sachkompetenz 120
- 6.4 Soziale Kompetenz 121
- 6.5 Ethische Kompetenz und die Diskussion über Werte 122
- 6.6 Interkulturelle und interreligiöse Kompetenz............... 124
- 6.7 Medienkompetenz angesichts sexualisierter Gewalt und Pornografie 125

7. Sexualpädagogik in Schule und Religionsunterricht.... 129

- 7.1 Vorbemerkungen...................................... 129
- 7.2 Sexualerziehung in der Grundschule als fächerübergreifende Aufgabe 130
- 7.3 Sexualpädagogik in der Hauptschule 134
- 7.4 Das Thema Sexualität in der Realschule 138
- 7.5 Sexualpädagogik im Gymnasium........................ 140
- 7.6 Berufsschule.. 143
- 7.7 Das Thema Sexualität im Unterricht mit Kindern und Jugendlichen mit Behinderungen.................... 144
- 7.8 »Kinder lassen ihr Geschlecht nicht vor der Schultür« – Zusammenfassung 145

8. Sexualpädagogische Impulse für die kirchliche Jugendarbeit 149

- 8.1 Hinführung 149
- 8.2 Die Selbstverpflichtung auf den Verhaltenskodex der KJG in Bayern 151
- 8.3 Lernarrangements und Methoden der sexualpädagogischen Jugendarbeit 153
- 8.4 »Tage der Orientierung« zum Thema »Liebe, Partnerschaft und Sexualität« 165
- 8.5 Biografiearbeit 173
- 8.6 Medienkompetenz angesichts von Pornografie und Gewaltdarstellungen 175
- 8.7 Interkulturelle geschlechtssensible Jugendarbeit 178
- 8.8 »Sexualität gestalten lernen« – ein interdisziplinäres universitäres Seminar 180
- 8.9 Fazit 183

9. »Mit der Liebe« – für eine jugendsensible und menschengerechte Sexualpädagogik! 185

10. Anhang 188

- 10.1 Bibliografie 188
- 10.2 Vorlesebücher für Kinder zwischen 1 und 6 Jahren 196
- 10.3 Internet-Adressen 197
- 10.4 Filme für die Grund- und Sekundarschule 197
- 10.5 Handbücher und Materialien für Eltern, Schule und Jugendarbeit 199
- 10.6 Beratungsadressen 200
- 10.7 Bibelstellenregister 201
- 10.8 Personenregister 202
- 10.9 Sachwortregister 203
- 10.10 Textnachweis 206

Vorwort

Dieses Buch unternimmt den Versuch, eine emanzipatorische, christlich inspirierte Sexualpädagogik vor katholischem Hintergrund zu entwerfen. Ein solcher Entwurf könnte als Widerspruch in sich missverstanden werden. Doch weiß er sich einerseits der christlichen Freiheit verpflichtet, zu der Christus befreit (Gal 5,1), zum anderen dem christlichen Menschenbild, das die Würde der Person in der Gottebenbildlichkeit verankert. Angesichts der Geschichte der Sexualpädagogik ist ein solcher Versuch gleichermaßen eine Herausforderung wie eine große Chance. »Sexuelle Bildung« (Valtl 2008) und Erziehung im christlichen Kontext ist dann zukunftsfähig, wenn sie den veränderten soziokulturellen Strukturen Rechnung trägt, die Zeichen der Zeit liest, humanwissenschaftliche Erkenntnisse verarbeitet und biblische Impulse ins Spiel bringt. Sie möchte das Befreiende der Frohbotschaft Jesu Christi in eine neue Zeit hineinbuchstabieren (so ist auch das Cover dieses Buches zu verstehen) und eine Brücke bauen zwischen dieser Botschaft und heutiger jugendlicher Erfahrungswelt. Obwohl das Evangelium keine explizite Pädagogik enthält, kann es Jugendlichen viele Impulse für ein gelingendes Leben geben. Und ein solches Leben ist mehr als bloß kurzfristiges »Glück« oder ein Erlebnis.

Der Begriff »Emanzipation« meint Selbstbestimmung des Menschen. Hier soll jungen Menschen der Umgang mit Sexualität im Horizont der Verheißung des Evangeliums und im Sinne einer theonomen Autonomie zugetraut und überantwortet werden. Dabei ist die Erkenntnis maßgebend, dass gerade Jugendliche in ihrer Lebensgestaltung wachsen, sich entfalten und aus Fehlern lernen können.

Die angezielte Sexualpädagogik will die zahlreichen Werte, welche den Menschen guttun, erhellen und bis in den schulischen Alltag, in die Jugendarbeit und in die sexualpädagogische Beratung hinein konkretisieren: das erwähnte Menschenbild, Freundschaft und Partnerschaft, Fürsorge, Intimität und Treue sowie das unentbehrliche Vertrauen unter den Menschen. Diesen Werten entsprechen Kompetenzen, die es durch Lernprozesse zu fördern gilt, wie Liebe ohne Absicht und Vergeltung oder den achtsamen Umgang mit Menschen, ohne sie zu instrumentalisieren.

Sexualität ist weder nur gut, schön und genussvoll, noch nur böse, dunkel und sündhaft. Sie ist eine wichtige, aber nicht die einzige Quelle für die Lebensgestaltung. Weil sie formbar ist, hat Sexualpädagogik bzw. sexuelle Bildung ihre Berechtigung und kann der Umgang mit ihr humanisiert und kultiviert werden. Mit dieser Sicht verbunden sind die Absagen an unverbindliche Sexualität, an ideale, makellose Körper und an ein sexuelles Leistungsprinzip. Eine christliche Sexualpädagogik weiß um die Notwendigkeit des Verzichts auf Gewalt nach dem Beispiel Jesu, doch will gerade das nicht immer gelingen. Hier existiert ein weites Feld von Aufgaben, welche ein gemeinsames Engagement und Solidarität unter den Menschen erfordern. Es gibt zahlreiche Wertmaßstäbe, die von der neueren Sexualpädagogik wie von der Reich-Gottes-Botschaft des jüdisch-christlichen Glaubens gleichermaßen befürwortet werden: die Bejahung und Wertschätzung des Partners ist eine der wichtigsten davon.

Im Anschluss an die Diskussion über die Enthüllung sexueller Missbräuche hat der Präsident des Zentralkomitees der Katholiken Deutschlands, Alois Glück, auf dem zweiten Ökumenischen Kirchentag in München 2010 gesagt, dass wir über Sexualmoral und Sexualpädagogik sprechen müssen. Noch immer herrscht ein »tiefes Schweigen« über diese Fragen, die für Menschen wichtig sind und die Kultur prägen. Die Kirche – aber nicht nur sie – muss in Demut lernen, wie und was Sexualität zu einem gelingenden Leben beitragen kann. Angesagt ist ein »Perspektivenwechsel« (Schockenhoff 1992, 42) von der früheren Sündenmoral, die das gesamte Leben mit Verboten und Geboten umstellt hat, hin zu einer dialogischen Verantwortungsethik. In diesem Sinn ist der Untertitel »Eine emanzipatorische Neuorientierung« zu verstehen. Eine christliche Sexualpädagogik will die Menschen nicht klein und unterwürfig halten, weder entmündigen noch einen Freibrief für alles erteilen, sondern in die Verantwortung vor Gott und den Nächsten führen.

Von der neueren Sexualpädagogik und Sexualmedizin wie auch von der Bibel her ist Sexualität als positive Lebenskraft und Elixier des Lebens tiefer zu begreifen und in ihrer Grundausrichtung auf Partnerschaft und Ehe hin zu sehen. Gewiss dürfen wir die Augen vor dem »Schatten des Sexuellen« (Sielert 2005, 155–164) nicht verschließen, der in mannigfaltigen Formen der Ambivalenz und Entfremdung, der zügellosen Gier bis hin zur Gewalt daherkommt und Menschen beschädigt, oft sogar nachhaltig verwundet. Dieses Buch, das eher eine Programmschrift als eine vollständige Theorie ist, will beiden Aspekten Rechnung tragen.

Adressaten dieser Überlegungen zu einer jugendsensiblen Sexualpädagogik, die frühere Arbeiten des Autors (Leimgruber 1989 und 2010; Illa/Leimgruber 2010) weiterführt, sind Lehrerinnen und Lehrer, Jugendarbeiter und -arbeiterinnen sowie Religionslehrpersonen auf allen Stufen. Es sind darüber hinaus alle angesprochen, auch Eltern und Verantwortliche in Beratungsstellen, denen junge Menschen am Herzen liegen – und damit die Zukunft von Gesellschaft und Kirchen.

Das Buch wäre nicht zustande gekommen ohne die Hintergrundarbeit der Mitarbeitenden am Lehrstuhl für Religionspädagogik und Didaktik des Religionsunterrichts an der Katholisch-Theologischen Fakultät der Universität München. Ich danke unserer Sekretärin Frau Monika Podlesak für ihre Bemühungen, Herrn Bernhard Flassak und Herrn Enrico Barbiero für Korrekturarbeiten und Frau Anne Weinhuber für mannigfaltige Recherchen. Ein herzlicher Dank gilt auch Frau Silke Foos, die als Ansprechpartnerin im Lektorat des Kösel-Verlags ihre eigene sexualpädagogische Ausbildung einbringen konnte.

Möge diese »emanzipatorische christliche Sexualpädagogik« ein »Wort des Lebens« (1 Joh 1,1) sein und einen verantwortlichen, segensreichen Umgang mit Sexualität ermöglichen. In der Magna Charta der Liebe sagte der Völkerapostel Paulus: »Die Liebe hält allem stand« und »sie hört niemals auf« (vgl. Kor 13,7–8).

Stephan Leimgruber

Literatur

Bundeszentrale für gesundheitliche Aufklärung (BZgA), Sexualerziehung, die ankommt. Leitfaden für Schule und außerschulische Jugendarbeit zur Sexualerziehung von Mädchen und Jungen der 3.–6. Klasse, Köln 1999.

Illa, Andreas/Leimgruber, Stephan, Von der Kirche verlassen? Wege einer neuen Sexualpädagogik, Kevelaer 2010.

Leimgruber, Stephan, Ethikunterricht, Fribourg (Schweiz) 1989.

Leimgruber, Stephan, Sexualität gestalten lernen. Neue religionspädagogische Ansätze, in: Stimmen der Zeit 135 (2010), 47–56.

Majerus, Mill und Catherine, Über Sex und Liebe reden. Ein Ratgeber für Eltern und alle, die Jugendliche begleiten, München 2005.

Schockenhoff, Eberhard, Ehe – nicht-eheliche Lebensgemeinschaften – Ehelosigkeit, in: Johannes Gründel (Hg.), Leben aus christlicher Verantwortung. Ein Grundkurs der Moral, Bd. 3, Düsseldorf 1992, 31–49.

Sielert, Uwe, Einführung in die Sexualpädagogik, Weinheim 2005.

Valtl, Karlheinz, Sexuelle Bildung: Neues Paradigma einer Sexualpädagogik für alle Lebensalter, in: Renate-Berenike Schmidt/Uwe Sielert (Hg.), Handbuch Sexualpädagogik und sexuelle Bildung, Weinheim/München 2008, 125–140.

1. Einleitung

Wir nähern uns mit großen Schritten dem 50. Jahrestag der Eröffnung des Zweiten Vatikanischen Konzils (11. Oktober 1962/2012). Es war ein durch und durch pastoral ausgerichtetes Konzil, das die Freuden und Hoffnungen, die Traurigkeiten und Ängste (vgl. Pastoralkonstitution Gaudium et spes, kurz: GS 1) der Zeitgenossen aufgriff und versuchte, sich den Herausforderungen der Zeit zu stellen. »Es gibt nichts wahrhaft Menschliches, das nicht in ihrem (der Kirche) Herzen seinen Widerhall fände«, heißt es in der Pastoralkonstitution (GS 1). Zu diesen wahrhaft menschlichen Nöten zählen zweifellos die Fragen der Menschen nach einem gelingenden Umgang mit Sexualität.

Im Einleitungskapitel wollen wir etwas von der Lebenswelt junger Menschen aufscheinen lassen, auch und nicht zuletzt in Bezug auf den Bereich der Sexualität. Dazu werden biografische Notizen aus der 16. Shell Jugendstudie 2010 beispielhaft erwähnt, ebenso ein paar aufschlussreiche Aussagen aus der BRAVO Dr.-Sommer-Studie 2009. Dann werden zwei Behauptungen aus der aktuellen Literatur diskutiert, nämlich, dass heutige junge Menschen »sexuell verwahrlost« seien und als »Generation Porno« zu bezeichnen wären. Dagegen sollen die eigentlichen tieferen Fragen und Sehnsüchte junger Menschen beschrieben werden (1.1).

Der zweite Abschnitt geht nochmals auf die Debatte um die unlängst aufgedeckten sexuellen Missbrauchsdelikte ein (1.2), denn die damit verbundenen Vorkommnisse haben Betroffenheit ausgelöst und müssen in ihren Konsequenzen noch mehr in Gesellschaft und Kirche »ankommen«. Sie sind unter anderem Anlass zu einer Neuformulierung der Sexualmoral und der Sexualpädagogik geworden. Die Einsicht setzt sich allmählich durch, dass dieses Problem nicht ein für alle Mal abgehakt werden kann, sondern die Gesellschaft und die Kirche weiter begleiten wird. Demnach haben die Vorkommnisse ein neues Bewusstsein für die Würde des Menschen, insbesondere der Kinder, geschaffen. Die Hauptabsicht dieser Schrift zielt indessen auf eine menschengerechte Sexualpädagogik, die humanwissenschaftliche und christlich-biblische Impulse ins Spiel bringt und auf diesem Weg einen Beitrag zur Prävention vor sexuellen Übergriffen leistet (1.3). Gefragt sind Perspektiven, Begründungen und theologisch wie pädagogisch vertretbare Positionen für eine zukunftsfähige, verantwortungsbewusste Sexualpädagogik. Unser besonderer Fokus liegt wie in anderen Publikationen (z.B. Interreligiöses Lernen ²2007 oder Religionsdidaktik ⁶2010) auf den Lernorten Schule und Religionsunterricht, Jugendarbeit und Beratung (1.4). Schließlich soll das zugrunde liegende wissenschaftliche Selbstverständnis der Religionspädagogik und der Sexualpädagogik geklärt werden (1.5).

1.1 Aspekte jugendlicher Lebenswelten

Beginnen wir mit Notizen aus dem Leben der 16-jährigen Realschülerin Julia aus Gütersloh und des 15-jährigen Onur, der die Hauptschule besucht, bei seinen Eltern in München wohnt und Migrationshintergrund aufweist:

> »Julia ist 16 Jahre und schließt die Realschule in Gütersloh ab. Dort lebt sie mit ihrer Mutter, der nur wenig jüngeren Schwester und dem Stiefvater in einer Doppelhaushälfte, ihr leiblicher Vater ist gestorben, als sie in der ersten Klasse war. Julia trainiert dreimal in der Woche Volleyball. Sie ist gerne Teil der Mannschaft und kann sich beim Training gut auspowern. Außerdem hat sie an ihrer Schule die Aufgabe einer Schülerpatin und einer Sporthelferin übernommen, beides ist aber nicht sehr zeitaufwändig. Der Stundenplan lässt ihr viel Zeit für Aktivitäten und das Treffen mit Freunden. Seit fast einem Jahr hat sie auch einen Freund. – In der Schule ist sie ganz gut. Um sich auf die Prüfungen vorzubereiten, wiederholt sie den Stoff mit einer Nachhilfe. Julia hat keine Probleme, die Realschule zu schaffen und hat sich bereits beim Gymnasium beworben, um direkt das Abitur weiterzumachen. Hinterher möchte sie vielleicht auch gern studieren, etwas mit Sport oder im sozialen Bereich ... Auf die Zukunft ist sie neugierig, und sie wünscht sich viel zu reisen« (Shell Jugendstudie 2010, 332).

> »Onur ist 15 Jahre alt, geht in die 9. Klasse einer Hauptschule und lebt zusammen mit seiner Mutter und seinem kleinen Bruder in München. Eine ältere Schwester gibt es auch, aber sie ist bereits aus dem Haus. Die Eltern stam-

men aus der Türkei. Onur hatte Probleme in der Schule und war in Prügeleien verwickelt. In einer neuen Schule mit einem neuen Klassenlehrer, den er sehr respektiert, läuft es jetzt aber viel besser« (Shell Jugendstudie 2010, 305).

Persönlich machte er folgende Äußerungen in einem Interview:

»Also, ich bin eigentlich ein leichter Typ zum Kapieren. Ich bin einfach … ich will einfach mein Leben genießen. Ich will aus meinem Leben was machen. Ich will mich mit dem Quali (Schulabschluss) nicht zufriedengeben, weil, ich will mit meinem Leben was erreichen. Ich will nicht als qualifizierter Hauptschüler sterben … Also Karriere machen ist sehr wichtig, weil, jeder Mensch will aus seinem Leben was machen. Und Karriere ist eigentlich *das*, dass man einfach das Ziel dann hat, dass jeder einzelne Mensch im ganzen Universum hier im Kopf hat … Jeder will Karriere machen, einfach viel Geld haben, ein schönes Auto fahren, ein schönes Haus haben … Ich will dann einen guten Job haben, wo ich sagen kann, okay, das ist zum Beispiel gut« (Shell Jugendstudie 2010, 305–310).

»Thema Nummer eins«?

Soweit ein paar Eindrücke aus dem Leben zweier junger Menschen in Deutschland, eines Mädchens aus einer »Patchworkfamilie« und eines Jungen mit Migrationshintergrund. Wichtigste Sorge ist für den türkischstämmigen jungen Mann das schulische Fortkommen bis zu einem beruflichen Ziel. Er nennt es »Karriere«. Die Realschülerin hat bereits mit 15 Jahren einen Freund, der Hauptschüler offensichtlich keine feste Freundin. Sexualität ist bei beiden Jugendlichen vermutlich nicht Thema Nr. 1. Sie scheinen in dieser Hinsicht gelassen zu sein. Die berufliche Zukunft ist ihnen weit wichtiger. Eine Heirat ist noch lange nicht in Sicht.

»Thema Nummer eins« (Gärtner 2002, 144) heutiger junger Menschen ist die Frage, *wie sie dieses Leben hier, heute und morgen bewältigen können*. Sie fragen nicht zuerst nach sexuellen Abenteuern, sensationellen Events und neuen Konsumgelegenheiten als vielmehr danach: »Finde ich einen Beruf, der meinen Fähigkeiten entspricht und in dem ich mich entfalten kann?«, »Was ist meine Identität?«, »Was ist meine Stellung in der Gesellschaft?«, ja, »Wer bin ich überhaupt?« und »Wie komme ich mit den Mitmenschen zurecht?«, »Wie finde ich deren Anerkennung?«. Der Junge mit Migrationshintergrund fragt nach einer möglichen »Karriere« und meint damit eine sinnvolle berufliche Zukunft für sich selbst.

Studierende indessen fragen öfter: »Habe ich für mich die passende Studienrichtung gefunden?«, »Werde ich das Studium beenden und bestehen?«, »Welche Aufgabe kann ich einst in der Gesellschaft übernehmen, um ein erfülltes Leben zu führen?« und nicht zuletzt: »Gibt es denn so etwas wie ›Glück‹ auch für mich?«.

Natürlich kann es durchaus vorkommen, dass Jugendliche plötzlich von der Liebe »getroffen« werden. Die BRAVO Dr.-Sommer Studie 2009, in der 1228 Jugendliche befragt wurden, kommt zu folgenden Ergebnissen: Das Alter von 12 bis 13 Jahren ist für Jugendliche eine bedeutsame Zeit. Sie verlieben sich häufig erstmals – obwohl es Schwärmereien durchaus schon vorher gibt. Ebenso tritt bei den meisten Geschlechtsreife ein (jedes fünfte Mädchen hat die erste Periode bereits mit elf Jahren), auch erste lustvolle Erfahrungen mit Selbstbefriedigung kommen nun vor, wobei Mädchen hier zurückhaltender sind als Jungen. Gegenüber Homosexualität empfinden viele Jugendliche Unverständnis, nur ein Viertel empfindet gleichgeschlechtliche Liebe als »normal«.

Zwischen 13 und 15 gehen die meisten Jugendlichen die erste Partnerschaft ein. Bevor es dann zum Geschlechtsverkehr kommt, sind in der Regel etwa zwei bis drei Monate vergangen. Das »erste Mal« erlebt die Mehrheit der Jungen und Mädchen in einer festen Beziehung. Neben den schönen Seiten des Verliebtseins kennen Jugendliche auch Eifersucht und Liebeskummer, viele Beziehungen gehen auseinander, wenn die Gefühle füreinander nachlassen. Insgesamt haben »über die Hälfte der 16-Jährigen und 36% der 17-Jährigen noch keine sexuellen Erfahrungen« (BRAVO Studie 2009, 60).

Soweit einige Tendenzen des sexuellen Verhaltens heutiger Jugendlicher. Zwar darf man durchaus feststellen, dass in diesen Fragen die Eltern, besonders die Mutter, die Erziehungsverantwortlichen und die Freundinnen vorrangig angesprochen werden und dass der Sexualkundeunterricht in der Schule flächendeckend greift, obwohl er oft einseitig biologisch angelegt ist. Aber es gibt nach wie vor Teenagerschwangerschaften, die dem Leben eine unvorhergesehene Wende geben. Es gibt sexuelle Übergriffe und sexuelle Gewalt in Schule und Freizeiträumen. Sexualität wird kommerzialisiert, was von vielen Jugendlichen nicht so schnell durchschaut wird. All diese Probleme der »Generation Sehnsucht« machen es nötig, dass eine Sexualpädagogik zuerst auf eine *Humanisierung der Sexualität* abzielen muss.

Ansprechpartner und -partnerinnen

Das untenstehende Schaubild fragt nach den Personen, die Jugendliche bei der Aufklärung begleiten und beraten. Deutsche Mädchen haben zu über zwei Dritteln die Mutter als primäre Bezugsperson. Von den Mädchen mit Migrationshintergrund fragt knapp die Hälfte zuerst die Mutter. Bei den Jungen sind es 44% der deutschen, aber nur 21% der ausländischen Jugendlichen. Während bei den Mädchen bis zu 50% ihre Freundin konsultieren, trifft das bei den Jungen viel weniger zu, die sich weit lieber an die Lehrer wenden (45%). Die Väter sind wieder vermehrt für die Jungen Bezugspersonen (BZgA 2010, 11).

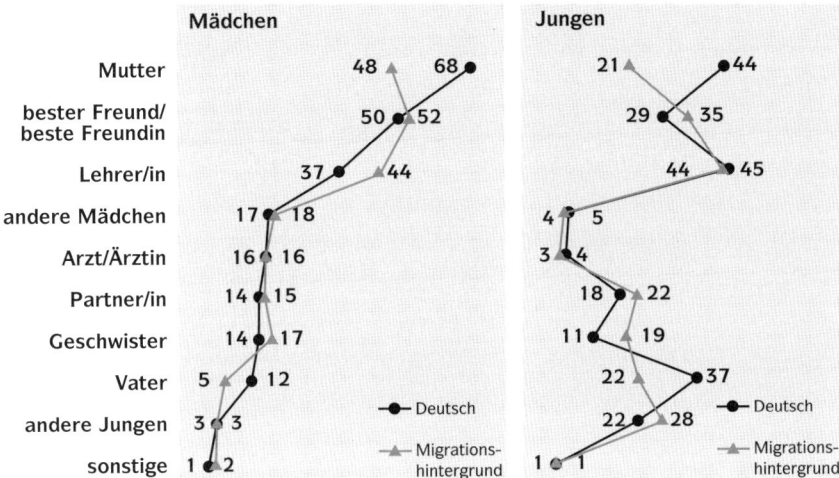

Quelle dieser Erkenntnisse ist die Wiederholungsumfrage der Bundeszentrale für gesundheitliche Aufklärung in ihrem Bericht aus dem Jahre 2010 (BZgA 2010, 11). Im Jahre 2009 wurden 2810 deutsche Jugendliche zwischen 14 und 17 Jahren und deren Eltern befragt sowie 732 Jungen und Mädchen mit Migrationshintergrund. Die gestellte Frage lautete: »*Welches waren für Sie die wichtigsten Personen bei der Aufklärung über sexuelle Dinge?*« – Zu begrüßen sind in dieser Statistik die hohen Werte für die Mütter als Bezugspersonen, wohingegen es nachdenklich stimmt, dass bei den Vätern niedrigere Werte nachgewiesen werden. Nicht umsonst widmete sich die Zeitschrift »Geo Wissen« jüngst dem Thema »Väter« (Geo Wissen 46/2010).

Das bekannte Dr. Sommer-Team der Jugendzeitschrift BRAVO hat täglich bis zu 100 meist anonyme Anfragen. Dabei nennen die Jugendlichen Unsicherheiten darüber, wie Gefühle der Liebe zu managen sind und wie Zärtlichkeiten ohne Scheu ausgetauscht werden können. Die BRAVO Studie 2009 offenbarte eine große Sehnsucht junger Menschen nach Beziehung, Liebe und Romantik sowie den innigen Wunsch nach Nähe und Bindung.

Frau Jutta Stiehle, Sozialpädagogin und Expertin des Dr. Sommer Teams, hat am 27. Oktober 2010 auf Einladung der Katholischen Jugendverbände des Erzbistums München und Freising von ihren aufschlussreichen Beratungserfahrungen berichtet: Sie erzählte unter anderem, dass Jugendliche wissen wollten, was bei Verliebtheit zu tun sei. Sie erkundigten sich in technischer Hinsicht, wie man ein Kondom überziehe, ob die Pille sicher sei und zur Verhütung genüge. Unruhig seien Mädchen auf das Drängen des Freundes hin, weil er schon mit ihnen schlafen wolle. Sollen sie einwilligen? Frau Stiehle rät: »Nein! – Lasst euch nicht drängen!« (Maier-Albang 2010, 2). Das Dr. Sommer-Team versucht bei diesen Fragen Jugendlichen gerecht zu werden und ihnen lebbare Antworten und Ratschläge zu geben. Aus dieser Spalte der Jugendzeitschrift BRAVO ist eine lebendige »Seelsorgetätigkeit« erwachsen, die großes Vertrauen aufseiten der Jugendlichen genießt, nicht zuletzt wohl aufgrund der Anonymität und Verschwiegenheit der Beratenden. Hier könnte man sich die Frage stellen, ob denn die Kirche(n) bereits das Mögliche unternommen haben, um ihre Solidarität mit den jungen Menschen zu dokumentieren, oder ob sie wichtige Erziehungsfelder einfach anderen Instanzen überlassen?

Sexuell verwahrloste Jugend?

Im Jahre 2008 veröffentlichten Bernd Siggelkow und Wolfgang Büscher ihre Erfahrungen mit verwahrlosten Jugendlichen aus der »Arche« in Berlin. Die »Arche« ist eine soziale Institution, die für benachteiligte Menschen im Geiste christlicher Nächstenliebe und zum Wohl vieler Jugendlicher arbeitet. Sie gibt ihnen warmes Essen, Kleidung und Hausaufgabenhilfe. Die Leiter der »Arche« bekamen so manch dramatische Lebensgeschichte Jugendlicher zu hören. Gemeinsamer Nenner dieser Schicksale ist eine grobe Vernachlässigung durch die primären Erziehungsverantwortlichen; die Jugendlichen ziehen dann bald von zu Hause aus und machen vergleichsweise früh sexuelle Erfahrungen, sodass die beiden Leiter von »Deutschlands sexueller Tragödie« (Siggelkow/Büscher 2008) sprechen. Die Kinder und Jugendlichen lernten nicht mehr, was echte Liebe sei. Es wird von einer sexuellen Verwahrlosung ohne Tabus in manchen

Einzelfällen gesprochen, und die Autoren stellen eine große Sehnsucht nach Geborgenheit und Zuwendung fest. – Zweifellos handelt es sich vorwiegend um Jugendliche am Rande der Gesellschaft, aber das mildert deren Problematik keineswegs. Während zahlreiche junge Menschen recht früh intime Beziehungen aufnehmen und teilweise auch genießen können, suchen andere erst später Anschluss und finden nicht immer Vertrauen, emotionale Heimat und Liebe. Doch ist den Autoren entgegenzuhalten, dass in einer kalten, winterlichen Welt mit ökonomischen Kriterien und einer Hektik ohnegleichen viele Jugendliche tragfähige Beziehungen mit Freunden, Gesprächspartnern und weiteren Begleitpersonen suchen. Nicht Sexualität wird zuerst verlangt, sondern vielmehr Gespräche, Verständnis und Anerkennung. Gefragt sind vonseiten der Erwachsenen Authentizität, Wahrheit und Glaubwürdigkeit! Und es stellt sich die Frage, weshalb die Kirchen mit ihren großen Schätzen an Lebenserfahrung und Weisheit, an guten Ideen und tragfähigen Werten, überhaupt an Lebenshilfe aus dem Geiste des Evangeliums junge Menschen nicht mehr erreichen oder nur eine Minderheit von ihnen.

Generation Porno?

Der Publizist Johannes Gernert (geboren 1980) hat nach zahlreichen Interviews mit Fachleuten und Jugendlichen die Bezeichnung »Generation Porno« (2010) eingeführt. Damit meint er jene in den 1990er-Jahren geborene Generation, die exzessiv englischsprachige Pornoseiten aufrufe und so viel Pornografie konsumiere wie noch nie (Gernert 2010, 9). Niemand kontrolliere dieses Verhalten, das deshalb problematisch sei, weil in der Pornografie Frauen abgewertet werden und infolgedessen bei deren Konsumenten die Achtung vor Frauen sinke. – Von seinen Beobachtungen trifft zu, dass seit der Freigabe der Pornografie 1975 eine Mehrheit der Jugendlichen mit sanfter und harter Pornografie Bekanntschaft gemacht hat. Es ist aber davon auszugehen, dass diese Mehrheit keineswegs einem regelmäßigen Konsum frönt. Die Dr.-Sommer-Studie 2009 der Zeitschrift BRAVO stellt in ihrer Befragung von 1228 Mädchen und Jungen zwischen elf und 17 Jahren fest, dass nur ein kleinerer Teil der Jugendlichen regelmäßig Pornografie konsumiert. Mädchen wollen Pornografie in der Regel nicht sehen und fühlen sich von solchen Filmen und Bildern abgestoßen. Jungen glauben häufig, sie könnten daraus etwas lernen. Nicht wenige empfinden Pornografie als erregend (BRAVO Studie 2009, 98).

Bald sind also diese Darstellungen für junge Leute langweilig und erzeugen speziell bei Mädchen und Frauen Überdruss, sogar Ekel. Junge Menschen bevorzugen bei Weitem lebendige Kontakte, gemeinsame Unternehmungen und Verständnis erweckende Beziehungen. Zunehmend sind im Netz »Communities« gefragt mit streng abgegrenzten Bekanntenkreisen. Von einer mit Pornografie durchsetzten Jugend zu sprechen, verzerrt die Wirklichkeit.

Verantwortung in Freiheit
Heutige junge Menschen möchten als Subjekte ernst genommen und im Gewissen angesprochen werden. Sie verwahren sich dagegen, dass man ihnen Gebote und Verbote als letztgültig präsentiert, als Vorgaben, die sie nur zu übernehmen hätten. Sie sind nicht damit einverstanden, wenn andere ihnen fertig erstellte Lebenspläne vorgeben oder überstülpen wollen. Ihnen liegt vielmehr an Wertekommunikation, um in Freiheit diese Werte selbst zu wählen und für die Folgen die Verantwortung zu übernehmen (Ziebertz 1990). Bevormundung durch die Erwachsenengeneration gehört für heutige Jugendliche und junge Erwachsene zu den unerwünschtesten Dingen. Gewiss brauchen Kinder das Aufzeigen von Grenzen, aber bereits sie möchten die Gründe dieser Grenzen verstehen und selbst einsehen können.

Die Berufung auf das eigene Gewissen und die persönliche Verantwortung im Sinne der Mündigkeit und Selbstbestimmung gehören heute zum selbstverständlichen Handlungsrepertoire junger Menschen. Manche haben sich von einer Kirche verabschiedet, die ihnen bloß Vorschriften macht und das Nicht-Einhalten dieser Vorschriften als schwere Sünden taxiert. – Eine zukunftsfähige Sexualpädagogik auf christlichem Hintergrund darf es sich nicht so leicht machen. Sie kann junge Menschen durchaus mit Forderungen des Evangeliums konfrontieren, ja, sie soll biblische Werte ins Spiel bringen, aber die Entscheidung über die Realisierung solcher Werte wird in einem kommunikativen Prozess jedem Jugendlichen selbst überlassen. Sinnvoller als Kataloge mit schweren Sünden zu erstellen, wäre es, Jugendliche auf Tugenden hinzuweisen, sie mit Botschaftern und Leitbildern anzuspornen und ihnen Hilfen zu einer wertegebundenen Lebensgestaltung an die Hand zu geben. Für diese Perspektiven ist allerdings eine entwicklungspsychologische Stufe nötig, die dem postkonventionellen Niveau zugeordnet werden kann, auf der ethische Entscheidungen also aufgrund reflektierter und selbst gewählter Prinzipien getroffen werden.

Zusammenfassend sind die Lebenswelten junger Menschen im zweiten Lebensjahrzehnt von ursprünglichen, zutiefst menschlichen Sehnsüchten geprägt. Jugendliche haben mit ihrer Selbst- und Identitätsfindung zu tun, mit der Beziehungsgestaltung zu anderen Jugendlichen sowie mit den modernen Medien als Kommunikationsinstrumenten. Dahinter stehen Wertefragen in einer meinungspluralen Gesellschaft und Hoffnungen auf sinnvolles Leben durch erfüllende Begegnungen. Weder ist eine Mehrheit dieser Jugendlichen verwahrlost noch der Pornografie anheimgefallen. Gesucht werden tragfähige Beziehungen, Zärtlichkeit und ein erfülltes Leben in Beruf, Freizeit und im Alltag. Als Fernziel nicht weniger wichtig ist die Familie als Heimat und vertrauensvoller Lebensraum.

1.2 Was die Fälle sexuellen Missbrauchs zu lernen geben

Es ist bekannt und hat weithin Betroffenheit ausgelöst, dass im ersten Jahrzehnt des dritten Jahrtausends und bereits früher in den USA, in Australien und in Europa (etwa in Irland, Belgien, Deutschland, Österreich und in der Schweiz) sexuelle Missbrauchsdelikte durch Vertreter der Kirche geschehen sind und in ihren eigenen Institutionen aufgedeckt wurden. Diese Enthüllungen verheerender Taten beschämten zumal die katholische Kirche, aber auch die evangelische Kirche und einige Schulen in privater Trägerschaft. Die traditionsreiche Erziehungs-, Bildungs- und Sozialarbeit geriet plötzlich ins Zwielicht. Die kirchliche Rede mit ihren hohen Ansprüchen und Idealen betreffend Keuschheit, Enthaltsamkeit, Sexualität nur in der Ehe sowie ihre Verurteilung der Homosexualität erschien vor diesem Hintergrund kompromittiert und unglaubwürdig.

Die schwere Erschütterung ließ bald nach den *Ursachen* der Vergehen fragen. Was einst kurzerhand unter den Tisch gekehrt wurde und als »nicht so schlimm« galt, ist neu eingeschätzt und als schwerwiegend beurteilt worden. Allmählich kamen einige Entstehungsfaktoren für sexuelle Übergriffigkeit ans Tageslicht. Es wurde deutlich, dass eigene Missbrauchserfahrungen – eben nicht nur in der Kirche – eine große Rolle spielen, ferner Unreife in der ganzheitlichen Menschwerdung. Defizite in der sexuell-emotionalen Entwicklung und repressive Konstellationen in Familie, Schule und Internat wurden dafür verantwortlich gemacht wie auch der fehlende angemessene Umgang mit Nähe und Distanz in Erziehungsverhältnissen. In der Tat ist es der Kirche noch nicht gelungen, einen angstfreien, menschenfreundlichen und souveränen Umgang mit Sexualität zu finden und zu vermitteln. Sowohl Sexualmoral als auch Sexualpädagogik stehen heute auf dem Prüfstand, um nicht zu sagen: befinden sich in der Krise, obwohl von der Bibel her gute Voraussetzungen für eine frohmachende Botschaft und eine lebensbejahende Grundeinstellung bestehen. Man erkannte neu, dass sexueller Missbrauch bei Kindern große Schädigungen und tiefe Verwundungen zurücklässt. Ebenso wurde offensichtlich, dass die gut gemeinten Maßnahmen einer Versetzung und einer Gesprächstherapie in vielen Fällen nicht greifen, weil Pädophilie im Erwachsenenalter schwer korrigierbar ist und Täter therapieresistent sind, ja öfter alles abstreiten.

Die Kirche(n) musste(n) schmerzhaft lernen, Vorwürfe hinzunehmen und nicht vorschnell wegzudiskutieren. Hohe Würdenträger kamen nicht umhin, Fehler und Schuld öffentlich einzugestehen. Ohne Erkenntnis der Schuld und ohne Bitte um Vergebung kann keine wirkliche Aufarbeitung der sexuellen Missbrauchsfälle zustande kommen. Anstelle triumphaler Töne über Größe, Leistungen und Erfolg der Kirche stand etwa am Ende des Priesterjahres (2009/10) folgende Fürbitte des Papstes: »Wir bitten Gott und die betroffenen Menschen inständig um Vergebung und versprechen zugleich, dass wir alles tun werden, um solchen Missbrauch nicht wieder vorkommen zu lassen« (Rom, 11. Juni 2010).

Die Kirchen haben überdies eingesehen, dass sie den Opfern solcher Vorfälle eine Stimme geben und vermehrt *auf sie hören* müssen – abgesehen von den nötigen Strafmaßnahmen für die Täter. Der Einsatz für die Opfer rückte in den Vordergrund durch Angebote von Hotlines, von Gesprächstherapien, sozialen Hilfsmaßnahmen, Entschädigungen und Hilfen zur Reintegration in die Gemeinschaft. Die überarbeiteten »Neue(n) Leitlinien gegen sexuellen Missbrauch« (2010) der Deutschen Bischofskonferenz bezeugen das ernsthafte Bemühen, in den Fällen sexuellen Missbrauchs an Minderjährigen Verantwortung zu übernehmen und damit zur Prävention beizutragen. Nach diesen neuen und verschärften Leitlinien sind Anhaltspunkte für einen Verdacht auf sexuellen Missbrauch zu überprüfen und von ungerechtfertigten Anschuldigungen zu unterscheiden. Anhaltspunkte sind dann gegeben, wenn die Möglichkeit zu Straftatbeständen existiert. Ist dies der Fall, besteht eine grundsätzliche Anzeigepflicht mit der einzigen Ausnahme, wenn Opfer dies nicht wünschen. Ehrenamtliche und hauptamtliche Mitarbeitende sind nicht weiter in derselben Einrichtung und im Arbeitsfeld von Kindern und Jugendlichen zu beschäftigen (Ackermann 2010, 3–4).

Der Vorsitzende der Deutschen Bischofskonferenz, Erzbischof Robert Zollitsch, fasste treffend zusammen, wie das verloren gegangene Vertrauen in die Kirche zurückzugewinnen wäre: »Es gibt für uns keinen anderen Weg als den der Offenheit, der Ehrlichkeit und des Zuhörens. Wenn Opfer ihr Schweigen brechen und darüber zu sprechen beginnen, wie sie erniedrigt und gedemütigt wurden, dann ist das für uns die Stunde des Anhörens und Zuhörens. Stets beginnt die Umkehr des Gläubigen im Hören und Sehen des Nächsten, besonders des Armen. Wir haben noch mehr zu lernen, eine Kirche des Hörens zu sein« (Zollitsch 2010, 9).

1.3 Religionspädagogik und Sexualpädagogik als wissenschaftliche Disziplinen

Es ist zweifellos schwierig und anspruchsvoll, eine konsistente Sexualpädagogik zu entwerfen, die humanwissenschaftliche Erkenntnisse aufgreift und religionspädagogisch verantwortet. Vielleicht wäre es in der Tat angemessener, wenn sich die Kirche für ein paar Jahre ein Bußschweigen auferlegte, wie sie es Leonardo Boff aufgebürdet hat. Doch könnte dagegen eingewandt werden, dass dies einer Flucht vor den anstehenden Problemen gleichkäme und Feigheit gegenüber der jungen Generation zeigen würde. – Aus meiner Sicht tut eine zukünftige Sexualpädagogik gut daran, zu den Quellen (ad fontes) zurückzugehen und sich pädagogisch, entwicklungspsychologisch und im biblischen Fundament der Theologie zu verankern, ohne jedoch einzelne Aussagen ungeschichtlich zu verabsolutieren. Gefragt sind eine Religionspädagogik und Moralpädagogik als interdisziplinäre Verbundwissenschaften im besten Sinne!

Seit der »anthropologischen Wende« der Theologie und seit der sogenannten »empirischen Wendung« (Wegenast 1968) in der Religionspädagogik versteht sich die *Religionspädagogik* als interdisziplinäre Verbundwissenschaft, also nicht mehr als Anwendungswissenschaft der systematischen Theologie. Ihr Gegenstand ist die religiöse Bildung und Erziehung oder mit anderen Worten: Sie beschäftigt sich mit religiösen Lernprozessen im Kontext religiöser Traditionen, hier speziell des Christentums, doch in ökumenischer Offenheit und im interreligiösen Dialog.

In Zentraleuropa wird Religionspädagogik als theologische, nicht als religionswissenschaftliche Disziplin verstanden mit hermeneutischen, empirischen, analytischen und praxisbezogenen Forschungsmethoden. Einer Ellipse gleich hat sie einen theologischen Brennpunkt mit Bibelwissenschaften, Schrifthermeneutik, systematischen, historischen und praktischen Disziplinen und einen erziehungswissenschaftlichen pädagogischen Brennpunkt, der die Ergebnisse der Humanwissenschaften beleuchtet und für religiöse Lernprozesse berücksichtigt. Religionspädagogik hat eine theologische und religionspädagogisch akzentuierte Fragestellung und will religiöses Lernen optimieren, klären, läutern und von ideologischen Fehlformen befreien. Joachim Kunstmann versteht Religionspädagogik überdies als Wahrnehmungswissenschaft, als Ästhetik, die kritisch reflektiert werden muss (Kunstmann 2004), beides durchaus indispensable Aspekte auch für eine Moralpädagogik!

Die *Sexualpädagogik* ist eine selbstständige Wissenschaft. Zugleich ist sie Teil der Erziehungswissenschaft und der Sozialpädagogik zugeordnet. Sie kennt weder eine lange Forschungstradition, noch verfügt sie bis heute über eigene universitäre Lehrstühle, wohl aber über eine Reihe von – auch an Hochschulen verankerten – Forschungsinstituten, die Spezialausbildungen und Lehrerbildung integrieren. Sigmund Freud (1856–1939) hatte zweifellos eine große Bedeutung für die Disziplin, weil Erkenntnisse seiner Psychoanalyse aufgenommen und eingearbeitet wurden. Heute versteht sich die Sexualpädagogik als kritische gesellschaftswissenschaftlich ausgerichtete Disziplin (Sielert/Schmidt 2008, 14), die auf funktionierende Demokratie und kultivierte Vielfalt zielt, aber auch eine individuelle Zielsetzung kennt im Sinne einer Stärkung der Lebenskraft. Aktuelle Sexualpädagogik kann nicht (mehr) ohne Normen und Werte auskommen, ja sie hat ausdrücklich eine »moralische und religiöse bzw. spirituelle Dimension« (Sielert/Schmidt 2008, 16), mit der sie allerdings kritisch umgeht. In einer turbulenten Geschichte der Sexualpädagogik (Koch 2008, 23–38) fand sie von der »geschlechtlichen Unterweisung der Aufklärung« hin zu einem neuen sexualpädagogischen Paradigma der »sexuellen Bildung entlang des Lebenslaufes« mit den Zielen der Selbstbestimmung, der Selbstverantwortung und eines angemessenen Sprechens über Sexualität (Sielert/Schmidt 2008).

Ähnlich wie die Geschichte der Sexualpädagogik kennt auch die Geschichte der Katechetik bzw. Religionspädagogik einen Variantenreichtum an Einstellungen zur Sexualität, angefangen von der Bibel und Augustinus über das Mittelalter, die Reformation und Aufklärung bis hin zu der 1968er-Generation. In dieser Zeit wurden die Ergebnisse der Humanwissenschaften aufgegriffen, die auf dem Zweiten Vatikanum rezipiert wurden und in den Synodentexten zum Durchbruch kamen. Das »tiefe Schwiegen« der Moraltheologie (Halter 2008, 149) im Bereich der Sexualethik ist leider auch in der Religionspädagogik zum Thema Sexualität festzustellen. Von Ausnahmen abgesehen (Bartholomäus 1987; Langer 1986; Zieberts 1991; Lämmermann 2005) wagt sich kaum jemand an dieses Thema heran. Überraschenderweise sind die einschlägigen Themenbearbeitungen in den Religionslehrbüchern trotz dieses Theoriedefizits erstaunlich gut, kreativ und weiterführend (vgl. Kapitel 7).

1.4 Ausrichtung auf Schule und Religionsunterricht, Jugendarbeit und Beratung

Schließlich gehört in diese Einleitung die Zielrichtung der religionspädagogischen und sexualpädagogischen Fragestellung, nämlich ganz klar auf die religiöse Bildung in Schule und Religionsunterricht, Jugendarbeit und Beratung hin. Dazu ist allerdings Grundlagenarbeit nötig. Fragen, Probleme und Nöte der Jugend sollen erkannt und aufgegriffen werden. Hierzu sind die Lehrpläne zu berücksichtigen, weil Sexualpädagogik mittlerweile in der Schule obligatorisch ist. Im Religionsunterricht sind die Themen »Liebe, Freundschaft und Sexualität« zu Lieblingsthemen unter den Schülern avanciert, dicht gefolgt vom Thema »Große Religionen der Welt«. Die Lehrpersonen können bei den Schülerinnen und Schülern mit einer Mischung von Neugierde, echtem Interesse und einem Bedürfnis nach Information rechnen. In Bezug auf die Jugendarbeit können wir von reichen Erfahrungen aus der Prävention profitieren, welche in den Jugendgruppen bereits zur Anwendung gekommen sind. Besonders was das soziale Lernen betrifft, hat die kirchliche Jugendarbeit einen großen Fundus erarbeitet, der in Kapitel 8 einfließen wird. Nicht zuletzt wendet sich dieses Buch an Beratungsstellen für Jugendliche in einschlägigen Notsituationen. Weil für den hohen Anspruch einer christlichen Sexualpädagogik die Ergebnisse verschiedener Disziplinen eingearbeitet werden müssen und weil noch wenig religionspädagogische Vorarbeiten erstellt worden sind, muss diese Schrift fragmentarisch bleiben. Sie möchte deshalb auch Kolleginnen und Kollegen zu weiterer Forschung ermutigen.

1.5 Merkmale einer christlichen Sexualpädagogik

Der Versuch, eine christliche Sexualpädagogik zu entwerfen, macht hellhörig, weil damit hohe Erwartungen verbunden sind. Er zieht gleichzeitig viele Fragen nach sich, etwa, ob es überhaupt eine spezifisch christliche Sexualpädagogik gibt und worin das unterscheidend Christliche besteht. Das Jahr 2010 hat ins Bewusstsein gebracht, dass sich der Umgang der Christen mit Sexualität offenbar nicht grundsätzlich vom Umgang der Nichtchristen damit unterscheidet. Und bekannt ist die Tatsache, dass jede Pädagogik von geschichtlichen soziokulturellen Vorgaben geprägt ist. Hier werden drei Merkmale einer christlichen Sexualpädagogik herausgearbeitet.

Erstens orientiert sie sich am *christlichen Menschenbild*, das alt- und neutestamentlich verbürgt ist und die Würde, Freiheit und Originalität des Menschen hochhält und diese in Gottes Ebenbild festmacht. Die geschlechtliche Grunddimension des Menschen ist in der Schöpfung ebenso mitgegeben wie das Angelegt-Sein des Menschen auf Beziehung und Partnerschaft.

Zweitens ist eine christliche Sexualpädagogik auf eine *Humanisierung des sexuellen Umgangs* der Menschen untereinander ausgerichtet. »Die Würde des Menschen ist unantastbar« (Grundgesetz Art. 1, 1949) bedeutet dann, dass sexualpädagogische Lern- und Bildungsprozesse angestoßen werden, die eine tiefe Wertschätzung einer jeden Person fördern. Das impliziert eine Absage an jede Form der Gewalt, speziell gegenüber Kindern und Jugendlichen, aber auch im Umgang der Erwachsenen untereinander.

Drittens qualifiziert die *Motivation* eine christliche Sexualpädagogik. Ihr Bemühen um gelingendes Leben soll zwar echt, authentisch und glaubwürdig sein und mit allen Kräften für optimale Beziehungen in dieser Welt eintreten, aber sie ist nicht rein innerweltlich ausgerichtet. Wie die zölibatäre Lebensform »um des Himmelreiches willen« (Mt 19,12) motiviert ist, so soll sich auch das Bemühen um Freundschaft und Partnerschaft, Ehe und Familie darüber bewusst bleiben, dass die Ewigkeit in dieses Leben hineinragt und es prägt. Dies kann in Gesten der Liebe zeichenhaft konkret werden, im Eintreten für Gerechtigkeit und Frieden oder in guten Taten, die letztlich im Hinblick auf Jesus Christus geschehen.

Literatur

Ackermann, Stephan, Entschieden gegen sexuellen Missbrauch vorgehen, in: Welt der Kindes spezial 2010, H. 6, 3–4.

Belok, Manfred, Die ›Zeichen der Zeit‹ sehen lernen. Dies Academicus der Theologischen Fakultät Chur, in: SKZ 178 (2010), 783–784.

BRAVO (Hg.), Liebe! Körper! Sexualität! Dr.-Sommer-Studie 2009 (pdf-Datei), 106 Seiten.

BZgA (Hg.), Jugendsexualität. Repräsentative Wiederholungsbefragung von 14- bis 17-Jährigen und ihren Eltern. Aktueller Schwerpunkt Migration, Köln 2010.

Gärtner, Stefan, Das »Thema Nummer eins«? Perspektiven für das sexualpädagogische Handeln in der kirchlichen Jugendarbeit, in: MThZ 53 (2002), 144–152.

Gernert, Johannes, Generation Porno. Jugend, Sex, Internet, Köln 2010.

Gesing, Reinhard (Hg.), »Mit der Liebe«. Der »Rombrief« Don Boscos und seine Bedeutung für die Pädagogik und Jugendpastoral heute, München 2009.

Halter, Hans, Christliche Sexualethik – was könnte das heute noch sein?, in: Christoph Gellner (Hg.), Paar- und Familienwelten im Wandel, Zürich 2008, 139–170.

Kunstmann, Joachim, Religionspädagogik. Eine Einführung, Basel/Weinheim 2004.

Maier-Albang, Monika, Doktor Sommer und der liebe Gott. Wie die Kirche im Erzbistum München mit der Debatte um die Sexualität umgeht, in: Süddeutsche Zeitung Nr. 252 (30./31. Oktober/1. November 2010), Seite R2.

Shell Deutschland Holding (Hg.), Jugend 2010. Eine pragmatische Generation behauptet sich. 16. Shell Jugendstudie, Frankfurt 2010.

Siggelkow, Bernd/Büscher, Wolfgang, Deutschlands sexuelle Tragödie. Wenn Kinder nicht mehr lernen, was Liebe ist, Asslar 2008.

Väter, Was sie so besonders macht, in: Geo Wissen, Hamburg 46/2010.

Zollitsch, Robert, Zukunft der Kirchen und Kirche der Zukunft. Plädoyer für eine pilgernde, hörende und dienende Kirche (VDBK Nr. 27). Votum auf der Herbstversammlung der DBK 2010, Bonn 2011.

2. Sexualität als anthropologische Grundgegebenheit – Humanwissenschaftliche Perspektiven und entwicklungsspezifische Bildungsaufgaben

Das zweite Kapitel stellt die entwicklungsbezogenen Ausprägungen der menschlichen Sexualität heraus und nennt damit verbundene Bildungsaufgaben. Eltern und weitere Erziehende sind herausgefordert, wenn sie Kinder und Jugendliche mit dem lebenslangen Lernprozess der Gestaltung der Sexualität vertraut machen. Ohne ihre Unterstützung gedeihen die Kinder nicht im erwünschten Ausmaß, bzw. durch Wegschauen erweisen Erwachsene den jungen Menschen keinen Dienst und helfen ihnen schon gar nicht als Wegweiser in schwierigem, unübersichtlichem Gelände. Stattdessen sind eine zurückhaltende Wachheit und eine wohlwollende Begleitung nötig. Die Erziehungsverantwortlichen mögen nicht nur die Fortschritte der Kinder beim Gehen und Sprechen wertschätzend zur Kenntnis nehmen, sondern auch ihre Lernprozesse rund um die Sexualität anerkennen (2.1 und 2.2).

Seit den 1970er-Jahren geschieht Sexualpädagogik außerdem durch die schulische Sexualkunde, den Biologieunterricht und durch fächerübergreifende Angebote, an denen sich der Religionsunterricht beteiligen kann, gelegentlich auch durch externe Fachleute. Die Aufgabe der »Aufklärung« verteilt sich auf die verschiedenen Mitverantwortlichen, die sich den Fragen der Kinder und Jugendlichen stellen und ihnen bisweilen kompakte Information geben (2.3). Breit erforscht ist das sexuelle Verhalten Jugendlicher (2.4) und Erwachsener (2.5); was aber fehlt, sind Leitlinien, Werte und Kommunikationsregeln, die für alle Bereiche des menschlichen Lebens Geltung beanspruchen. Sexualpädagogik wird deshalb zunehmend als eine Form des sozialen Lernens angesichts von Gewalt, Konsumismus, Ökonomisierung und Sexualisierung der Lebenswelten wahrgenommen. Häufig gewinnt das Thema Sexualität im Seniorenalter eine neue Qualität jenseits von aktuellen Leistungskriterien und eröffnet neue Wege eines entspannten Umgangs mit Intimität und Zärtlichkeit (2.6) – hierzu wird ein herzliches Gespräch zwischen zwei älteren Partnern beispielhaft abgedruckt.

2.1 Sexualität beim Kleinkind und in der Familie

Die geschlechtliche Prägung des Kindes ist mit der Zeugung gegeben und sie kann schon vor der Geburt mit Ultraschall festgestellt werden. Viele Eltern sparen sich dieses Wissen als Überraschung bis zur Geburt des Kindes auf. Dann zeigt sich definitiv, ob das Kind ein Bub oder ein Mädchen ist. Vielleicht sind gar Zwillinge unterwegs! Frühere Erwartungen (»Es soll ein Knabe sein«) und Enttäuschungen (»Es ist nur ein Mädchen«) weichen dem überwältigenden Gefühl der Dankbarkeit über die Geburt eines Kindes. – Mit der Geburt geschieht beim Kind ein abrupter Wechsel von einem Raum der Wärme, Geborgenheit und der Einheit mit der Mutter hin zu einem Leben außerhalb der bergenden mütterlichen Umgebung. Zurück bleibt von diesem Vorgang, der oft mit der »Vertreibung aus dem Paradies« verglichen wird, für das ganze Leben eine tiefe Sehnsucht nach Nähe, Geborgenheit und verlässlicher Liebe.

Entscheidend ist nun für das Kind, ob und wie es von Mutter und Vater willkommen geheißen und angenommen wird. Zwar sind die meisten Kinder heute »Wunschkinder«, doch können auch sie den Tagesablauf eines Elternpaares stark durcheinanderbringen und eine Neuorganisation nötig machen. Das Kind registriert implizit und emotional, wie sehr es erwünscht ist und ob ihm die Erfahrung zuteil wird, unbedingt geliebt zu sein. Solche Erfahrungen in den ersten Lebensjahren sind für seine spätere Liebesfähigkeit maßgebend. Ja, das Kind baut ein »Urvertrauen« zu den primären Bezugspersonen auf oder ein mehr oder weniger großes »Misstrauen« (Erikson).

Die Grundeinstellungen der Eltern beeinflussen das Kind, insbesondere die Freude der Mutter über das Kind sowie ihre Haltung zu Leib und Sexualität. Wie die Ängste der Mutter die Angstbereitschaft des Kindes fördern, so wirkt sich ihre Beziehung zur Sexualität auf die sexuelle Vitalität des Kindes aus. Die ersten Erfahrungen des Kindes mit Sexualität geschehen unbewusst, leibhaftig und ganzheitlich. Kinder erleben ihre Sexualität – wie andere erste Fähigkeiten (z.B. saugen, greifen) – ganz auf sich selbst bezogen und ohne Absicht egoistisch. Sie suchen ganz spontan und unbefangen Lust – entdeckend, neugierig, mit allen Sinnen. Weder ist ihre Lust dabei zielgerichtet, noch die Sexualität partnerorientiert. »Genitale Stimulation, sexuelle Erregung, Erektion und Orgasmus stehen neben und im Zusammenhang mit einem Spürbewusstsein nach Sich-Wohlfühlen auf körperlicher, emotionaler und sozialer Ebene. Lust dient von Anfang an schon der Kompensation von Frustrationserleben in allen Bereichen, ein Zusammenhang, der auch später immer wieder beobachtet werden kann« (Wanzeck-Sielert 2008, 363).

Ohne idyllische Verhältnisse anzunehmen, ist die Familie (bzw. eine familienähnliche Konstellation) ein idealer Aufnahmeort für das Kind. Hier kann das Kind körperliche Nähe, Intimität und Sexualität in einem Schon- und Schutzraum erfahren. Bereits früh gibt es eine große Bandbreite sexueller Ausdrucksformen: Bewegungen, Empfindungen, Berührungen, Selbstberührungen, Selbstbefriedigung und ein auf Erwachsene ausgedehntes Bedürfnis nach Intimität und Anerkennung durch Ankuscheln und Schmusen.

Aus christlicher Sicht steht nach der Geburt die Frage an, ob das Kind getauft werden soll oder nicht. Falls ja, entscheiden sich die Eltern für eine Feier des Dankes für das Leben des Kindes, für eine zeichenhafte Aufnahme in die Gemeinschaft der Kirche und für die Bitte um Gottes Schutz und Segen auf allen Wegen. Falls die Taufe aufgeschoben oder ganz auf sie verzichtet wird, ist diese Entscheidung zu respektieren. Die Taufe bietet für die Eltern eine große Chance der Erfahrung, dass ihre Mühen um die Erziehung nicht umsonst, sondern von Gott getragen und gesegnet sind. – Doch kehren wir nach diesem Hinweis auf die Taufe zurück zur Entwicklung des Kindes:

In der nach Sigmund Freud (1856–1939) so benannten »oralen Phase« im *ersten Lebensjahr* macht das Kind vor allem mit dem Mund lustvolle Erfahrungen. Es entdeckt die Welt durch Saugen an der Mutterbrust. Diese von der Mutter gewährte Nähe geschieht in Ruhe durch Hautkontakt und wird als »Andacht des Stillens« bezeichnet. – Im Alltag kann sie auch jäh unterbrochen werden. – Beim Baden genießen Kinder das Wasser, das Nacktsein und Berührungen. Die unumgänglichen Berührungen der Geschlechtsorgane des Kindes durch die Eltern (beispielsweise beim Waschen) wirken prägend für das sexuelle Körper(selbst)bewusstsein (vgl. Wanzeck-Sielert 2008, 365). Sie sind klar von »interessierten« Übergriffen Erwachsener und von pädophilen Missbräuchen abzugrenzen.

Die Haut ist das primäre und größte Sinnesorgan des Menschen. Über sie erfährt das Kind Zärtlichkeit, Liebkosungen, Zuwendung, Angenommen-Sein und Liebe. Sie ist gleichsam ein Kommunikationsorgan und trägt viel zur Bildung des kindlichen Urvertrauens bei. Ablehnung seiner Person und verweigerte Erfüllung der Grundbedürfnisse können andererseits Misstrauen, Lebensunlust, vielleicht sogar Ängste erzeugen. Das »Abstillen« und das gelegentliche Aufschieben oder zeitweise Unterbrechen des Hautkontakts bilden große Herausforderungen sowohl für das Kind als auch für seine Eltern. Es sind unentbehrliche Lebens- und Lernerfahrungen.

Im *zweiten Lebensjahr* – der sogenannten »analen Phase« – fokussiert das Kind nach Freud sein Interesse auf die Genitalorgane und Ausscheidungen. Dabei lernt es, den Afterschließmuskel zu beherrschen, was die Eltern in der Regel mit lobender Anerkennung, im negativen Fall oft mit Tadel begleiten. Das Kind beginnt die Geschlechtsunterschiede zu registrieren, ohne jedoch bereits eine bewusste Geschlechtsidentität auszubilden. Wichtig für die Eltern ist die Anerkennung und Unterstützung der gewonnenen Eigenständigkeit und Selbsttätigkeit des Kindes. Denn die gewonnene Kompetenz beim »Loslassen und Festhalten« bedeutet: »Ich bestimme über meinen Körper, ich entdecke, dass ich selbst entscheiden kann, wann ich zur Toilette gehe!« (Wanzeck-Sielert 2008, 365).

Auch im *dritten Jahr* lebt das Kind ganz unbefangen und deutlich anders als Erwachsene. Bestimmte Handlungen oder Geschlechtsorgane haben für das Kind nicht jene Bedeutung wie bei sexuell erfahrenen Erwachsenen. Für die Erziehung ist bedeutsam, die Perspektive der Erwachsenen auf Sexualität nicht mit jener der Kinder zu verwechseln. – Die sexuelle Entwicklung des Kindes geschieht eingebettet in die Entwicklung seines Leibes, seiner Grundbedürfnisse, seiner Beziehungen und seiner ganzen Lebensgeschichte. Recht früh können Kinder lernen, dass das Spielen mit Geschlechtsorganen nicht in die Öffentlichkeit gehört und dass die Grenzen der anderen Kinder – gekennzeichnet durch Scham – zu respektieren sind (BZgA, Liebevoll begleiten 2010, 6–9).

2.2 Umgang mit Sexualität im Kindergarten

Der Kindergarten (ab drei Jahren, bisweilen noch früher) und die Kindertagesstätten sind zunächst jene Orte, an denen das Verhaltensrepertoire des Kindes um soziale Erfahrungen erweitert wird. Es muss sich in eine Gruppe einordnen und büßt die Mittelpunktstellung ein, die es in der Familie innehat. Wenn es Geschwister hat, sind ihm bereits in der Familie soziale Erfahrungen zugewachsen.

In der nach Freud so benannten *phallisch-genitalen Phase* (3. bis 5. Lebensjahr) wächst bei Mädchen und Jungen das Interesse an der Sexualität und den Genitalien. Sie beobachten neugierig die unterschiedlichen Organe der Eltern, Geschwister und anderer Kinder, was man früher aus Scham nicht zugelassen hat. Auf ihren Entdeckungsreisen bemerken sie, wie Berührungen an ihren eigenen Organen lustvoll sein können. So werden sie sich allmählich ihrer Geschlechtsidentität bewusst. Gemäß Freuds Hypothese mit Bezug auf Elektra und Ödipus wenden sich die Mädchen eher dem Vater zu, die Jungen eher der Mutter und möchten sie jeweils »heiraten«. Wenn sie dann Zurückweisung erfahren, kann dies krisenhaft erlebt werden. Wenn sie die Unterschiede zu den Eltern feststellen und die Unmöglichkeit, sich mit ihnen zu vereinigen, bilden sie ihre eigene sexuelle Identität aus und lernen, ihren Körper und dessen Gestalt bewusst zu akzeptieren. So begreifen sie teils schmerzlich, teils notgedrungen, dass nicht all ihre Wünsche in Erfüllung gehen.

Im Kindergarten gibt es mit Selbstverständlichkeit und in der Regel ohne Aufhebens sogenannte »Doktorspiele«, in denen Kinder in die Rolle eines Doktors bzw. einer Ärztin schlüpfen und vorgeben, sie müssten eine Leibesvisitation bei befreundeten Kindern vornehmen. Die Erzieherinnen und Erzieher tun gut daran, nicht wegzusehen und schon gar nicht verbietend oder strafend einzuschreiten. Angemessen reagieren sie dann, wenn sie das Geschehen durchaus affirmativ registrieren, dann aber das Interesse weiterführen, umlenken und auf andere Aktivitäten fokussieren. Doktorspiele sind Gelegenheiten, in Rollenspielen Leib und Sexualorgane kennenzulernen, die eigene sexuelle Identität zu suchen und mit anderen achtsam umzugehen. Zu vermeiden gilt es, bei Doktorspielen ältere Kinder dazuzulassen, weil diese in Bezug auf ihre Entwicklung anderswo stehen. Jederzeit sollen Kinder über ihren Körper selbst entscheiden und aus Doktorspielen »aussteigen« können. Bei solchen Gelegenheiten zeigt sich die grundsätzliche Einstellung von Erwachsenen zu kindlicher Sexualität: Ist sie prohibitiv, verbietend und bestrafend oder ist sie wohlwollend, menschenfreundlich und positiv? Insgesamt geht es um die basale Ausbildung eines positiven Selbstwertgefühls (Lehner-Hartmann 1995, 135).

Bei sexuellen Übergriffen oder bei gewalthaltigen Taten unter Kindern sollten Erwachsene freilich nicht tatenlos zusehen, sondern behutsam eingreifen, dem Treiben Einhalt gebieten und erklären, dass kein Kind ein anderes zu etwas zwingen kann (BZgA 2010, 47). Es braucht Regeln für den Umgang untereinander, die verhindern, dass jemand verletzt wird oder Angst haben muss. Wenn ein Kind durch sein Verhalten Grenzen überschreitet und wenn es durch die Zurechtweisung der Eltern Gefühle zum Ausdruck bringt, ist es aus pädagogischer und aus christlicher Warte gesehen unabdingbar, dass das Kind sich trotz Fehlern angenommen und geliebt weiß und dies ausdrücklich erfährt. Die Erziehungsverantwortlichen können die »Fehler« als Lerngelegenheiten verstehen, welche die fundamentale Beziehung der Liebe unberührt lassen. – Folgende *Erziehungsaufgaben* sind in dieser Phase für die verantwortlichen Erwachsenen zu beachten:

- den Blickkontakt mit dem Kind einüben und eine intensive zwischenmenschliche Kommunikation pflegen;
- stimmige Reaktionen auf bestimmte Handlungen der Kinder geben. Fragen des Kindes angemessen beantworten (dies setzt die Kompetenz voraus, die eigene sexuelle Biografie reflektieren zu können);
- keine Sexualisierung der Beziehung, was einem sexuellen Missbrauch gleichkäme. Die eigenen Bedürfnisse der Erwachsenen klar von denen des Kindes unterscheiden;
- eine körperliche, liebevolle, durchaus erotische, aber nicht sexuelle Beziehung von Vater zu Tochter/Sohn bzw. von Mutter zu Sohn/Tochter aufbauen;
- in eine angemessene Sprache einführen, die die Geschlechtsorgane korrekt bezeichnet;
- Werte und Normen vermitteln;
- dem Kind helfen, sich abzugrenzen und die Intimität anderer respektieren lernen.

2.3 Sexualität im Grundschulalter und Aufklärung als Bildungsaufgabe

Die psychoanalytische Tradition bezeichnet die Phase vom 6. bis 10. Lebensjahr als »*Latenzphase*« (Freud) oder als »*psychosexuelles Moratorium*« (Erikson). Mädchen und Jungen grenzen sich nun vermehrt voneinander ab. Sie suchen geschlechtsgleiche Gesprächspartner/innen und Freunde/Freundinnen und zeigen das Bedürfnis nach Intimität und Eigensinn. In dieser Phase sind keine wesentlichen psychosexuellen Entwicklungsschritte und keine auffälligen Veränderungen in hormoneller Hinsicht festzustellen. Das sexuelle Interesse schläft zwar nicht – schon gar nicht bei der Nutzung moderner digitaler Medien – doch geht es um eine langsame Sozialisierung der gesellschaftlichen Normen, die sich oft in Merksätzen wie »Das macht man nicht« kenntlich macht.

Das zentrale Thema der mittleren Kindheit ist die Erfahrung des »Verliebtseins«. Mädchen und Jungen verlieben sich in andere Mädchen und Jungen oder auch in erwachsene Bezugspersonen. »Mädchen und Jungen verabreden sich, geben sich als unzertrennlich, schreiben einander Liebesbriefe, tauschen zumindest heimlich Küsse aus und lernen sich in ihren Freundschaften auch körperlich kennen. Dabei spielt ›Sex‹ kaum eine große Rolle« (Wanzeck-Sielert 2008, 368). Die Bedeutung der Medien nimmt zu, sie können nicht zuletzt sexuelle Interessen wecken. Bei all diesen Ereignissen und Vorgängen sind die Eltern als einfühlsame Gesprächspartner gefragt. Bei gegebenen Situationen können sie unter Umständen von ihren eigenen Erfahrungen des Verliebtseins erzählen.

»*Sexuelle Aufklärung*« bezeichnet die angemessene, entwicklungsgerechte Vermittlung und Aneignung grundlegender Informationen zu Vorgängen und Themen der Geschlechtlichkeit, wozu auch die Zeugung neuen Lebens und die Prävention von übertragbaren Krankheiten gehören (Martin 2008, 639–652; 639). Vergleicht man das diesbezügliche Vorgehen in der Nachkriegszeit mit dem von heute, sind markante Veränderungen in der Einstellung zur und im Umgang mit Sexualität festzustellen (Leimgruber 2011, 97–103). Geblieben ist, dass es sich um eine anspruchsvolle Erziehungsaufgabe handelt, die den Erwachsenen Zivilcourage, Fachwissen, Offenheit, Einfühlungsvermögen, Diskretion und Sprachkompetenz abverlangt. Aus christlicher Sicht handelt es sich um eine vertrauensvolle Aufgabe, welche das christliche Menschenbild zum

Tragen bringt und junge Menschen zu Freiheit und Verantwortlichkeit befähigt. Sexuelle Aufklärung kann zu einem gelingenden und wertehaltigen Leben beitragen.

Entsprechend der Tatsache, dass Sexualität eine Grunddimension des Menschen ist, beschränkt sich sexuelle Aufklärung nicht mehr auf die Pubertät, sondern begleitet als inhärenter Aspekt die komplexe Entwicklung der Kinder und Jugendlichen. Wache Eltern und primäre Erziehungsverantwortliche bemühen sich deshalb, die je aktuellen Wahrnehmungen und Fragen der jungen Menschen aufzugreifen, zu thematisieren und verständlich zu beantworten. Hierbei ist ein Klima des Vertrauens, der Offenheit und der Zuverlässigkeit Voraussetzung, damit auch bei noch wenig ausgebildetem Sprachschatz weitere Fragen und Erläuterungen möglich werden.

Die Grundschule (1.–4. Klasse), nicht erst die Zeit der Pubertät in der Sekundarstufe I, ist die Zeit, in der sexuelles Wissen gefragt ist und auch vermittelt werden soll. »*Aufklärung*« ist kein einmaliger Vorgang, der alles auf einmal klärt, sondern ein die Kinder und Jugendlichen begleitender Informations- und Lernprozess. Die 4. bis 6. Jahrgangsklasse ist geeignet für eine systematische Einführung in die körperlichen Veränderungen der Pubertät von Mädchen und Jungen sowie für eine altersentsprechende Darlegung der Entstehung des Lebens, von Schwangerschaft und Geburt. Vorhandenes Halbwissen soll geklärt werden. Hier sei auf das »MFM Projekt« (Kapitel 8) verwiesen, welches Wissen in spielerischer, jugendgemäßer Form vermittelt, oder auf »Teenstar«, ein international verbreitetes sexualpädagogisches Konzept zur Persönlichkeitsbildung der Gynäkologin Dr. Hanna Klaus.

Der Beitrag des *Religionsunterrichts* besteht unter anderem im Aufzeigen von Sinnfragen und sozialen Verantwortlichkeiten. Er kann bereits Bekanntes auf der Sinnebene wiederholen, biblische Perspektiven entfalten, ethische und soziale Aspekte einbringen sowie wertebezogene Überlegungen anstellen. Seine Aufgabe ist es nicht, die Schülerinnen und Schüler zu indoktrinieren, bestimmte Verhaltensweisen zu verbieten und andere zu propagieren, sondern die Argumentations- und Reflexionskompetenz der Jugendlichen zu fördern und sie »freundschaftlich zu begleiten« (Uwe Sielert). Schule und Religionsunterricht sind durchaus wichtige Foren für sachbezogene Fragen, auch wenn sie das Gespräch mit den Eltern nicht ersetzen. Die psychologischen und kommunikativen Schwierigkeiten der Jungen sind für den Religionsunterricht eine besondere Herausforderung.

2.4 Jugendsexualität

Heutige Jugendliche haben mehrheitlich gute Kontakte zu ihrer Herkunftsfamilie. Lehrlinge und Studierende bleiben länger im »Hotel Mama« als noch in den 1970er-Jahren. Sie lösen sich etwas später vom Familienkreis, orientieren sich an den Gleichaltrigen und Gleichgesinnten und gehen mit ihnen auch freundschaftliche Beziehungen ein. Die meisten sind untereinander digital vernetzt und kommunizieren via Facebook oder anderen Plattformen miteinander – oft wie wild! Bei über der Hälfte der Jugendlichen spielen Sport und Bewegung eine große Rolle. Leider hat die Kirche kein gutes Image bei den Jugendlichen, ja, für nicht wenige ist sie »megaout«, weil sie eben nicht für die Freiheit und Selbstbestimmung der Menschen eintritt, sondern immer wieder Verbote aller Art erlässt, jüngstens Diskussionsverbote über die Stellung der Frau in der Kirche oder die zölibatäre Lebensform, vor einiger Zeit zur Verwendung von Kondomen in Entwicklungsländern, wozu der Papst am 17. März 2009 auf dem Flug nach Kamerun interviewt wurde (Licht der Welt 2010, 221f.). Solche und ähnliche Aussagen können Jugendliche heute nicht begeistern. In Bezug auf den Umgang mit Sexualität fühlen sie sich »von der Kirche im Stich gelassen« (Illa/Leimgruber 2010).

Die Geschlechtsreife entwickelt sich im Verlaufe des Wachstums unter hormonellen Einflüssen und der Ausbildung der sekundären Geschlechtsmerkmale. Dies geschieht bei Mädchen früher, bei Jungen etwas später. Bei Mädchen ist der Beginn des Menstruationszyklus durchschnittlich im Alter von 12,2 Jahren gegeben, bei Jungen die Ejakularche im Durchschnitt bei 12,4 Jahren, was für beide Geschlechter ein neues Lebensgefühl mit sich bringt. Ein zunehmend großer Teil der Jugendlichen ist durch eine sorgfältige Aufklärung gut auf den Umgang mit Sexualität vorbereitet, ja freut sich darauf und wird nicht mehr überrascht und mit negativen Gefühlen belastet. Insgeheimer Stolz über das Erwachsensein kommt auf, obwohl es auch Unsicherheiten gibt.

Durch diese körperlichen Veränderungen entstehen automatisch Fragen bei den Jugendlichen und die Neugier für das Thema Sexualität wird geweckt. Diese Neugier betrifft nicht nur das theoretische Wissen über das Thema, sondern bringt die Mädchen und Jungen dazu sich auszuprobieren. Drei von vier Mädchen und zwei von drei Jungen in Deutschland werden von ihren eigenen Eltern aufgeklärt (BZgA, Jugendsexualität 2010, 25). Ein wichtiges Thema hierbei ist die Verhütungsberatung. Die meisten deutschen Jugendlichen sind mit der erfahrenen Beratung elterlicherseits zufrieden (ebd., 37). Mit 17 Jahren haben drei von vier deutschen Mädchen einen Arzt zur Verhütungsberatung aufgesucht (ebd., 49).

Beginn und Häufigkeit sexueller Erfahrungen
Noch keine sexuellen Erfahrungen haben 39% der 14-jährigen deutschen Mädchen gemacht, 48% der Mädchen mit Migrationshintergrund und 36% der deutschen Jungen und 37% der ausländischen im Alter von 14 Jahren. Im Alter von 17 Jahren liegt die sexuelle Unerfahrenheit lediglich noch bei 8% der deutschen Mädchen und 15% der Mädchen mit Migratonshintergrund und 8% der deutschen Jungs bzw. der ausländischen Jungen (BZgA 2010, 101). – Koituserfahren sind 66% der deutschen Mädchen unter 17 Jahren und 65% der deutchen Jungen, 53% der Mädchen und 72% der Jungen mit Migrationshintergrund (BZgA, Jugendsexualität 2010, 109). Die Angst, dass die sexuelle Revolution die Jugendlichen »verroht« habe, ist unbegründet. Das »erste Mal« (Sexualität im engeren Sinn) wird normalerweise in einer festen Beziehung gut geplant und geschieht bei ca. einem Drittel der Mädchen und Jungen vor dem 16. Lebensjahr (BZgA 2006, 86). Hierbei wird von einer großen Mehrheit verhütet, und zwar zu 75% mit Kondom und zu etwa 40% mit der Pille (BZgA, Jugendsexualität 2010, 148), nicht wenige verhüten auf beiden Wegen gleichzeitig.

Im Nachbarland Schweiz zeigt eine ähnliche Befragung, dass weniger als ein Viertel der Jugendlichen ihr »erstes Mal« vor dem 16. Lebensjahr hatten (EKKJ 2006, 39). »Jugendliche geraten aber unter Druck, wenn sie älter als 20 Jahre sind und keine sexuellen Erfahrungen nachweisen können. Bis dahin zeigen sie – insbesondere Abiturientinnen – Gelassenheit« (Neubauer 2008, 379).

Die jüngste Studie der Bundeszentrale für gesundheitliche Aufklärung »Jugendsexualität 2010« befragte erstmals über 600 Jugendliche mit Migrationshintergrund zu der gesamten Thematik. Dabei wurden eklatante Geschlechtsunterschiede und Differenzen in Bezug auf die sogenannten »Sinus-Milieus« festgestellt. Entscheidend für die Neugier nach sexueller Aufklärung und für das sexuelle Verhalten ist der Grad der Verpflichtung der Jugendlichen an die Herkunftsländer bzw. die Integration in die Aufnahmegesellschaften. Je stärker letztere vorangeschritten ist, umso mehr gleicht sich das Verhalten der Jugendlichen mit Migrationshintergrund jenem der deutschstämmigen Jugendlichen an. Sowohl bei Mädchen wie bei Jungen ist ein großes Interesse an sexualbezogenen Informationen vorhanden. Während Jungen indessen früher und häufiger als ihre deutschen Altersgenossen sexuell aktiv sind, finden nicht wenige junge immigrierte Frauen sexuelle Kontakte vor der Ehe »nicht wichtig«.

Die Resultate der Umfrage der BZgA 2010 haben erstaunlicherweise keine nochmalige Vorverlegung der ersten sexuellen Erfahrungen belegt, sondern eine Verlegung um etwa ein halbes Jahr nach hinten. Bei Jugendlichen mit Migrationshintergrund stellte man bei den jungen Frauen eine größere Zurückhaltung als bei den deutschen fest, bei den jungen Männern dagegen eine frühere und intensivere sexuelle Aktivität. Wie gesagt, in der dritten Generation der Zugewanderten gleicht sich das Verhalten der beiden Gruppen beiderlei Geschlechts immer mehr an.

Die heutigen Jugendlichen sind – ob männlich oder weiblich – nicht promisk. Drei Viertel der erfahrenen Mädchen hatten maximal zwei Geschlechtspartner und 80% der erfahrenen Jungen hatten maximal drei Geschlechtspartnerinnen (BZgA 2006, 101). Die Jugendlichen leben in der Regel »seriell monogam« (Neubauer 2006, 377); in einer Beziehung gibt es fast keine Seitensprünge, die Jugendlichen sind großmehrheitlich treu. Mit anderen Worten: Für heutige Jugendliche gehören Liebe, Sexualität und *Treue* zusammen, aber erst zu einem späteren Zeitpunkt Liebe, Sexualität und *Ehe*!

All diese Fakten, die leicht zu vermehren wären, belegen, dass »Sexualität« ein großes Thema der Jugend ist, weil es ihre Lebenswelt direkt betrifft. Daher dürfen Elternhaus, Schule, Religionsunterricht und Jugendarbeit diesen Bereich nicht ausgrenzen. Speziell die kirchliche Jugendarbeit steht hier in der Pflicht, da sie den Anspruch hat, an der Lebenswirklichkeit der Jugendlichen ansetzen zu wollen (vgl. Synode 1974, Kapitel 2).

2.5 Plurale Sexualität Erwachsener

Die Sexualität Erwachsener ist in der heutigen Zeit ebenso vielfältig und unterschiedlich wie die Menschen selbst. Es gibt eine große Bandbreite sexueller Erfahrungsweisen und damit verbundener Einstellungen. Bei Frauen werden zurückhaltendere Personen mit wenigen sexuellen Erfahrungen von freizügigeren, hedonistisch eingestellten mit experimentellen Beziehungen unterschieden, wobei diese zumeist im Rahmen einer festen Partnerschaft stattfinden.

Sexuelle Erfahrungen stehen für Erwachsene erlebnismäßig und von der Bedeutung her weder an letzter noch an erster Stelle. Zweifellos sind sie wichtig, aber nicht sehr wichtig. Sexualität wird relativiert und in die Lebenswirklichkeit der Partnerschaft eingeordnet. Sie ist nicht das Einzige, das zählt, nicht das absolute Ein und Alles, wohl ein sehr schöner Ausdruck der Liebe, aber kein Allheilmittel für allfällige Krisen. Am häufigsten wird Sexualität mit Liebe assoziiert, dann auch mit Zärtlichkeit, Vertrauen, Nähe, Spaß, Leidenschaft und Partnerschaft. Partner genießen bei der Sexualität vor allem, dass sie sich geliebt und angenommen erfahren.

Zu beachten ist auch das Ergebnis vieler Umfragen im Handbuch für Sexualpädagogik und sexuelle Bildung (Schmidt/Sielert 2008): »Die meisten sind treu, immer oder die meiste Zeit. Kaum 30% der Erwachsenen sagen, sie hätten schon einmal mit jemand anderem geschlafen, seit sie mit dem jetzigen Partner zusammen sind« (Starke 2008, 407). Somit wäre eine Verteufelung der heutigen Zeit aufgrund von Permissivität, die alles erlaube, und Promiskuität (mit stets wechselnden Geschlechtspartnern) völlig verfehlt. Das Sexualleben ist ein Faktor des persönlichen und gesellschaftlichen Lebensglückes; zwar ein bedeutender, doch einer neben anderen und in das ganze Leben eingeordnet.

2.6 Sexualität und Älterwerden

Sexualität spielt auch im Alter eine bedeutsame Rolle, ist doch der Mensch von Anfang an bis ins hohe Alter ein geschlechtsgeprägtes Lebewesen. Das Grundbedürfnis nach Sexualität lässt auch ältere Menschen keineswegs kalt. Hierbei wird der ganzheitlichen Kommunikation zwischen den Partnern die größte Rolle zugeschrieben, und sexuelle Beziehungen sind eine besonders dichte und von den meisten erwünschte Beziehungsform. Sexuelle Kontakte sind bis zum 65. bis 70. Lebensjahr durchaus körperlich, bei einem Drittel bis in die frühen 1970er-Jahre hinein möglich, wobei allerdings große individuelle Unterschiede zu verzeichnen sind. Die unbefangene und unverkrampfte, die souveräne und kreative Gestaltung des Miteinanders, der Kommunikation auf allen Ebenen ist Aufgabe auch dieses Lebensabschnittes. Sexuelle Reaktionen geschehen zwar langsamer, können aber andererseits länger andauern (Neysters 2007, 145).

Die wichtigsten Faktoren für ein befriedigendes Sexualleben im Alter sind der Gesundheitszustand, das äußere Erscheinungsbild, die Ernährung, sportliche Aktivitäten und die Körperpflege. Einzuberechnen ist eine abnehmende Potenz v.a. bei Männern. Einige ältere Personen leiden an Schuldgefühlen wegen Selbstbefriedigung. Und die Tatsache wird offenbar, dass die heute älteren Personen in ihrer Jugend nicht gelernt haben, miteinander über ihre sexuellen Erfahrungen offen zu sprechen. Mit zunehmendem Alter gewinnen die nicht-sexuellen Bezugsformen der Zärtlichkeit an Bedeutung. Dies soll am Beispiel eines Interviews älterer Leute (aus: BISS. Bürger in sozialen Schwierigkeiten, Zeitschrift, München 2010, Mai, 14–15) gezeigt werden:

HEDWIG KURZTE (HK): An unserer Hochzeit schien die Sonne. Wir sind zu Fuß zum Standesamt gegangen. Dort wäre ich am liebsten unter den Tisch gerutscht, denn ich dachte mir, da wird man uns komisch anschauen, zwei so Alte, die nochmal heiraten wollen.

SIEGFRIED KURTZE (SK): Schließlich warst du schon 79 und ich 82. Aber es war wirklich ein schöner Tag: der 2. April 1998. Für uns beide war es die zweite Ehe. Trauzeugen waren mein Sohn und deine Tochter.

HK: Über unsere Töchter haben wir uns kennengelernt. Die gingen zusammen zur Schule. Doch erst als sie schon längst erwachsen waren, haben wir uns zum zweiten Mal gesehen.

SK: Das war kurz nachdem meine erste Frau gestorben war. Meine Tochter hatte dich eingeladen, doch einmal bei uns vorbeizukommen, und ich habe dich abgeholt.

HK: Wir haben auf der Fahrt kein Wort geredet und uns nur auf den Verkehr konzentriert. Nach dem Besuch hast du mich wieder heimgefahren. Und dann ging es schon bald los mit dem Telefonieren. Du riefst mich öfter an und fragtest, wie es mir geht.

SK: Ich habe ein paar Wochen später vorgeschlagen, man könnte doch mal spazieren gehen und sich näher kennenlernen. Also haben wir uns im Englischen Garten verabredet.

HK: Peu à peu haben wir gemerkt, dass wir viele gleiche Interessen haben. Wir sind gern ins Theater gegangen, lieben Opern und waren sogar noch gemeinsam in der Senioren-Tanzschule. Da konnten unsere alten Knochen noch was lernen.

SK: Sieben Jahre ging das so mit den Treffen und Besuchen, dann habe ich gesagt, das ist doch Unsinn, wir könnten doch auch zusammenziehen und heiraten. Das würde alles einfacher machen.

HK: Es gab aber kein Liebesbekenntnis, keinen Kniefall. Es hat halt einfach gepasst, es ging von Anfang an gut mit uns beiden. Wir hatten viel Freude und haben viel gelacht. Vorher, ohne unsere ersten Ehepartner, haben wir uns allein gefühlt, aber zu zweit dann nicht mehr. Liebe ist für mich vor allem, dass man miteinander redet. Unseren Kindern haben wir auch immer gesagt: Redet mit euren Partnern. Denn wenn man sich in einer Beziehung nichts zu sagen hat, braucht man nicht zusammen sein. Mein erster Mann hat mir vieles nicht erlaubt, zum Beispiel schwimmen zu gehen. Er war sehr eifersüchtig. Das war mit dir kein Problem.

SK: Ich war ja auch selber eine Wasserratte!

HK: Einmal haben wir uns einen Urlaub auf Gran Canaria geleistet. Da habe ich das erste Mal das Meer gesehen. Soll ich da etwa reingehen, fragte ich.

SK: Und ich meinte: Komm mit, das ist wunderbar!

HK: Wir haben uns also an den Händen gehalten und sind zusammen in die Wellen gelaufen. Ich fand es so erfrischend und schön, dass ich laut aufgeschrien habe. Es war ein Traum! Am liebsten hätte ich das Meer mit nach München genommen. Inzwischen, mit 94 und 91 Jahren, sind wir fast nur noch daheim. Mit all den Krankheiten und Gebrechen kann man einfach nicht mehr. Man möchte zwar etwas tun, und wenn man im Sessel sitzt, glaubt man, es geht noch. Aber wenn man aufsteht, merkt man: Es ist vorbei. Und manchmal denkt man schon, dass es schön wäre, einfach sanft einzuschlafen, für immer. Im hohen Alter und mit den gesundheitlichen Problemen ist es ein Trost, dass man zu zweit ist. Man kann sich unterstützen, sich helfen. Geblieben sind kleine Berührungen. Ich sitze neben ihm beim Fernsehen und lege die Hand auf sein Bein, oder wir lehnen uns aneinander. Mein Mann sagt gerne Schatz oder Liebling zu mir, da hat er das ganze Repertoire drauf ...

SK: ... während du mich immer nur Siegfried nennst.

HK: Die Paare heute trennen sich viel schneller als früher. Das finde ich nicht gut. Andererseits sind die jungen Frauen natürlich selbstständiger, haben eigenes Geld und dürfen mitreden, das gefällt mir. Früher dagegen waren wir meist nur Hausmütterchen und konnten frühestens arbeiten, wenn die Kinder mit der Schule fertig waren.

SK: Wir beide wissen, dass wir füreinander da sind. Und die Stärke unserer Verbindung ist über die Jahre hinweg gleich geblieben.

HK: Aber wer sagt, es gibt keine Krisen, der lügt. Wir streiten schon mal, zum Beispiel, wenn du wieder einmal heimlich Süßigkeiten gegessen hast, obwohl du das als Diabetiker nicht solltest. Oder ums Aufräumen.

SK: Aber das passiert selten. Wir mögen uns sehr.

HK: Ja, da hast du recht.

2.7 Zusammenfassung

Sexualität ist nach den Erkenntnissen der Humanwissenschaften eine das ganze Leben durchziehende Grundgegebenheit, die unsere Aufmerksamkeit erfordert und nicht als nebensächlich beiseite gelassen werden soll. Kinder brauchen von Anfang an eine liebevolle Aufnahme und auf ihrem Weg der Ausbildung einer Geschlechterrolle eine achtsame Begleitung. Jugendliche sind in ihrer Einstellung und Praxis der Sexualität freier als vor 50 Jahren, nicht aber untreu und promisk. Das Erwachsenenalter zeigt eine große Variabilität der Sexualität, die aber ihren Schwerpunkt auf der Partnerbeziehung und in der Familie hat. Selbst älter gewordene Personen müssen sich der Aufgabe einer kreativen Gestaltung ihrer Beziehungen auf allen Ebenen stellen. Ohne Regeln sexueller Kommunikation (vgl. 5.7) und ohne ethische Werte droht Sexualität banalisiert zu werden.

Literatur
Benedikt XVI. Licht der Welt. Der Papst, die Kirche und die Zeichen der Zeit, Ein Gespräch mit Peter Seewald, Freiburg ²2010.
BISS. Bürger in sozialen Schwierigkeiten, Zeitschrift, München 2010, Mai, 14–15.
Bundeszentrale für gesundheitliche Aufklärung (BZgA) (Hg.), Jugendsexualität. Repräsentative Wiederholungsbefragung von 14- bis 17-Jährigen und ihren Eltern 2006 (Baustein 2), Köln 2006.
Bundeszentrale für gesundheitliche Aufklärung (BZgA) (Hg.), Jugendsexualität. Repräsentative Wiederholungsbefragung von 14- bis 17-jährigen und ihren Eltern. Aktueller Schwerpunkt Migration, Köln 2010.
BZgA (Hg.), Liebevoll begleiten … Bundeszentrale für gesundheitliche Aufklärung Vom 1. Lebensjahr bis zur Einschulung. Ein Ratgeber für Eltern zur kindlichen Entwicklung, Köln ³2010.
Clement, Ulrich, Sexualität im sozialen Wandel. Eine empirische Vergleichsstudie an Studenten 1966 und 1981, Stuttgart 1997.
Hilpert, Konrad, Sexualethik, in: Neues Handbuch theologischer Grundbegriffe, München 2005, Bd. 4, 139–152.
Lehner-Hartmann, Andrea, Kindliche Sexualität – (k)ein Thema?, in: Religionspädagogische Beiträge 1995/H. 35, 133–149.
Leimgruber, Stephan, Sexuelle Aufklärung, in: Wunibald Müller/Myriam Wijlens, Aus dem Dunkel ins Licht. Fakten und Konsequenzen des sexuellen Missbrauchs für die Kirche und die Gesellschaft, Münsterschwarzach 2011, 97–103.
Martin, Beate, Körper- und Sexualaufklärung, in: Renate-Berenike Schmidt/Uwe Sielert (Hg.), Handbuch Sexualpädagogik und sexuelle Bildung, Weinheim/München 2008, 639–652.
Majerus, Mill und Catherine, Über Sex und Liebe reden. Ein Ratgeber für Eltern und alle, die Jugendliche begleiten, München 2005.
Neysters, Peter, Die alternde Paarbeziehung, in: Martina Blasberg-Kuhnke/Andreas Wittmann (Hg.), Altern in Freiheit und Würde. Handbuch christlicher Altenarbeit, München 2007, 140–147.
Schmidt, Renate-Berenike/Sielert,Uwe (Hg.), Handbuch Sexualpädagogik und sexuelle Bildung, Weinheim/München 2008.
Starke, Kurt, Sexualität im Erwachsenenalter, in: Renate-Berenike Schmidt/Uwe Sielert (Hg.), Handbuch Sexualpädagogik und sexuelle Bildung, Weinheim/München 2008, 399–414.
Wanzeck-Sielert, Christa, Sexualität im Kindesalter, in: Renate-Berenike Schmidt/Uwe Sielert (Hg.), Handbuch Sexualpädagogik und sexuelle Bildung, Weinheim/München 2008, 363–370.

3. Biblische Aspekte der menschlichen Sexualität

Nachdem wir die heutige Lebenswelt junger Menschen angesprochen (Kapitel 1) und Sexualität als konstitutive Gegebenheit menschlichen Daseins entlang des ganzen Lebenslaufs thematisiert haben (Kapitel 2) und bereits alters- und entwicklungsbezogene Bildungsaufgaben ins Bewusstsein getreten sind, soll nun die Aufmerksamkeit auf die Heilige Schrift gelenkt werden, um von ihr Impulse und Wegleitung zu erhalten. Denn die Bibel ist für Christinnen und Christen nach wie vor das maßgebliche Dokument für ihre Lebensgestaltung, die Norm und der Schlüssel für eine verantwortliche Modellierung intensiver Beziehungen auf allen Ebenen, auch wenn sie keine ganz einheitliche Sicht der Sexualität enthält. Die Bibel gibt ein Menschenbild vor, an dem sich eine Sexualpädagogik orientieren kann und die das jüdisch-christliche Gedankengut ins Spiel bringt (3.2). Das Hohelied Salomos ist zum »Lied der Lieder« (cantus cantorum) geworden (3.3), denn es stellt ein kostbares Liebeslied mit eindrücklichen Bildern dar, von denen man geradezu überrascht sein könnte, dass sie den Weg in die Heilige Schrift gefunden haben. Aber auch vom »Schatten« der Sexualität handelt die Bibel, denn ihre zerstörerische Kraft zeigt sich in mannigfachen Verfehlungen (etwa unter dem Begriff Porneia) gegen das Hauptgebot der Liebe (3.4).

Im Neuen Testament gibt es doch einige Differenzen zwischen der Sicht Jesu mit seiner positiven Einstellung zur Leiblichkeit und Zärtlichkeit und der Sicht des Völkerapostels Paulus und seiner Option für seine eigene Lebensweise, die beide nicht übersehen werden dürfen (3.5). Papst Benedikt XVI. hat in seiner Antrittsenzyklika den neutestamentlichen Hymnus über die Liebe des Apostels Paulus im 1. Korintherbrief 13 die »Magna Charta allen kirchlichen Dienens« genannt (Deus caritas est, Nr. 34). Ihre Bedeutung für unseren Kontext ist unbestritten, obwohl sie keine Äußerungen zur Sexualität macht (3.6). Nicht aus den Augen verlieren wollen wir die biblische Sicht der Liebe (3.7), um abschließend in dieser Perspektive diverse Aspekte der Sexualität auf den Punkt zu bringen (3.8). Vorausgeschickt seien Überlegungen zur Relevanz und Verbindlichkeit des moralpädagogischen und ethischen Denkens in der Bibel (3.1) sowie der Hinweis, dass hier die Einheitsübersetzung (1999) verwendet wird.

3.1 Was kann von der Bibel erwartet werden? – Methodologische Vorfragen

Es wäre (zu) einfach, wenn wir die Heilige Schrift einfach aufschlagen könnten und darin treffende Antworten auf Fragen einer heutigen Sexualpädagogik finden würden. Weit gefehlt, auf ganz viele Fragen erhalten wir aus der Bibel überhaupt keine Antwort, etwa auf die drängenden Fragen der Prävention, der gesundheitlichen Vorsorge vor übertragbaren Krankheiten wie AIDS. – Zur Zeit des Alten Testaments gab es eine weitgehend polygame Eheordnung, nach der ausgerechnet Abraham, der »Vater des Glaubens« für Juden, Christen und Muslime, für heutige Augen nicht gut dasteht (wegen seines Verhältnisses zur Magd Hagar). Zur vorehelichen Sexualität haben weder das Alte noch das Neue Testament explizit Stellung bezogen.

Hingegen findet sich in der Bibel eine einhellige Ablehnung und Verwerfung der Homosexualität, die seinerzeit allerdings anders verstanden und gelebt wurde als heute. Diese Ablehnung scheint in ihrer pauschalen Form dem heutigen Empfinden zu widerstreben. Sie ist auch nicht deckungsgleich mit den differenzierten Stellungnahmen der Kirchen. So sehr Tradition und Lehramt in die Entscheidungsfindung für aktuelle sexuelle Bildung einzubeziehen sind, das augustinische Erbe mit seiner Leibfeindlichkeit und seinem Lustpessimismus wäre am biblischen Befund zu messen und könnte nicht kritiklos übernommen werden. Im Laufe der Geschichte hat es de sexto Kontinuität und Diskontinuität gegeben, was auch mit den Differenzen zwischen Jesus und Paulus im Umgang mit dem gesamten Bereich zu tun hat.

Wichtig erscheinen indessen die Beachtung des biblischen Menschenbildes und die entsprechend bejahende Einstellung zu Leib, Leben und Geschlechtlichkeit, zu Liebe und Beziehung, um daraus sinnvolle und lebbare Leitvorstellungen zu gewinnen. Aus Bibel und Geschichte können durchaus Impulse gewonnen werden für eine sinnerfüllte Gestaltung sexueller Beziehungen. Hinter eine historisch-kritische Bibelauslegung kann man nicht zurück. Es wäre falsch, wenn man fertige und ganz konkrete Handlungsanweisungen erwartete. »Die Bibel ist kein systematisches oder gar einheitliches Lehrbuch zu Fragen des Glaubens und der Moral. Man kann sie nicht wie ein Rezeptbuch zu Rate ziehen, wenn wir konkrete Fragen beantwortet haben möchten« (Halter 1981, 9).

Zu erwarten sind aber aus der Bibel Perspektiven, Grundhaltungen und Tugenden, die zu gelingenden Beziehungen beitragen und Versöhnung angesichts gescheiterter Partnerschaften anbahnen können. – Die Bibel soll »ins Spiel gebracht werden«. Selbstverständlich sind die Erfahrungen der Menschen im Lichte der »Zeichen der Zeit« zu betrachten, zu deuten und mit biblischen Grundlagen zu korrelieren.

3.2 »Und es war sehr gut« – Sexualität und das biblische Menschenbild

Das Buch Genesis hat zwei Schöpfungserzählungen aufgezeichnet, nämlich die Schöpfung der Welt und des Menschen im Sechstagewerk (Gen 1,1–2,4a) und die Erschaffung Adams (des Menschen) und Evas (seiner Gehilfin) nacheinander (Gen 2,4b–25). Die erste, jüngere Geschichte stellt Gott als Urheber allen Lebens dar. Auf ihn geht auch die Erschaffung des Menschen als sein Abbild und Ebenbild zurück. (Die folgenden Gedanken sind eine Weiterführung von Illa/Leimgruber 2010, 41–49.)

> »Gott machte alle Arten von Tieren des Feldes, alle Arten von Vieh und alle Arten von Kriechtieren auf dem Erdboden. Gott sah, dass es gut war. Dann sprach Gott: Lasst uns Menschen machen als unser Abbild, uns ähnlich. Sie sollen herrschen über die Fische des Meeres, über die Vögel des Himmels, über das Vieh, über die ganze Erde und über alle Kriechtiere auf dem Land. Gott schuf also den Menschen als sein Abbild; als Abbild Gottes schuf er ihn. Als Mann und Frau schuf er sie. Gott segnete sie und Gott sprach zu ihnen: Seid fruchtbar und vermehrt euch, bevölkert die Erde, unterwerft sie euch und herrscht über die Fische des Meeres, über die Vögel des Himmels und über alle Tiere, die sich auf dem Land regen. Dann sprach Gott: Hiermit übergebe ich euch alle Pflanzen auf der ganzen Erde, die Samen tragen, und

alle Bäume mit samenhaltigen Früchten. Euch sollen sie zur Nahrung dienen. Allen Tieren des Feldes, allen Vögeln des Himmels und allem, was sich auf der Erde regt, was Lebensatem in sich hat, gebe ich alle grünen Pflanzen zur Nahrung. So geschah es. Gott sah alles an, was er gemacht hatte: Es war sehr gut. Es wurde Abend und es wurde Morgen: der sechste Tag« (Gen 1,25–31).

Nach dieser Erzählung hat Gott den Lebensraum für den Menschen bereitet. Er hat dann den Menschen als Mann und Frau erschaffen und ihm Verantwortung für diesen Raum und alles, was darin ist, übertragen. Ferner gab er ihm den Auftrag zur Nachkommenschaft (»Seid fruchtbar und vermehrt euch«, Gen 1,28b). Ganz selbstverständlich sind in diese Schöpfungsordnung hinein das Mann-Sein und das Frau-Sein sowie die Zeugungsfunktion der Sexualität mitgegeben. Der Mensch wird in seiner Ganzheitlichkeit (nicht getrennt oder dualistisch zusammengesetzt als Leib und Seele), in seiner Verschiedengeschlechtlichkeit und Komplementarität von Mann und Frau gesehen, welche einander ebenbürtig sind. Menschsein wird als Urgemeinschaft von Mann und Frau dargestellt – übrigens im Garden Eden platziert, d.h. in Gottes unmittelbarer Nähe und damit unter seinem Schutz. Sexualität wird nicht problematisiert, sie gehört wie selbstverständlich zum Schöpfungswerk der Welt und des »Urpaars«. Der glaubende Verfasser der Bibel schätzt Gottes Werk, spricht Welt und Mensch den Segen Gottes zu und lässt keinen Zweifel an der Güte des Sechstagewerkes aufkommen: »Es war sehr gut« (Gen 1,31b).

Die zweite, ältere jahwistische Schöpfungserzählung betont das »Material«, aus dem Gott Adam und Eva erschaffen hat: Erde vom Ackerboden, Bein und Fleisch. Damit sind die Leibhaftigkeit des Menschen und der Sexualität akzentuiert, wiederum die Ebenbürtigkeit der Geschlechter und die wechselseitige Bezogenheit.

»Da ließ Gott, der Herr, einen tiefen Schlaf auf den Menschen fallen, sodass er einschlief, nahm eine seiner Rippen und verschloss ihre Stelle mit Fleisch. Gott, der Herr, baute aus der Rippe, die er vom Menschen genommen hatte, eine Frau und führte sie dem Menschen zu. Und der Mensch sprach: Das endlich ist Bein von meinem Bein und Fleisch von meinem Fleisch. Frau soll sie heißen, denn vom Mann ist sie genommen. Darum verlässt der Mann Vater und Mutter und bindet sich an seine Frau und sie werden *ein* Fleisch.

Beide, Adam und seine Frau, waren nackt, aber sie schämten sich nicht voreinander« (Gen 2,21–25).

Die Erfahrung des Verlassens von Vater und Mutter wird als Abschied von der Elterngeneration ausgedrückt. Diesem Abschied folgt offenbar neue Sehnsucht nach Gemeinschaft und faktisch auch eine neue Gemeinschaft, von der in schöner Weise über die sexuelle Vereinigung gesprochen wird: »Sie werden *ein* Fleisch« (Gen 2,24 b). Damit ist eine ganzheitliche Gemeinschaft gemeint, welche leibliche, seelisch-emotionale und geistige Dimensionen umfasst. Sexualität wird als biopsychosoziale Einheit gesehen. Der sexuelle Vollzug wird als »Erkennen« verstanden, eine Sicht, welche wiederum das Ganzmenschliche mit allen Sinnen aufzeigt: »Adam erkannte Eva, seine Frau; sie wurde schwanger und gebar Kain. (...) Sie gebar ein zweites Mal, nämlich Abel, seinen Bruder« (Gen 4,1f.). – Die Nacktheit erzeugt im vorreflexiven Stadium keine Scham, erst nach der Bewusstheit der Schuld. Feigenblätter sollen die Blöße zudecken. Denn Nacktheit wurde zu jener Zeit tabuisiert und negativ konnotiert (Haag/Elliger 1998, 44).

Im Unterschied zur mythologischen Redeweise in den benachbarten Völkern wird Sexualität in der Bibel nicht vergöttlicht, sondern als geschaffene weltliche Wirklichkeit gesehen. Der Mensch ist nicht Kreator der Sexualität; sie ist ihm vielmehr geschenkt, in sein leibgeistiges und soziales Sein eingefügt sowie in seine Freiheit und Verantwortung zur Gestaltung übergeben. Sexualität ist eine von Gott dem Menschen und allen Lebewesen zugedachte Möglichkeit. Die sexuelle Vereinigung gehört zur Schöpfungsordnung und wird als etwas Gutes verstanden.

Das biblische Menschenbild enthält somit die Geschlechtlichkeit als eine Dimension des Menschseins, die ebenfalls in die Willensfreiheit und Verantwortung der Person übergeben ist. Das Alte Testament bringt zum Ausdruck, dass Gott der Schöpfer der Welt und des Menschen ist und dass er die Schöpfung grundsätzlich bejaht. Im Neuen Testament erhält dieses JA noch eine Vertiefung durch die Menschwerdung Gottes in Jesus von Nazareth. Die Welt und der Mensch sind von Gott gewollt und in ihrer Geschöpflichkeit und Eigengesetzlichkeit anerkannt. Der Mensch kann an der Schöpfung und Lebensgestaltung in Freiheit mitwirken. »Zur Freiheit hat uns Christus befreit« (Gal 5,1).

Dank für die Formung des Leibes – Psalm 139

In den 150 Psalmen kommt Gottes weisheitliche, wunderbare Schöpfung wiederholt und offen zum Ausdruck. Sie wird besungen und Gott wird aus ganzem Herzen gedankt. Dieser Dank mündet in Psalm 139 in ein Leben nach dem Willen Gottes ein, das von Gerechtigkeit bestimmt ist.

> »[Für den Chormeister. Ein Psalm Davids.]
> Herr, du hast mich erforscht und du kennst mich. Ob ich sitze oder stehe, du weißt von mir. Von fern erkennst du meine Gedanken.
> Ob ich gehe oder ruhe, es ist dir bekannt; du bist vertraut mit all meinen Wegen.
> Noch liegt mir das Wort nicht auf der Zunge – du, Herr, kennst es bereits.
> Du umschließt mich von allen Seiten und legst deine Hand auf mich.
> Zu wunderbar ist für mich dieses Wissen, zu hoch, ich kann es nicht begreifen.
> Wohin könnte ich fliehen vor deinem Geist, wohin mich vor deinem Angesicht flüchten?
> Steige ich hinauf in den Himmel, so bist du dort; bette ich mich in der Unterwelt, bist du zugegen.
> Nehme ich die Flügel des Morgenrots und lasse mich nieder am äußeren Meer, auch dort wird deine Hand mich ergreifen und deine Rechte mich fassen.
> Würde ich sagen: »Finsternis soll mich bedecken, statt Licht soll Nacht mich umgeben«, auch die Finsternis wäre für dich nicht finster,
> die Nacht würde leuchten wie der Tag, die Finsternis wäre wie Licht.
> Denn du hast mein Inneres geschaffen, mich gewoben im Schoß meiner Mutter.
> Ich danke dir, dass du mich so wunderbar gestaltet hast. Ich weiß: Staunenswert sind deine Werke.
> Als ich geformt wurde im Dunkeln, kunstvoll gewirkt in den Tiefen der Erde, waren meine Glieder dir nicht verborgen.
> Deine Augen sahen, wie ich entstand, in deinem Buch war schon alles verzeichnet; meine Tage waren schon gebildet, als noch keiner von ihnen da war.
> Wie schwierig sind für mich, o Gott, deine Gedanken, wie gewaltig ist ihre Zahl!«
> (Ps 139, 1–17)

JHWH war auch bei der Erschaffung des Menschen gegenwärtig, letztlich hat er den Menschen im Schoß der Mutter gewoben. Gott hat das Innere des Menschen geschaffen. Er hat ihn in seiner Weisheit im Dunkeln geformt. Diese Schöpfung ist im »Buch des Lebens« (Ps 139,16) aufgezeichnet. Sie mündet ein in die Haltung der Dankbarkeit: »Ich danke dir, dass du mich so wunderbar gestaltet hast« (Ps 139,14). Ganz selbstverständlich gehört zu dieser wunderbaren Schöpfung und geheimnisvollen Formung der Glieder auch die geschlechtliche Prägung des Menschen. JHWH kümmert sich um jede einzelne Person und begleitet ihre Lebensvollzüge.

3.3 Das Hohelied Salomos

Das *alttestamentliche Hohelied der Liebe* entfaltet das erotische Liebesspiel junger verliebter Menschen: Es ist ein Plädoyer für personale Liebe mit all ihrer leibseelischen Anziehungskraft. Das Geschenk der Sexualität bringt den Partnern Genuss und Sinn in sich selbst! Das »schönste Lied« bzw. das »Lied der Lieder« (canticus canticorum) gehört zur Weisheitsliteratur des Alten Testaments und wurde König Salomo zugeschrieben, der die Königin von Saba getroffen hat. Die historisch-kritische Forschung datiert das Liebeslied in das 3. Jahrhundert vor unserer Zeitrechnung. Die Kirchenväter (Hippolyt, Origenes, Gregor von Nazianz) haben das Hohelied allegorisch ausgelegt als Liebe JHWHs zu seinem Volk und als Liebe Christi zur Kirche (vgl. Eph 5,25). Mystikerinnen und Mystiker verwendeten im Anschluss daran oft weltliche Liebeslieder, um ihre mystische Gottesliebe auszudrücken. Gleichwohl erstaunt es, dass ein so gefühlvolles und mit Bildern besetztes Lied – gestaltet als Dialog zwischen Liebhaber und Geliebter – in den Kanon der Bibel aufgenommen wurde. Zahllos sind die musikalischen Gestaltungen des Hoheliedes (z.B. von Johann Sebastian Bach), welche die Kunst hervorgebracht hat. Bekannt ist eine Reihe geflügelter Worte, die in den allgemeinen Wortschatz eingegangen sind wie »denn ich bin krank vor Liebe« (Hld 2,5c); »Verzaubert hast du mich, meine Schwester Braut; ja verzaubert« (Hld 4,9); oder »Stark wie der Tod ist die Liebe, die Leidenschaft ist hart wie die Unterwelt« (Hld 8,6b).

Die moderne Bibelforschung neigt zu einer realistischen Interpretation des Hoheliedes Salomos. Im Hintergrund dürften Liebeslieder eines Hirtenpaares stehen. Im Zuge einer kirchlichen Deutung wollte man im Lied die Liebe zwischen Eheleuten sehen, doch gibt es dafür im Text kaum Anhaltspunkte. Papst Benedikt XVI. sieht im alttestamentlichen Hohelied »Liebeslieder, die vielleicht konkret einer israelitischen Hochzeitsfeier zugedacht waren, bei der sie die eheliche Liebe verherrlichen sollten« (Deus caritas est 2005, Nr. 6,12). Jedenfalls ist die Offenheit dieser Poesie erfrischend bis unbekümmert, in der sich die Verliebten einander schenken. So heißt es in Kapitel 7:

> »Dein Hals ist ein Turm aus Elfenbein. Deine Augen sind wie die Teiche zu Heschbon beim Tor von Bat-Rabbim. Deine Nase ist wie der Libanonturm, der gegen Damaskus schaut. Dein Haupt gleicht oben dem Karmel; wie Purpur sind deine Haare; ein König liegt in den Ringeln gefangen. Wie schön bist du und wie reizend, du Liebe voller Wonnen! Wie eine Palme ist dein Wuchs; deine Brüste sind wie Trauben. Ich sage: Ersteigen will ich die Palme; ich greife nach den Rispen. Trauben am Weinstock seien mir deine Brüste, Apfelduft sei der Duft deines Atems, dein Mund köstlicher Wein, der glatt in mich eingeht, der Lippen und Zähne mir netzt. Ich gehöre meinem Geliebten und ihn verlangt nach mir. Komm, mein Geliebter, wandern wir auf das Land, schlafen wir in den Dörfern. Früh wollen wir dann zu den Weinbergen gehen und sehen, ob der Weinstock schon treibt, ob die Rebenblüte sich öffnet, ob die Granatbäume blühen. Dort schenke ich dir meine Liebe« (Hld 7,5–13).

Mit Günter Krinetzki (1980) lässt sich folgende Botschaft des Hohelieds herauskristallisieren: Die Liebe zwischen Mann und Frau ist eine starke, sogar übermächtige Kraft, die sich der Schöpfung Gottes verdankt, nicht menschlicher Anstrengung. Das Hohelied ist ein Votum für eine wechselseitige Beziehung, für personale Liebe und für eine ebenbürtige, gleichberechtigte Partnerschaft. Die Schönheit von Mädchen und Jüngling wird kunstvoll und zugleich ehrfürchtig beschrieben. »Damit zusammen wird der Liebesgenuss selbstverständlich befürwortet« (Hld 7,7.11, vgl. ebd. 2,3 und 3,2) und zwar als etwas, »das seinen Sinn in sich selber trägt: als die den Liebenden gewährte Erfüllung ihrer Beziehung (Hld 2,3; 4,13.16; 8,11.12)« (Krinetzki 1980, 5).

3.4 Vom »Schatten« der Sexualität – Gut und Böse

Die menschliche Erfahrung zeigt, wie sehr der Umgang mit Sexualität auch gefährdet, dem Scheitern ausgesetzt ist und Menschen verletzen kann. Der Apostel Paulus spricht von »Werken der Finsternis«, die es abzustreifen gilt und an deren Stelle die »Waffen des Lichts« anzulegen sind (Röm 13,12). Aufgabe religiöser Bildung und Erziehung auch heute ist es, »Gut und Böse zu unterscheiden« (Hebr 5,14b). Dazu einige Beispiele:

Die Geschichte vom *Sündenfall* ist in der Bibel *nicht* sexuell geprägt. Es geht um das Ansinnen und den Stolz des Menschen, wie Gott sein zu wollen und deshalb vom Baum der Erkenntnis zu essen. Als Strafe wird für die Schlange interpretiert »Auf dem Bauch sollst du kriechen und Staub fressen alle Tage deines Lebens« (Gen 3,14) und für Eva: »Viel Mühsal bereite ich dir, sooft du schwanger wirst. Unter Schmerzen gebierst du Kinder. Du hast Verlangen nach deinem Mann; er aber wird über dich herrschen« (Gen 3,16). Und zu Adam wird gesagt: »Im Schweiße deines Angesichts sollst du dein Brot essen, bis du zurückkehrst zum Ackerboden; von ihm bist du ja genommen. Denn Staub bist du, zum Staub musst du zurück« (Gen 3,19). – Hier wird einfach die gesamte irdische Existenz als »Strafe« für die »Ursünde« erklärt und interpretiert. Dazu gehören die Arbeit, die Begierde oder Sehnsucht des Menschen und das Gebären.

Der *Apostel Paulus* schritt zumindest in einem Falle recht schroff ein. In Korinth lebte offenbar ein Getaufter »mit der Frau seines Vaters« zusammen, ein Fall von Blutschande (Unzucht, porneia), genauer gesagt von Inzest, der bereits in den Büchern Leviticus (Lev 18,7; 20,11) und Deuteronomium (Dtn 27,20) verurteilt und auch von römischer Gesetzgebung bestraft wird. Nach Paulus soll der Mann »aus eurer Mitte ausgestoßen« und »dem Satan übergeben« werden. Mit Bezug auf das Alte Testament wiederholt Paulus den scharfen Verweis: »Schafft den Übeltäter weg aus eurer Mitte« (1 Kor 5,1–13; hier: 5,13b).

Es könnten noch weitere Situationen herausgearbeitet werden, die das Scheitern von Beziehungen und einen nicht gelungenen Umgang mit Sexualität in der Bibel aufzeigen. Es ist von Prostitution, Hurerei und weiteren Verfehlungen die Rede, die hier jetzt nicht ausgeführt werden. Die Tradition hat in solchen Fällen von »Sünden« gesprochen. Es gab »schwere« und »lässliche« Sünden. Petrus Canisius entwickelte einen Sündenkatalog, der Gefahr lief, Sünden zu objektivieren statt zu individualisieren. Keinesfalls sollten »Sündenzuschreibungen« Verurteilungen fördern und den Menschen unnötige Schuldgefühle einflößen.

3.5 Unterschiedliche Aspekte bei Jesus und bei Paulus

Bei näherem Zusehen fällt doch auf, wie Jesus und Paulus teilweise ähnliche, teilweise aber auch unterschiedliche Positionen in bestimmten Fragen rund um die Themen Liebe, Ehe, Sexualität und Ehelosigkeit bezogen oder angesichts von krassen Verfehlungen reagiert haben. Eben hörten wir den scharfen Ton von Paulus gegen den Sünder. In seinen Briefen sind mehrere Stellen bekannt, die von einer Unterordnung der Frau unter den Mann sprechen. Ganz anders bei Jesus, der einen damals doch sehr erstaunlichen und ungewöhnlichen Umgang mit den Menschen insgesamt und besonders mit den Frauen pflegte.

Jesu zärtlicher und barmherziger Umgang mit den Menschen
Eine Sexualpädagogik, die christliche Gedanken entfalten will, kann nicht an Jesus selbst, seinen Einstellungen und Verhaltensweisen, vorbeigehen. Gewiss hat Jesus weder eine Sexualmoral definiert noch eine für immer und überall gültige Pädagogik vorgegeben. Wir können jedoch an seinem Umgang mit den Menschen Maß nehmen und diesen kreativ in unsere Verhältnisse übertragen.

Jesus bestätigte die zweigeschlechtliche Schöpfung des Menschen. Er kannte – abgesehen von der guten Schöpfung Gottes – aber auch das Böse, das nicht als Unreinheit von außen kommt, sondern aus dem Innern des Menschen aufsteigt (Mt 5,28). Jesus wusste um die Begrenztheit des Menschen, um falsche Einstellungen und Fehler, doch stand und steht er im Dienste der Versöhnung und eröffnet Sünderinnen (vgl. Joh 8,1–11) und Sündern (vgl. Zachäus, Lk 19,1–10) neue Lebensmöglichkeiten.

Die Evangelien bezeugen einen offenen, natürlichen Umgang Jesu mit Kindern und Erwachsenen. Er war ein Freund der Kinder, stellte eines in die Mitte, umarmte es und verstand es als Leitbild des Glaubens und des Vertrauens in Gott (Mk 9,36–37 par). Jesus ließ sich zu Tisch einladen; er pflegte wiederholt Mahlgemeinschaft mit verschiedensten Menschengruppen, auch mit gescheiterten Existenzen. Im Zuge seiner Heilungstätigkeit berührte er Kranke, widmete ihnen frohmachende Worte und bestrich beispielsweise das Augenlid des Blinden von Betsaida mit Speichel (Mk 8,22–26; 23).

Jesus, der nach den Evangelien unverheiratet lebte, konnte mit menschlicher Nähe umgehen. So gewährte er Maria, der Schwester von Marta, dass sie sich zu seinen Füßen setzte, um seine Worte zu hören (Lk 10,38–42). Hier se-

3.5 Unterschiedliche Aspekte bei Jesus und bei Paulus

hen einige christliche Interpreten eine Begründung für einen aktiv-sozialen Lebensstil (Marta) und eine eher hörend-kontemplative Lebensform (Maria). Eindrücklich ist die Szene der Salbung von Betanien in der Bibel dargestellt:

> »Sechs Tage vor dem Paschafest kam Jesus nach Betanien, wo Lazarus war, den er von den Toten auferweckt hatte. Dort bereiteten sie ihm ein Mahl; Marta bediente und Lazarus war unter denen, die mit Jesus bei Tisch waren. Da nahm Maria ein Pfund echtes, kostbares Nardenöl, salbte Jesus die Füße und trocknete sie mit ihrem Haar. Das Haus wurde vom Duft des Öls erfüllt. Doch einer von seinen Jüngern, Judas Iskariot, der ihn später verriet, sagte: Warum hat man dieses Öl nicht für dreihundert Denare verkauft und den Erlös den Armen gegeben? Das sagte er aber nicht, weil er ein Herz für die Armen gehabt hätte, sondern weil er ein Dieb war; er hatte nämlich die Kasse und veruntreute die Einkünfte. Jesus erwiderte: Lass sie, damit sie es für den Tag meines Begräbnisses tue. Die Armen habt ihr immer bei euch, mich aber habt ihr nicht immer bei euch« (Joh 12,1–8).

Jesus ließ sich mit dem kostbaren Öl die Füße salben und akzeptierte ausdrücklich Marias Geste der Zärtlichkeit, auch noch das Abtrocknen mit ihren Haaren. Diese Salbung wird als Vorausbild der Salbung des verstorbenen Jesus gedeutet (Mk 14,8). – Jesus auffälliger und wiederholter Umgang mit Sünderinnen und Sündern machte die Sprache des barmherzigen Gottes transparent und erfahrbar; am Unvergesslichsten ist seine Begegnung mit der Ehebrecherin:

> »Jesus aber ging zum Ölberg. Am frühen Morgen begab er sich wieder in den Tempel. Alles Volk kam zu ihm. Er setzte sich und lehrte es. Da brachten die Schriftgelehrten und die Pharisäer eine Frau, die beim Ehebruch ertappt worden war. Sie stellten sie in die Mitte und sagten zu ihm: Meister, diese Frau wurde beim Ehebruch auf frischer Tat ertappt. Mose hat uns im Gesetz vorgeschrieben, solche Frauen zu steinigen. Nun, was sagst du? Mit dieser Frage wollten sie ihn auf die Probe stellen, um einen Grund zu haben, ihn zu verklagen. Jesus aber bückte sich und schrieb mit dem Finger auf die Erde. Als sie hartnäckig weiterfragten, richtete er sich auf und sagte zu ihnen: Wer von euch ohne Sünde ist, werfe als Erster einen Stein auf sie. Und er bückte sich wieder und schrieb auf die Erde. Als sie seine Antwort gehört hatten, ging einer nach dem anderen fort, zuerst die Ältesten. Jesus blieb allein zu-

> rück mit der Frau, die noch in der Mitte stand. Er richtete sich auf und sagte zu ihr: Frau, wo sind sie geblieben? Hat dich keiner verurteilt? Sie antwortete: Keiner, Herr. Da sagte Jesus zu ihr: Auch ich verurteile dich nicht. Geh und sündige von jetzt an nicht mehr!« (Joh 8,1–11).

Nach dieser Perikope überschritt Jesus die Lebensordnung der Tora, um die Freiheit der Gnade Gottes zu betonen. Hatte das jüdische Gesetz (Dtn 22,22f.) auf Ehebruch die Todesstrafe durch Steinigung vorgesehen, so erwies er sich als barmherzig gegenüber der schuldigen Frau. Jesus richtete sie nicht, rechnete nicht ab mit ihren Sünden und forderte auch die Umstehenden zu Barmherzigkeit auf – speziell mit Rücksicht auf ihre eigene Anfälligkeit für die Sünde. Er bezeugte Gottes versöhnende Liebe, übersah zwar nicht die Schuld, setzte aber einen neuen Anfang und eröffnete der Frau neues Leben und eine neue Zukunft. »Der Durchbruch zum Dialog des Lebens mit dem lebendigen Gott, das ist die Sache, welche Jesus betreibt« (Kahlefeld 1988, 156). Er berücksichtigte die Gefährdung und Gebrochenheit des Menschen und brachte Gottes rettendes Wort ins Spiel. Auf diese Weise erneuerte er die Welt und befreite die Menschen in eine neue Zukunft. Jesus verurteilte nicht und rechnete Missetaten nicht definitiv ab. Er verwandelte Ankläger in Angeklagte, der Frau aber schenkte er eine tiefe Gotteserfahrung und ermöglichte ihr ein verändertes Leben in Dankbarkeit und Demut. (Vor diesem Hintergrund wäre die Gesetzgebung gegenüber geschiedenen Wiederverheirateten neu zu bedenken.)

Jesu Stellung zur Unreinheit

In Differenz zum jüdischen Erfüllen des Gesetzes und zu den Reinheitsvorschriften, transzendiert Jesus das Gesetz und betont die innere, geistige Reinheit anstelle äußerlicher Unreinheit. Er heilte die Frau, die an Blutfluss litt (Mt 9,18–26; Mk 5,25–34; Lk 8,43–48) und sagte an anderer Stelle: »Nichts, was von außen in den Menschen hinein kommt, kann ihn unrein machen, sondern was aus dem Menschen herauskommt, das macht ihn unrein« (Mk 7,15). In diesem Punkt nähert sich Paulus Jesus an. Im Römerbrief bestärkte er: »Auf Jesus, unseren Herrn, gründet sich meine feste Überzeugung, dass an sich nichts unrein ist; unrein ist es nur für den, der es als unrein betrachtet« (Röm 14,14). Damit sind Gegenpositionen gegen eine kasuistische Praxis im Zusammenhang mit den Reinheitsvorschriften v.a. der Frauen errichtet.

Während in Bezug auf Homosexualität keine Äußerung Jesu in der Bibel vorliegt, nimmt Paulus eine ablehnende Haltung ein. Im Römerbrief stellt er es als Strafe Gottes dar, dass Männer und Frauen in Begierde für das eigene Geschlecht entbrannten (Röm 1,26f.). Homosexualität wird als heidnische, widernatürliche Praxis abgelehnt. Sie gilt als Abgrenzungszeichen zwischen Glaubenden und nicht an Gott Glaubenden. In Genesis 19 wird Homosexualität unter Männern als gewaltsam dargestellt (»Wo sind die Männer, die heute Abend zu dir gekommen sind? Heraus mit ihnen, wir wollen mit ihnen verkehren« Gen 19,5), sie steht in Kontrast zu der zuvor gewährten Gastfreundschaft. Sie wird mit drastischen Maßnahmen wie der Todesstrafe geahndet. Doch ist Herbert Haag zuzustimmen, dass es sich bei all diesen Darstellungen niemals um eine dispositionelle Homosexualität handelt, die auch zu einer dauerhaften Liebesbeziehung fähig ist, sondern um konkrete Gewaltakte. Deshalb sei das biblische Verständnis der Homosexualität und deren Ablehnung für die heutige Diskussion »unbrauchbar« (Haag/Elliger 1998, 186). Jedenfalls besteht in der Frage der Homosexualität bis heute Klärungsbedarf.

3.6 Die neutestamentliche Magna Charta der Liebe (1 Kor 13)

Das *neutestamentliche Hohelied der Liebe* ist stärker gemeindetheologisch geprägt und an den Charismen orientiert. Es steht im ersten Korintherbrief (1 Kor 12,31b–13,13) des Apostels Paulus innerhalb seiner Ausführungen über die Gnadengaben im Leben der Gemeinde. Durch die Taufe sind allen Gemeindemitgliedern Gaben des Geistes – Charismen – geschenkt worden: die Gabe der Weisheit, die Gabe des prophetischen Redens, die Gabe des Heilens, des Tröstens, die Gabe der Unterscheidung der Geister, die Gabe der Zungenrede oder der Glossolalie und die Gabe, diese zu deuten. Nicht allen Gemeindemitgliedern sind dieselben Gaben verliehen, vielmehr sind alle mit verschiedenen Charismen ausgestattet. Diese Gaben bereichern in ihrer Vielfalt die Gemeinschaft, und sie sollen zu ihrem »Aufbau« eingesetzt werden. Die einzelnen Gnadengaben werden auch mit den Funktionen verschiedener Körperteile für das Leben eines Organismus verglichen. Sie haben dasselbe Ziel, nämlich das Wohl der Gemeinschaft oder den Aufbau der Gemeinde. Wenn ein

Glied krank ist, ist der ganze Leib krank und alle Gliedmaßen sind davon betroffen.

Nun nennt Paulus noch »höhere Gnadengaben« (1 Kor 12,31a), die auf einer anderen Ebene angesiedelt sind und alle anderen Gaben prägen: Das sind die Gnadengaben des Glaubens, der Hoffnung und der Liebe. Von diesen drei Charismen wiederum ist die Liebe die höchste Gabe. Ohne Liebe wäre ein Berge versetzender Glaube nichts; das Martyrium wäre ohne die Motivation der Liebe vergeblich und selbst soziale Taten wie das Verschenken des gesamten Vermögens wären ohne Segen, hätten sie die Liebe nicht! – Dann wird die Liebe als Person mit Tugenden vorgestellt. Die Liebe müsste die Tugend der Weitherzigkeit (magnanimitas) aufweisen, sich nicht provozieren lassen und nicht nachtragend sein. »Die Liebe ist langmütig, die Liebe ist gütig« (1 Kor 13,4) und »die Liebe hört niemals auf« (1 Kor 13,8).

3.7 Die Liebe als Motiv allen Handelns

Für den Völkerapostel Paulus ist die Liebe die große und entscheidende Tugend. Christinnen und Christen sollen ihr »nachjagen« (vgl. 1 Kor 14,1). Der Glaube wird in der Liebe konkret. Was Christen den geringsten Schwestern und Brüdern tun (vgl. Mt 25,40), das haben sie für Christus, letztlich für Gott, getan. Schließlich macht die Nächstenliebe die Gottesliebe transparent. »Denn wer seinen Bruder nicht liebt, den er sieht, kann Gott nicht lieben, den er nicht sieht« (1 Joh 4,20).

Die Bibel erblickt in der Liebe drei Momente: die Nächstenliebe, die Gottesliebe und die Selbstliebe. Für Christen sind dies drei Dimensionen der einen Liebe, die letztlich von und in Gott ist (vgl. 1 Joh 4,16b), der uns zuerst geliebt hat (1 Joh 4,19). Mit anderen Worten: Liebe ist im biblischen Kontext *dreigliedrig*. In der Geschichte vom barmherzigen Samariter ist sie die Antwort auf die Frage was zu tun sei, um das ewige Leben zu gewinnen: »Du sollst den Herrn, deinen Gott, lieben mit ganzem Herzen und ganzer Seele, mit all deiner Kraft und all deinen Gedanken, und: deinen Nächsten sollst du lieben wie dich selbst« (Lk 10,27 = Lev 19,18).

Liebe bezieht sich also für Christinnen und Christen auf Gott, den Nächsten und sich selbst. Sie ist ganzheitlich und prägt Leib, Seele, Geist, Gefühle und

Gedanken. Ihre größte Herausforderung findet die Liebe in der Feindesliebe (Mt 5,43–47) und ihre »Krönung« in der Lebenshingabe für die Freunde (Joh 15,13). Die Liebe sollte das Grundmotiv allen Handelns, auch in der Gestaltung der Sexualität sein. Ohne Liebe ist Sexualität defizitär, vielleicht Machtausübung oder bloßer Spaß. Liebe stiftet vielmehr echte Partnerschaft, Freundschaft und Gemeinschaft. Sie spiegelt die Sehnsucht des Menschen nach ganzheitlicher Erfüllung.

Die Bibel spricht noch an zahlreichen anderen Stellen in unbefangener Weise über Liebe und Sexualität. Ein großes Problem stellte seinerzeit der ausbleibende Kindersegen dar, der auch so gedeutet wird, als hätte Gott den Schoß der Frau »verschlossen«. – In der Erzählung von Jakob und der »unfruchtbaren« Rahel, die er mehr als Lea geliebt hatte, heißt es: »Jakob wohnte Rahel ebenfalls bei, und er liebte Rahel mehr als Lea« (Gen 29,30). Diese Unbefangenheit kommt auch im biblischen Buch der Sprichwörter zum Ausdruck, in denen es heißt:

> »Freu dich der Frau deiner Jugendtage, der lieblichen Gazelle, der anmutigen Gämse! Ihre Liebkosung mache dich immerfort trunken, an ihrer Liebe berausch dich immer wieder! Warum solltest du dich an einer Fremden berauschen, den Busen einer anderen umfangen?« (Spr 5,18–20).

Der Skeptiker Kohelet denkt nach über die Zeit und gibt darin der Liebe ihren selbstverständlichen Platz:

> »Alles hat seine Stunde. Für jedes Geschehen unter dem Himmel gibt es eine bestimmte Zeit: eine Zeit zum Gebären und eine Zeit zum Sterben, eine Zeit zum Pflanzen und eine Zeit zum Abernten der Pflanzen … eine Zeit zum Weinen und eine Zeit zum Lachen, eine Zeit für die Klage und eine Zeit für den Tanz; eine Zeit zum Steinewerfen und eine Zeit zum Steinesammeln, eine Zeit zum Umarmen und eine Zeit, die Umarmung zu lösen … eine Zeit zum Schweigen und eine Zeit zum Reden, eine Zeit zum Lieben und eine Zeit zum Hassen, eine Zeit für den Krieg und eine Zeit für den Frieden« (Koh 3,1–8).

Ganz unverblümt bringt er die Liebe auch mit Freude und Genuss in Zusammenhang, eine Dimension, die in der Geschichte innerhalb und außerhalb der Kirche in Vergessenheit geriet:

»Also: iss freudig dein Brot und trink vergnügt deinen Wein; denn das, was du tust, hat Gott längst so festgelegt, wie es ihm gefiel. Trag jederzeit frische Kleider und nie fehle duftendes Öl auf deinem Haupt. Mit einer Frau, die du liebst, genieß das Leben alle Tage deines Lebens voll Windhauch, die er dir unter der Sonne geschenkt hat, alle deine Tage voll Windhauch. Denn das ist dein Anteil am Leben und an dem Besitz, für den du dich unter der Sonne anstrengst« (Koh 9,7–9).

3.8 Zusammenfassung

Die Bibel zeigt ein buntes Bild mit vielen Farben zum Thema Sexualität. Insgesamt darf ihr ein unbefangener Umgang in dieser Hinsicht bescheinigt werden, auch wenn das diesbezügliche Vokabular noch nicht so weit ausgebildet ist wie heute. Sexualität wird als *dem Menschen anvertraute Gabe* verstanden, die in die Schöpfungswirklichkeit mit hineingegeben ist. Weder Leibfeindlichkeit innerhalb eines dualistischen Verständnisses wie teilweise in der antiken Umwelt, bei Philosophen oder auch in Qumran, noch Sexualpessimismus ist in der Bibel nachweisbar, und schon gar nicht »Leibvergötzung und kultische Verehrung der Sexualität« (Katholischer Erwachsenenkatechismus, KEK II, 1995, 346). Vielmehr zeigt sich ein ganzheitliches, biopsychosoziales Verständnis. Leibhafte und geistige Dimensionen durchdringen sich wechselseitig. Sexualität ist in diese Leib-Seele-Einheit »hineingepflanzt« und eingeordnet.

Obwohl in einer patriarchalen Umwelt situiert, meint die Erschaffung von Mann und Frau (Gen 1,27) als Ebenbild Gottes eine grundlegende *Gleichwürdigkeit von Mann und Frau*. Mit der Erschaffung Evas aus der Rippe des Mannes ist vielmehr derselbe Basisstoff gemeint, nicht jedoch eine Nachrangigkeit Evas.

Das *Hohelied Salomos* weiß von Gefühlen der Liebe zu berichten und zeichnet mit vielen Bildern die leisen bis leidenschaftlichen Empfindungen eines verliebten Paares. Die Tatsache der Aufnahme dieses Liedes in den Kanon der Heiligen Schrift unterstreicht die grundsätzlich positive Einstellung der frühen Kirche zur Sexualität, die aber auch um die Schatten und um ihre zerstörerische Kraft weiß. Das *neutestamentliche Hohelied der Liebe* ist ein Plädoyer für die Liebe als letztes Motiv allen Handelns, obwohl es keinen expliziten Bezug zur Sexualität und zur ehelichen Liebe enthält.

Sexualität steht häufig im Kontext der Beziehung *eines* Mannes mit *einer* Frau, die als unterschiedlich und wechselseitig sich ergänzend zu verstehen sind. Sexuelle Liebe wird umschrieben als einander »erkennen« (Gen 4,1) und »ein Fleisch werden« (Gen 2,24), wenn auch besonders das Alte Testament polygame Verhältnisse kannte. Diese Gemeinschaft wird in der Ehe konkret, die ihrerseits ein Abbild der Liebe Jesu zur Kirche ist. Es gibt mehrere Stellen (Mk 10,5–9; Mt 19,3–11; Mt 5,27–32; Mk 10,11 und Lk 16,18), welche die definitive Zusammengehörigkeit der Ehepartner betonen und Ehebruch wie Ehescheidung nicht zulassen. Jesus zeigt gleichwohl Verständnis und Barmherzigkeit für in dieser Hinsicht begangene Fehler und gescheiterte Beziehungen (vgl. Joh 8,11).

Homosexualität wird zumeist in ihrer gewalttätigen Form (Gen 19) und als der Schöpfung entgegengesetzt abgelehnt, doch ist keine dispositionelle Homosexualität gemeint, die auch die Form einer dauerhaften Liebesbeziehung annehmen kann, sondern konkrete Vorkommnisse (unter Männern). Weder über lesbische Liebe noch über sogenannte voreheliche Beziehungen sind der Bibel Weisungen zu entnehmen.

Die *Ehe* wird von Jesus als göttlicher Bund, nach Paulus nicht primär als Liebesgemeinschaft dargestellt, obwohl er die gegenseitige Liebe öfter anmahnt und beispielsweise die Glaubenden in Thessaloniki darum bittet, »mit seiner Frau in heiliger und achtungsvoller Weise zu verkehren« (1 Thess 4,4). In der Ehe stehen für Paulus die Weitergabe des Lebens (1 Tim 2,15) und die Heilung von der geschlechtlichen Begierde (1 Kor 7,9) im Vordergrund. Nur in gegenseitigem Einverständnis und für das Gebet sollen sich die Ehepartner einander zwischenzeitlich »entziehen« (1 Kor 7,5).

Für die Lebensform der *Ehelosigkeit* wirbt Jesus verbal mit dem Motiv der Freiwilligkeit um des Himmelreiches willen (Mt 19,12), dazu durch seine eigens gelebte Ehelosigkeit. Paulus bewertet diese Lebensform höher als die Ehe und wünscht sie für möglichst viele, gibt aber allen das Recht, ihre Gnadengabe zu leben (1 Kor 7,7). Er betont, in dieser Sache keinen Auftrag vom Herrn erhalten zu haben. Die Geschichte hat gezeigt, dass die paulinische Sicht einer Höherbewertung der Ehelosigkeit gegenüber der ehelichen und familiären Lebensform vermehrt rezipiert wurde, während heute beide Lebensformen als spezifische »Berufungen« gelten.

Literatur

Benedikt XVI., Enzyklika »Deus caritas est« (25.12.2005) (VApSt Nr. 171), Bonn 2006.

Haag, Herbert/Elliger, Katharina, Zur Liebe befreit. Sexualität in der Bibel und heute, Zürich/Düsseldorf 1998.

Halter, Hans, Bibel und Sexualität, in: Ders./Albert Ziegler/Dietmar Mieth/Hildegard Camenzind-Weber (Hg.), Sexualität und Ehe. Der Christ vor einem Dauerproblem, Zürich 1981, 9–27.

Halter, Hans, Christliche Sexualethik – was könnte das heute noch sein?, in: Christoph Gellner (Hg.), Paar- und Familienwelten im Wandel, Zürich 2008, 139–170.

Kahlefeld, Heinrich, Fünfter Fastensonntag Joh 8,1–11, in: Konrad Baumgartner/Otto Knoch (Hg.), Unsere Hoffnung – Gottes Wort. Lesejahr C, Frankfurt a. M. 1988, 153–156.

Krinetzki, Günter, Hoheslied (Die Neue Echter Bibel). Kommentar zum Alten Testament mit der Einheitsübersetzung, Würzburg 1980.

Römelt, Josef, Christliche Ethik in moderner Gesellschaft: 1 Grundlagen; 2 Lebensbereiche, Freiburg 2008/2009.

4. Schlaglichter auf die Geschichte der christlichen Sexualpädagogik

Da es bereits mehrere geschichtliche Abrisse zur Sexualmoral und Sexualpädagogik gibt (Kleber 1970; Langer 1986; Ranke-Heinemann 1988; Denzler 1988; ³1997 und Koch 2008), kommen hier lediglich einige wichtige Stationen und markante Phasen mit Blick auf heute zur Darstellung. Dazu gehören der einflussreiche Kirchenlehrer Aurelius Augustinus (4.2), die katechetische Behandlung des sechsten und neunten Gebotes des Dekalogs in einigen maßgeblichen Katechismen (4.3), die Kulturrevolution der 1968er-Jahre und ihr Umfeld (4.4) sowie neueste Entwicklungen zum Thema aus humanwissenschaftlicher Sicht, aus der Perspektive der katholischen und der evangelischen Kirche (4.6). Zur Sprache gebracht werden die Wende von einer sexualpessimistischen zu einer sexualaffirmativen Sicht menschlicher Geschlechtlichkeit (4.5), das neue Paradigma »sexuelle Bildung« der Sexualpädagogik (2008) (4.9), der Abbruch des Dialogs über Sexualität zwischen Bischofskonferenz und der Jugend (4.7), die überraschende Enzyklika »Deus caritas est« (2005) Benedikts XVI. (4.8) und der neue Jugendkatechismus »Youcat« (2010) (4.10). Zum Auftakt ein paar Hinweise zur biblischen Person Onan und deren verhängnisvoller Wirkungsgeschichte:

4.1 Die Geschichte Onans

In der Geschichte der Sexualpädagogik hat die Person »Onan«, von deren Namen das Wort »Onanie« abgeleitet wurde, eine nicht unerhebliche Rolle gespielt. Onan gehörte zusammen mit seinen zwei Brüdern Er und Schela zu den Söhnen Judas, der seinerseits ein Sohn Jakobs war. Er und seiner Frau Tamar blieb der Kindersegen versagt, was damals als eine Schande und Strafe Gottes gedeutet wurde. Im Text heißt es:

»Da sagte Juda zu Onan: Geh mit der Frau deines Bruders die Schwagerehe ein und verschaff deinem Bruder Nachkommen! Onan wusste also, dass die Nachkommen nicht ihm gehören würden. Sooft er zur Frau seiner Bruders ging, ließ er den Samen zur Erde fallen und verderben, um seinem Bruder Nachkommen vorzuenthalten. Was er tat, missfiel dem Herrn und so ließ er auch ihn sterben« (Gen 38,8–10).

Die Geschichte enthält also nichts über Onanie, auf die die Todesstrafe stünde. Onan befürchtete, durch ein Kind würde sein Erbe geschmälert. Deshalb brach er den Geschlechtsverkehr jeweils kurz vor dem Samenerguss ab und ließ den Samen zu Boden fallen. Der Herr strafte ihn mit dem Tode wegen seiner lieblosen Einstellung zu seiner Schwägerin, der er so ein Kind vorenthielt. Die Geschichte hat also mit einem abgebrochenen Geschlechtsverkehr (coitus interruptus) zu tun, und die Todesstrafe betraf seine Lieblosigkeit gegenüber der Schwägerin. Das Thema der Onanie wurde zu einem Hauptthema in der Literatur von der Aufklärung bis nach dem Zweiten Weltkrieg und stand im Zusammenhang mit einer »Erziehung der Bewahrung«. (Für die weitere Geschichte des Problems vgl. Denzler 1997, 181–187; Ranke-Heinemann ^{4}2008, 477–491 sowie die Ergebnisse der Humanwissenschaften).

4.2 Die Einseitigkeiten des Aurelius Augustinus von Hippo (354–430 n. Chr.)

Bereits etwa 300 Jahre sind seit der Abfassung der Heiligen Schrift verflossen – die Kirche ist nach anfänglicher Bedrängung und Verfolgung unter Kaiser Konstantin zur Staatskirche geworden –, da erblickt im Jahre 354 in Tagaste/Nordafrika Aurelius Augustinus das Licht der Welt. In seinen bekannten »Confessiones«, seinen Bekenntnissen zur Größe Gottes, schildert er seinen Weg vom leidenschaftlichen, sinnesfrohen und begabten Philosophen zum gläubigen und asketischen Christen. In seiner Theologie kommen Einflüsse des platonischen und manichäischen Denkens zum Tragen, welche ein insgesamt düsteres Licht auf Sexualität, sexuelle Begierde und Lust werfen. Augustinus ging von einer idealisierten Paradiesehe von Adam und Eva ohne Lust aus. Er glaubte, bei der Sünde Adams und Evas, welche mit der Vertreibung aus dem

Paradies endete, handelte es sich um eine sexuelle Sünde, was aber aus den biblischen Texten nicht hervorgeht. Diese erste Sünde des Menschen sah Augustinus als Ursache für die sexuelle Erregung und die libidinösen Lustempfindungen des Menschen, welche die Herrschaft des Geistes über den Leib gestört hätten. Ferner war er der Überzeugung, dass durch die mit dem Geschlechtsakt verbundene Begierde die Erbsünde den gezeugten Kindern vererbt werde. Die Konkupiszenz (Neigung zur Sünde) war nach dem Kirchenlehrer wesentlich die Ursache der Weitervererbung der Erbsünde.

In diesem Zusammenhang dürfte auch der Miserere-Psalm 51 interpretiert worden sein, der damals wie die ganze Bibel wörtlich verstanden wurde und auch ins Breviergebet (Laudes 1. Woche) eingegangen ist:

> »Gott, sei mir gnädig nach deiner Huld, tilge meine Frevel nach deinem reichen Erbarmen! Wasch meine Schuld von mir ab und mach mich rein von meiner Sünde!
> Denn ich erkenne meine bösen Taten, meine Sünde steht mir immer vor Augen.
> Gegen dich allein habe ich gesündigt, ich habe getan, was dir missfällt. So behältst du recht mit deinem Urteil, rein stehst du da als Richter. Denn ich bin in Schuld geboren; in Sünde hat mich meine Mutter empfangen« (Psalm 51, 3–7).

Auf den ersten Blick könnte der Psalm den Eindruck erwecken, als wäre Sexualität und insbesondere die Zeugung eines Kindes Sünde. Hier ist eine Stelle, die zur negativen Beurteilung der Lust als Sünde beigetragen hat (Haag/Elliger 1998, 58). Nach Zenger handelt es sich indessen nicht um eine Aussage über den Vorgang der Zeugung als Sünde, sondern über den allen Menschen einwohnenden Hang zur Sünde und über seine Verstrickung in strukturell Böses (Zenger 1997, 408).

Die negative Bewertung von Sinnlichkeit, Lust und Sexualität durch die Kirchenväter, welche an biblischen Stellen wie den eben dargelegten evident wurde, prägte für lange Zeit die Sexualpädagogik und führte teils zu rigiden, teils problematischen Geboten und Verboten. Der Eindruck herrschte vor, dass die Sexualität den Menschen desintegrierte und seine Harmonie störte. Sexualität wurde in die Nähe des Tierischen gerückt und dem bloß Instinkthaften, dem abgewerteten »niederen Leib« zugeordnet, welcher eigentlich vom »höheren Geist« regiert werden sollte. Die Erbsünde schädige den Menschen, weil sie seinen Geist verdunkle. Sexualität und Leiblichkeit wurden im Gefolge Augustins und der traditionellen Lehre der Kirche stark unter negativen, pessimistischen Vorzeichen gesehen, nicht mehr als »gute Gabe Gottes«, wie es die Schöpfungserzählung betont (u.a. Gen 1,31b). Damit wurde der Umgang mit Leib, Lust und Sexualität belastet und in den Zusammenhang der Sünde gestellt. Augustinus hat den kirchlichen Sexualpessimismus theologisch begründet (Johannes Gründel).

Eine zweite Einseitigkeit Augustins besteht darin, dass der eheliche Geschlechtsakt dann und nur dann als rechtens beurteilt wurde, wenn er auf Nachkommenschaft ausgerichtet ist, die Treue wahrte und die Sakramentalität zum Ausdruck brachte. Sexualität war eigentlich ein Übel, aber es garantierte die Nachkommenschaft. Thomas von Aquin übernahm von ihm zwar nicht die Annahme sexueller Lust im Paradies, aber doch die grundlegende Skepsis gegenüber Sexualität und besonders dem sexuellen Lusterlebnis.

4.3 Die »Materia-gravis-Lehre in sexto« und das sechste und neunte Gebot des Dekalogs

Unter jansenistischem Einfluss ergab sich auf der Folie der traditionellen Lehre über Ehe und Sexualität eine sehr rigorose Einschätzung der geschlechtlichen Begierde und der daraus erwachsenden Taten als in sich schwere Sünden. Der Jansenismus war eine komplexe, sich auf Jansenius (1585–1638) berufende Reformbewegung nach dem Konzil von Trient mit dem Anliegen einer Reform der kirchlichen Lehre (mehrheitlich im Sinne Augustins). In Fehlinterpretation biblischer Texte wertete Jansenius die geschlechtliche Begierde, die Sinnlichkeit und die paulinische Rede vom »Fleischesmenschen« als Zeichen erbsündlicher Konkupiszenz (Langer 1986, 43). Die Sündenlehre konzentrierte sich auf das sechste und neunte Gebot (Du sollst nicht die Ehe brechen; Du sollst nicht die Frau deines Nächsten begehren) und objektivierte die entsprechenden Taten in Gedanken, Worten und Werken als schwere Sünden. Dazu passte Augustins Fehlannahme, dass Adam und Eva sexuell gesündigt hätten. Alle frei gewählte Bejahung sexueller Lust galt als in sich schwere Sünde. Sie ist durch den Sündenfall von Adam und Eva allen Menschen vererbt. In diesem Bereich gab es

4.3 Die »Materia-gravis-Lehre in sexto« und das sechste und neunte Gebot des Dekalogs

– zumindest im 17. Jahrhundert – keine »lässliche Sünde«. Die »Materia-gravis-Lehre in sexto« besagte, dass es beim sechsten (und neunten) Gebot keine geringfügige Materie, sondern nur schwerwiegende (Tod-)Sünden gibt. Alle Vorstellungen, Äußerungen und Taten – ob »allein oder mit andern« – galten als schwere Sünden und verlangten eine persönliche Reue und Beichte vor dem Empfang der Kommunion.

Während sich das sechste Gebot des Dekalogs auf den Ehebruch bezieht, fügte man bei der Behandlung dieses Gebotes »Du sollst nichts Unkeusches tun« ein. Damit waren Berührungen der Geschlechtsteile, »unsaubere« Gedanken, Worte und Taten gemeint. Mit dieser Disqualifizierung wurde aber ein ungezwungener Umgang mit Leib und Sexualität erschwert.

Die Deutschen Bischöfe kamen nach langem Ringen in den 1950er-Jahren zur verheerenden Formulierung im »Katholische(n) Katechismus für die Bistümer Deutschlands« (1955):

> »Die Unkeuschheit ist ein großes Unglück für den Menschen. Sie entweiht den Tempel des Heiligen Geistes und führt zu vielen anderen Sünden. Oft stürzt sie den Menschen in Krankheit, Elend und führt nicht selten zu einem unbußfertigen Tod« (Katholischer Katechismus 1955, 241).

> »Gegen die Unkeuschheit sündigt vor allem, wer Unkeusches allein oder mit andern tut oder freiwillig an sich geschehen lässt; ebenso, wer sich freiwillig in unkeuschen Gedanken aufhält« (Katholischer Katechismus 1955, 240).

Hier zeigt sich die leibfeindliche und sexualpessimistische Sicht der traditionellen Moral deutlich (Langer 1986, 142–166, 156). Sexuelle Handlungen gelten zumeist als sündhafte Handlungen, die eigentlich nicht sein sollten, die krank und elend machen. Hier wurde in einem doch wichtigen Lehrbuch sieben Jahre vor dem Zweiten Vatikanischen Konzil eine weitgehende Pönalisierung der Sexualität festgeschrieben.

4.4 Die Kulturrevolution der 1968er-Jahre und das Programm der sexuellen Befreiung

Mit der Kulturrevolution 1968 wurde die traditionelle Sexualmoral und Sexualpädagogik in ihren Grundfesten wie in der daraus folgenden sexuellen Praxis erschüttert. Die von Studierenden angezettelte Revolution arbeitete mit den Prinzipien der Selbstständigkeit, des Widerstandes gegen alles Überkommene, mit Demonstrationen und gelegentlich auch mit Gewaltanwendungen. Ihr Programm war es, die Menschen nicht weiterhin mit dem Ballast der Tradition, mit früheren Werteinstellungen, mit Gehorsam und Zwang zu unterdrücken, sondern sie zu ihrer eigenen Selbstverwirklichung zu befreien und allen Formen der Entfremdung abzusagen: Anstelle der selbstverständlichen Weitergabe der Überlieferung sollte diese selbst neu kreiert werden. Drei Leitbilder standen der revolutionären 68er-Generation Pate:

- Sigmund Freud (1856–1939), der Begründer der Psychoanalyse mit seiner Hypothese, dass Neurosen ihre Ursachen in der krankmachenden christlich-bürgerlichen Moral hätten;
- Wilhelm Reich (1897–1957), der psychoanalytisches Denken mit sozialistischem Gedankengut verband und in der »Zwangsmoral« einen Ausdruck des Kapitalismus erblickte, und
- Alexander S. Neill (1883–1973) mit seinem Modell der antiautoritären Erziehung und den Zielen der Freiheit, Selbstverwirklichung und des persönlichen Glücklichseins der Kinder und Jugendlichen im Internat Summerhill, England.

Die 68er-Generation stellte nicht nur die gesamte Kultur und Überlieferung infrage, sondern auch und besonders die in ihren Augen veralteten traditionellen Werte der Sexualmoral wie Treue, Dauerhaftigkeit und Ausschließlichkeit sexueller Beziehungen, Ehrung der Ehe und Verbot der Scheidung. Sie löste den bisher obligaten Zusammenhang zwischen Sexualität und Ehe, unterstützte Schwule und Lesben in ihrem Kampf gegen Diskriminierung und trat vehement für Gleichberechtigung diverser sexueller Orientierungen ein. Auch in sexuellen Fragen sollte das Prinzip der Selbstbestimmung und Freiheit ohne alle Schranken herrschen. Empfohlen wurde die »freie Liebe« ohne Verpflichtungen – aus purer Lust und Freude. 50 Jahre nach dieser Revolution sind zwei Feststellungen zu machen:

- Das Protestpotenzial der Revolution, aber auch die beginnende gesellschaftliche Pluralisierung haben Wirkung gezeigt. Die Tradition und ihre herkömmlichen Werte werden nicht mehr unkritisch übernommen und weitergegeben. Es hat einen Schub in Richtung vermehrter Selbstständigkeit und Mündigkeit gegeben.
- Auf der anderen Seite muss festgestellt werden, dass die Revolution auch deutlich über ihr Ziel hinausgeschossen ist und nicht alle Werte, die sie über Bord geworfen hat, von heutigen Jugendlichen abgelehnt werden. Beispielhaft sei die Akzeptanz großer Werte wie Freundschaft, Beziehung und Treue in der Partnerschaft durch die Jugend erwähnt, die in neueren Umfragen (Shell 2010; Jugendsexualität, BZgA 2010) bestätigt werden. Jedenfalls erfüllte sich die Hoffnung einiger 1968er nicht automatisch, dass ihre emanzipatorische Sexualmoral und -pädagogik auch schon eine Humanisierung des Umgangs mit Sexualität mit sich brachte.

Historisch interessant ist an dieser Stelle die Tatsache, dass im 20. Jahrhundert die Kirchen keineswegs das Monopol auf die Bewertung moralischer Normen hatten. Weder der Nationalsozialismus noch der Stalinismus fanden zu einem offenen, positiv-kritischen Verhältnis zur Sexualität. Oberstes Ziel des Nationalsozialismus war der Rassengedanke, der keine Liberalisierung der Sexualität duldete, sondern in einer aggressiven Abneigehaltung gegen Freud und die Psychoanalyse verharrte. In der Ostzone und späteren DDR wurde Sexualität ebenfalls tabuisiert. Von »Lust« durfte keine Rede sein, schon gar nicht von »abweichendem Sexualverhalten« (Koch 2008, 28).

4.5 Der Durchbruch des sexualaffirmativen Ansatzes auf dem Zweiten Vatikanum, auf den Synoden und im Katholischen Erwachsenenkatechismus (KEK II, 1995)

Das augustinische Erbe hat sich in der Lehrtradition der katholischen Kirche lange unwidersprochen halten können und es wird bis heute von einigen mit Vehemenz vertreten. Doch das Aufkommen der Human- und Sozialwissenschaften, der Sexualmedizin und die Ergebnisse empirischer Untersuchungen wie jener von Alfred C. Kinsey über das Sexualverhalten der Amerikaner und weitere Entwicklungen wie der erste Aufklärungsfilm Oswalt Kolles (1929–2010), »Sexualität in der Ehe« (1968), drängen auch in den ethischen Diskurs der Theologie, der theologischen Ethik und der Religionspädagogik hinein. Aus Rücksichtnahme oder Angst vor Sanktionen formulier(t)en zahlreiche Ethiker und Moraltheologen ihre Thesen in Bezug auf die heißen Eisen verschlüsselt, abstrakt und deshalb wenig hilfreich. Sehr wirksam ist die Kontrolle offener Stimmen durch das Nihil-obstat-Verfahren bei Lehrberufungen, wenn es also um die nötige Zustimmung der römischen Bildungskongregation zur Berufung von Habilitierten auf Lehrstühle der Theologie geht.

Man spricht von einem »Perspektivenwechsel« (Schockenhoff 1992, 42): von der traditionellen Sündenmoral, die das Leben überall mit Schranken und Verboten umstellt, hin zu einer lebensdienlichen, dialogischen Verantwortungsethik; vom Ende der eindimensionalen Sicht der Sexualität, die abgelöst werden soll von der Sicht auf multiple Sinngehalte sexueller Lebenskraft. Anstatt Sexualität zu verteufeln und die heutige Jugend pauschal als hedonistisch zu apostrophieren, gilt es, Sexualität grundsätzlich positiv zu sehen – als gute Gabe Gottes, die allerdings sowohl zu gedeihlichem Leben verhelfen wie auch zu egoistischen, Gewalt fördernden oder schädlichen Zwecken missbraucht werden kann. Mir scheint, dass die Missbrauchsfälle, so bitter sie sind, doch zu mehr Offenheit und Ehrlichkeit beigetragen haben und es verbieten, die unrealistischen und teilweise unmenschlichen Ansprüche der traditionellen Sexualmoral (Sexualität ausschließlich innerhalb der sakramentalen Ehe im Hinblick auf Nachkommenschaft) undifferenziert zu wiederholen. Es gab bereits vor dem Zweiten Vatikanischen Konzil Stimmen, die aber nicht wahrgenommen oder (durch Indexierung ihrer Schriften) zum Schweigen gebracht wurden: Herbert Doms: »Vom Sinn und Zweck der Ehe« (1935); August Adam: »Der Primat der Liebe« (1948) und Ernst Michel, ein evangelischer Theologe: »Ehe« (1948) (vgl. Langer 1986, 137–141). Nachfolgend werden vier prominente Stimmen angeführt, die der neuen Sicht auf Sexualität zum Durchbruch verholfen haben.

a) Das *Zweite Vatikanische Konzil* hat in der Pastoralkonstitution »Gaudium et spes« den sexuellen Ausdrucksformen der ehelichen Liebe erstmals einen eigenständigen Wert zuerkannt und die Monofunktionalität der Sexualität auf Nachkommenschaft ergänzt. Damit erhielt Sexualität auch als Ausdruck der Liebe einen berechtigten Sinngehalt.

»Die Ehe ist aber nicht nur zur Zeugung von Kindern eingesetzt, sondern die Eigenart des unauflöslichen personalen Bundes und das Wohl der Kinder fordern, dass auch die gegenseitige Liebe der Ehegatten ihren gebührenden Platz behalte, wachse und reife« (GS 50). Und: »Wo nämlich das intime eheliche Leben unterlassen wird, kann nicht selten die Treue als Ehegut in Gefahr geraten« (GS 51).

b) Die Arbeitsgruppe der »*Gemeinsame(n) Synode der Bistümer in der Bundesrepublik Deutschland*«, welche die Themen Sexualität und Ehe behandelte, beklagte den Mangel an Begründungen der kirchlichen Sexuallehre: »Mangels konkreter Offenbarungsaussagen zu der Frage des Sexualverhaltens stützte sich die Kirche in ihren historischen und lehramtlichen Äußerungen zu diesem Bereich auf naturphilosophische und metaphysische Voraussetzungen, die heute zum Teil nicht mehr als gültig angesehen werden« (Arbeitspapier Synode: Sinn und Gestaltung, 1973, 1.3). Weil gegen dieses Arbeitspapier »erhebliche Bedenken« in der Synode vorgebracht wurden, konnte es nicht den Rang eines offiziellen Synodendokumentes erreichen. Deutlich wird darin auch eine »neue Orientierung in der Lehre über das Sexualverhalten« gefordert:

»Es soll nicht mehr vorwiegend zeugungsbezogen und ausschließlich oder doch überwiegend auf die Erfüllung der sozialen Funktion der menschlichen Sexualität gerichtet sein, sondern vor allem auch den hohen Wert partnerschaftlicher Beziehungen berücksichtigen« (Arbeitspapier Synode: Sinn und Gestaltung, 1973, 2.2.8).

Ferner hat diese Kommission zu weiteren Fragen (zu vorehelichen Beziehungen, zur Homosexualität und zu Schwangerschaften außerhalb der Ehe) differenzierte Überlegungen angestellt, die im Verlauf dieser Schrift aufgegriffen werden sollen (vgl. 5.8). Als Christen wissen sich die Verfasser von der »erlösenden Gnade Gottes getragen« (Arbeitspapier Synode: Menschliche Sexualität, 1973, 6.2) und einem Wachstum der geschlechtlichen Liebe verpflichtet, die gemäß dem Zweiten Vatikanum »Menschliches und Göttliches in sich eint« (GS 49) und das ganze Leben der Partner durchdringt (Arbeitspapier Synode: Sinn und Gestaltung, 1973, 6.2).

c) Ganz ähnliche Gedankengänge hat die Sachkommission der *Synode 72 des Bistums Basel* in der Schweiz in ihrem Dokument »Ehe und Familie im Wandel unserer Gesellschaft« (1974) vorgetragen. Der Sexualität werden zahlreiche Sinngehalte zugeordnet: »Selbsterlebnis, Selbsterfüllung, Liebesgemeinschaft, Wir-Bildung, Einheitserlebnis, Fortpflanzung, Familienbildung, gemeinsame Kreativität und Fantasie, Spiel- und Festerlebnis, Lustgewinn, gemeinsame Befreiung durch freie Bejahung und Verzicht« (Synode 72, Sachkommission 6, 1974, VI. 2).

Bedeutsam waren die Äußerungen der unter der Leitung von Franz Böckle stehenden Kommission zum christlichen Menschenbild. Im Unterschied zum von Platon beeinflussten Menschenbild (wonach die Seele im Leib gefesselt sei und Leib und Seele radikal verschiedene Prinzipien darstellten, was letztlich eine Abwertung von Leib und Sexualität impliziert) zielen die biblischen anthropologischen Aussagen auf ein Bild des Menschen als Leib-Seele-Geist-Einheit. Leib und Geist durchdringen sich gegenseitig. Im ganzen Leib ist auch Geistigkeit da, und der Geist ist im Menschen insgesamt »inkarniert« bzw. Fleisch geworden (Joh 1,6). Ferner wurden Freiheit und Verantwortlichkeit des Menschen auch in Bezug auf Sexualität unterstrichen: Die biblischen Vorgaben führen nicht zu zwingenden Antworten in konkreten Fragen der Sexualität. »Aufgabe der Kirche ist nicht, für ihre Glieder die Entscheidungen selber zu treffen. Es ist ihre Aufgabe, die Verantwortlichkeit jedes Einzelnen in einer Weise zu fördern, dass auch den einfachen Leuten der Zugang zur Selbstbestimmung ermöglicht wird« (Synode 72, Sachkommission 6, 1974, VI. 3). Die Synode 72 verwahrte sich ausdrücklich gegen die Option eines »ungehemmten Sexualkonsum(s)« und sprach einer »manchmal ebenso mutigen Entsagung ihren positiven, persönlichen und gesellschaftlichen Sinn (zu): Verzichten, um frei zu sein« (Synode 72, Sachkommission 6, 1974, VI. 1.2.4).

d) Aufschlussreich ist schließlich der zweite Band des *Katholischen Erwachsenenkatechismus* (KEK II) »Leben aus dem Glauben« der Deutschen Bischofskonferenz (1995). Bereits der Titel »Kontinuität und Wandel im Verständnis von Geschlechtlichkeit und Ehe« (KEK II, 1995, 340) signalisiert ein Abrücken vom bekannten Diktum der »langen und stets gleichbleibenden Überlieferung der kirchlichen Lehre« (z.B. Katechismus der Katholischen Kirche, KKK, 1992/3, Nr. 2352). Der Text, der sich mit dem sechsten und neunten Gebot befasst, möchte Grundeinstellungen aus dem Dekalog gewinnen für die sittliche Orientierung der Geschlechter überhaupt, auch unabhängig von der Ehe (ebd. 341). Hierbei wird der Wandel von der zu alttestamentlicher Zeit »anfänglich bestehenden Polygamie allmählich zur Monogamie und zur größeren Hochschätzung der Ehe« (ebd., 341) erwähnt.

Erstmals werden in einem hochrangigen Text »Einseitigkeiten der kirchlichen Morallehre« zugegeben und Schuld eingestanden etwa in Bezug auf »die frühere Überbetonung des sechsten Gebots, auf zu große Enge in der Sexualerziehung und auf eine zu rigorose Beichtpraxis« (KEK II, 1995, 343).

Stattdessen macht es sich der Katechismus zur Aufgabe, »im Geist des Evangeliums die Botschaft von der Beziehung der Geschlechter so zu verstehen, dass sie sich als menschenfreundliche Sexual- und Ehemoral erweist; sie hat jene Werte zu erschließen, die in den Sinnbezügen menschlicher Geschlechtlichkeit angelegt sind und zum Ausdruck kommen« (KEK II, 1995, 343).

Weiter sieht der KEK II die menschliche Sexualität als gradualen (gestuften) Entwicklungsprozess. Sexualität ist »im Kindesalter anders als in der Pubertät; in der Jugend anders als im Erwachsenen- und Seniorenalter, in Jugendfreundschaften anders als in der Ehe und im ehelosen Leben; Jungen anders als Mädchen, Frauen anders als Männer« (ebd., 346). Der Katechismus wirbt für eine »personale Gestaltung der Sexualität«, die zugleich »Gabe und Aufgabe« ist. »Leibfeindlichkeit und Sexualunterdrückung sind dem Alten Testament ebenso fremd wie Leibvergötzung und kultische Verehrung der Sexualität« (ebd., 346).

Diese vier bedeutungsvollen Texte mit ihren sexualaffirmativen Positionen haben der neuen Einstellung zur Sexualität in der katholischen Kirche zum Durchbruch verholfen. Ein Großteil der Christen hat sich diese Einstellungen längst zu eigen gemacht. Leider konnte sich der Katechismus der katholischen Kirche (1992/93) in wichtigen Fragen dem dargelegten Perspektivenwechsel nicht anschließen, sodass heute von mindestens zwei Seiten oder zwei Lagern in den Stellungnahmen zur Sexualität gesprochen werden muss. Zum einen von der traditionellen Sexualmoral mit einem objektivistischen Sündenverständnis und der »Materia-gravis-Lehre de sexto«, mit dem auf Genitalität verkürzten Sexualbegriff und der pauschalen Verurteilung aller nichtehelichen Formen der Sexualität, die nicht auf Nachkommenschaft ausgerichtet sind.

Zum anderen gibt es ein positives Verständnis von Sexualität, das mehrdimensional ist (vgl. 5.4) und das Sexualität der freiheitlichen Verantwortung und Mündigkeit überlässt, ohne sie mit in sich schwerer Sündhaftigkeit zu verbinden. Auch dieses Verständnis weiß um soziale Regeln und um die Gestaltbarkeit der Sexualität. Es ist ausgerichtet auf Dauerhaftigkeit und Treue in der Beziehung, nicht aber – etwa bei Jugendlichen – bereits auf Ehe und Nachkommenschaft. Diese beiden Aussichten bezüglich Sexualität stehen sich oft unversöhnlich gegenüber. Der Durchbruch des neuen Verständnisses wird nicht von allen geteilt. Zugegebenermaßen gibt es auch zahlreiche Zwischenpositionen.

4.6 Stellungnahmen der Evangelischen Kirche in Deutschland (EKD)

In den 1970er- und 1980er-Jahren hat die Evangelische Kirche in Deutschland wiederholt zu Fragen der Sexualität, Ehe und des Geschlechterverhältnisses offen und lebensdienlich Stellung bezogen. Dabei wurden Martin Luthers verstärkte Bibelorientierung und vermehrte Wertschätzung der Ehe, eine grundsätzlich positive Einstellung zur Sexualität sowie die sexualethischen Entwürfe von Karl Barth in der Kirchlichen Dogmatik (Bd. III/4, 1951) und von Helmut Thielicke (Theologische Ethik, Bd. 3, 1964) berücksichtigt. Geschlechterkomplementarität, Dauerhaftigkeit und Ganzheitlichkeit galten als entscheidende Kriterien gelebter Sexualität. Nach den Studentenprotesten setzte sich ein emanzipatorischer Ansatz durch, welcher die Einzelnen zur Entwicklung einer verantwortungsvollen Gesellschaft befähigen soll (Keil 2008, 171).

Die sexualethische Denkschrift zu Fragen der Sexualität der EKD (1971) versteht Sexualität als zum Menschen konstitutiv zugehörig. Sie verarbeitet neue theologische und humanwissenschaftliche Erkenntnisse im Hinblick auf ein Leben in der pluralen Gesellschaft. Dabei entwickelt sie erstmalig ein lebensphasenspezifisches Konzept für die Sexualethik und die Sexualpädagogik. Statt feste Normen vorzugeben, werden die Glaubenden in ihre Mündigkeit entlassen und mit orientierenden Aussagen unterstützt. »In personale Beziehungen eingebettete und auf diese ausgerichtete Sexualität gehören unabhängig von ihrem generativen Zweck zur Schöpfung Gottes« (Keil 2008, 171). Sexuelle Erfahrungen werden als Stationen auf dem Weg zur Ehe gesehen, welche der Intimgemeinschaft den notwendigen Schutz geben. Geschlechtserziehung ist eine notwendige Bildungsaufgabe in Familie, Schule, Jugendarbeit und Öffentlichkeit.

Analog zu katholischen Entwürfen ist auch vom »Verzicht auf genitale Befriedigung« der Sexualität die Rede, um »charakterliche Reife und menschliche Sicherheit zu gewinnen« (Denkschrift EKD, 1971, Nr. 36). Voreheliche Beziehungen werden differenziert betrachtet (ebd., Nr. 38), Homosexualität nicht als Sünde gebrandmarkt, aber noch nicht als gleichberechtigte Lebensgestaltung zur Heterosexualität gesehen. Dies ist auch in der EKD-Stellungnahme »AIDS – Orientierungen und Wege in der Gefahr« (Rat der EKD 1988) nicht der Fall. Doch seit den ersten Jahren des dritten Jahrtausends wird Homosexualität als der Heterosexualität gleichwertig betrachtet, was den ökumenischen Dialog belastet und auch vom evangelikalen Flügel nicht geteilt wird (Keil 2008, 173–174). Die Anwendung empfängnisverhütender Maßnahmen gilt als selbstverständlich (Denkschrift EKD, 1971, Nr. 41). Schließlich wird die *sexuelle Bildung* in jedem Alter als notwendig erachtet: Ihr Hauptziel muss »die Entwicklung zur Liebesfähigkeit und zu partnerschaftlichem Verhalten« sein (Denkschrift EKD, 1971, Nr. 79). Folgende Passagen könnten auch in einer katholischen Sexualpädagogik stehen:

> »Die frühkindliche Erfahrung, als Junge oder als Mädchen in der eigenen Geschlechtlichkeit angenommen zu sein, bestimmt die Entwicklung des Jungen zum Mann, des Mädchens zur Frau. Die Art und Weise, wie die Eltern ihre Ehe führen, hat für die Entwicklung und Prägung der Sexualität des Kindes besondere Bedeutung. Ebenso beeinflusst das Zusammenleben anderer Menschen und das Leben mit ihnen, zum Beispiel mit Geschwistern und anderen Verwandten, sowie mit Nachbarn und Freunden, die eigene Sexualität. Alle diese Grunderfahrungen sind für die spätere Liebesfähigkeit des Kindes ausschlaggebend. Geschlechtererziehung beginnt darum mit der Geburt des Kindes.
> Die Fähigkeit zu Kontakt, Anerkennung und Liebe erfahren in der Säuglingszeit und frühen Kindheit ihre erste Prägung. Sie entfalten sich im späteren Leben und fächern sich weiter aus. Die Entwicklung dieser Fähigkeiten ist vor allem in der Mann-Frau-Beziehung Erwachsener Voraussetzung dafür, dass partnerschaftliche Begegnungen der Geschlechter gelingen. Mangelnde oder gestörte Entfaltungen dieser Fähigkeiten in der Kindheit beeinträchtigen die Entwicklung der Liebesfähigkeit.
> Die Eltern sollen mit ihren Kindern auch die Fragen besprechen, die mit den Geschlechtsorganen zusammenhängen. Angefangen in der Säuglingszeit, aufbauend durch alle Phasen der Entwicklung soll auf diese Organe, ihre

Bedeutung und Funktion sowohl für den Geschlechtsakt als auch für die Fortpflanzung eingegangen werden. Die angemessene Benennung der Geschlechtsorgane ist von Anfang an ebenso wichtig wie das körperliche und verstandesmäßige Begreifen der eigenen Sexualität in einer Atmosphäre des Vertrauens. Dadurch kann das Sprechen über die mit der Sexualität zusammenhängenden Fragen zwischen Eltern und Kindern immer selbstverständlicher werden« (Denkschrift EKD, 1971, Nr. 84–86).

Schulische Erziehung und Jugendarbeit sollten vorwiegend, aber nicht ausschließlich koedukativ orientiert sein: »Ziel der Sexualerziehung und der Vorbereitung darauf ist die Fähigkeit zum mündigen Umgang mit der Sexualität und im Sexualverhalten unter Beachtung der Personenwürde des Partners« (Denkschrift EKD, 1971, Nr. 100).

4.7 Der Abbruch des Dialogs über Sexualität zwischen Jugend und Bischofskonferenz

Im Jahre 1994, also zwei Jahre nach dem Erscheinen des »Katechismus der katholischen Kirche« (1992/3) eröffnete die *Arbeitsgemeinschaft der Jugendpastoral der Orden* (AGJPO) einen Dialogprozess zu Fragen der Sexualität und Sexualpädagogik, der hoffnungsvoll begann und sogar zu einem Antwortbrief der Jugendkommission der Deutschen Bischofskonferenz führte (1999), doch Ende des zweiten Jahrtausends jäh abgebrochen wurde. Hätte man damals das Thema als ernste Anfrage seriös studiert, die Diskussion über Missbrauchsfälle wäre nicht so massiv über die katholische Kirche gekommen und hätte sie weniger unvorbereitet getroffen.

Die erwähnte Arbeitsgemeinschaft traf im Jahr 1994 in einem »offenen Brief an die deutschen Bischöfe und die Ordensoberinnen und -obern in Deutschland« eine »Option für die Jugend« und machte sich zu deren Anwalt – eine Position, die auch der Stadtjugendseelsorger Albert Bauernfeind übernommen hatte (»Liebet einander ...« Jugend – Kirche – Sexualität, Kevelaer 1997, 9) und die zu seiner Freistellung von diesem Amt führte. Die AGJPO wollte die »große Distanz zwischen offizieller kirchlicher Sexualmoral und dem, was junge Menschen in diesem Lebensbereich für richtig und wertvoll halten und auch faktisch leben« (AGJPO 1994, 3), thematisieren und namentlich drei spezifische Konfliktbereiche aufgreifen:

a) die Diskrepanz zwischen sittlich als verwerflich qualifizierten künstlichen Methoden der Empfängnisverhütung und dem »notwendigen Zugang Jugendlicher zu diesen Mitteln« (ebd., 4);

b) die undifferenzierte Ablehnung nichtehelicher Lebensgemeinschaften gegenüber einem selbstverständlichen Nebeneinander von ehelichen und nichtehelichen Lebensformen in den Augen der großen Mehrheit Jugendlicher, auch katholischer Jugendlicher, und

c) die gelebte Homosexualität gegenüber der Disqualifikation homosexueller Praxis als »objektiv ungeordnet« (ebd., 4).

Nach der Meinung der Arbeitsgemeinschaft bewirkt die rigorose Haltung eines Teils der offiziellen Kirche, dass die Werte, für welche die Botschaft des Evangeliums steht, überhört werden und sich Jugendliche von der Kirche im Stich gelassen fühlen. Zu diesen Werten zählen:

- die Wahrung der Würde der Person im Umgang mit Sexualität;
- die erzieherischen Prinzipien der Werteerhellung und der Wertekommunikation;
- das Bildungsziel »einer eigenständigen und mündigen(n) Urteilskompetenz« (ebd. 5);
- die Schaffung eines Klimas des Vertrauens;
- die Berücksichtigung der »Stufen der Zärtlichkeit« und das
- Prinzip der Gradualität im sexuellen Reifungsprozess einer partnerschaftlichen Beziehung.

Die Arbeitsgemeinschaft forderte Bischöfe und Ordensobere auf, über die erwähnten strittigen Punkte mit der Jugend ins Gespräch zu kommen und die von der Tradition übernommenen Bewertungen und Prioritäten zu überprüfen. – Der offene Brief löste zahlreiche Reaktionen, Beipflichtung und Ablehnung aus; es gab sogar Unterstellungen und Verunglimpfungen. Im Jahr 1996 kam es zu einem Gesprächsforum »Jugend, Sexualität und Kirche«.

Drei Jahre später, 1999, reagierte die *Jugendkommission der Deutschen Bischofskonferenz* mit dem bekannt gewordenen »Brief an die Verantwortlichen der kirchlichen Jugendarbeit zu einigen Fragen der Sexualität und der Sexualpädagogik«, die als »Arbeitshilfe Nr. 148« offiziell zugänglich geworden ist (Sekretariat der DBK 1999). Die Jugendkommission lud ihrerseits die ehrenamtlich und hauptamtlich in der Jugendarbeit Verantwortlichen zum Dialog ein. Sie möchte junge Menschen in ihren Situationen ermutigen und argumentiert von einem offenen katholisch-kirchlichen Standpunkt aus mit den Schwerpunkten: ganzheitliche Liebe und lebenslange Treue, »voreheliche Enthaltsamkeit« (ebd., 13), »Kreuzerfahrungen in Ehe und Zölibat« (ebd., 7) und »Fülle des Lebens«.

Weiter geißelt die Kommission mehrere moderne Erscheinungsformen der Sexualität in ihrer Ambivalenz und in ihren Widersprüchen. Sexualität würde als »Ware auf dem Erlebnismarkt« banalisiert, im schnellen Erlebnis oberflächlich konsumiert und im »Cyber-Sex« pervertiert (ebd., 9). Dagegen weiß sie um positive Werteeinstellungen vieler Jugendlicher, die Treue, Ehrlichkeit, Akzeptanz, Zärtlichkeit, Freundschaft und Kommunikation wertschätzen. Auch der Umstand, dass die heutige Jugend in sexueller Hinsicht frühreif ist, ökonomisch aber erst viel später das eigene Leben selbst bestreitet, geschweige denn eine Familie aufbauen kann, bestätigt die Kommission.

»Diese Situation begünstigt voreheliche Lebensgemeinschaften, die sexuelle Partnerschaft einschließen, ohne dass die Bedingungen für eine Elternschaft bereits gegeben sind. Voreheliche Lebensgemeinschaften werden als selbstverständlich angesehen« (ebd., 12). Das bekannte Bild vom »Graben« zwischen Kirche und Jugend wird aufgenommen:

> »Zwischen den kirchlichen Normen zum Sexualverhalten und dem tatsächlichen Verhalten Jugendlicher und Erwachsener besteht vielfach ein Graben. Die Kirche hat als orientierende Institution einen Glaubwürdigkeits- und Vertrauensverlust zu verzeichnen. Besonders Jugendliche sehen sich im Prozess der Individualisierung vor die Aufgabe gestellt, in eigener Verantwortung die Gestaltung ihres Lebens und damit auch die Bildung eines subjektiven Sinnhorizonts zu übernehmen. Die alltägliche Lebenserfahrung und kirchliche Normen scheinen nur schwer miteinander vereinbar« (ebd., 13).

Erstaunlich ist, dass der Brief die menschliche Sexualität in durchaus positiver Weise würdigt, verschiedene Sinngehalte akzeptiert, selbst »die Erfahrung der Lust« (ebd., 20) und mit der Bibel »sexuelles Verhalten unter der Maßgabe der Liebe und der Verantwortung« (ebd.) versteht. »Die biblische Botschaft zeigt, dass Sexualität, Freude an ihr und die Möglichkeit, Leben weiterzugeben, gute

4.7 Der Abbruch des Dialogs über Sexualität zwischen Jugend und Bischofskonferenz

Gaben Gottes sind« (ebd., 20). Dann werden die Regeln und Normen der Kirche in Erinnerung gerufen, ohne allerdings Gründe zu den Positionen in Bezug auf Empfängnisverhütung, voreheliche Sexualität, Homosexualität und Selbstbefriedigung anzugeben, schon gar nicht biblische Argumentationen, die natürlich auch nicht zu verabsolutieren wären. Praktizierte Homosexualität wird nicht als gleichwertige Variante der ehelichen Sexualität gesehen, doch dürfe sie nicht zu Diskriminierungen führen.

Dieser offene Brief der Jugendkommission der Deutschen Bischofskonferenz, unterzeichnet von Bischof Franz-Josef Bode, erhielt ausgesprochen große und positive Resonanz, aber auch Kritik. Viele Gruppierungen nahmen den Anstoß zum Dialog ernsthaft auf. Insgesamt wurden Duktus, Sprache und Stil des Briefes weithin positiv gewürdigt. Diese Aspekte trugen dazu bei, die Gesprächsbereitschaft der Bischöfe auf diesem Gebiet als glaubwürdig erscheinen zu lassen. Dennoch wurden auch einige Abschnitte des Briefes kritisiert und als wenig gelungen erachtet. Negativ wurde angemerkt, dass der Begriff der Sexualität »nicht differenziert genug gebraucht« würde (Gärtner ²2001, 48), auf Geschlechtsverkehr reduziert (ebd., 82; 58) und durch die Definition auf die Ehe hin enggeführt (ebd., 64) werde. Außerdem sei er negativ konnotiert, wenn gleichzeitig immer wieder auf die »Kreuzeserfahrung« (Sekretariat der DBK, 1999, 7) hingewiesen wird, obwohl Sexualität laut Jugendkommission zu den »Grundvollzügen des Lebens« (ebd., 6) gehöre und als »hoher, vom Schöpfer geschenkter Wert« (ebd., 19) bezeichnet wird.

Am stärksten widersprochen wurde dem Brief in Bezug auf seine Position zur Homosexualität. Den Verantwortlichen in der Jugendarbeit blieb unverständlich, wie die positive Sicht der Sexualität bei Homosexuellen nicht gelten kann, ja der Schöpfungsordnung widerspreche. Stefan Gärtner hat alle Reaktionen zu diesem Brief in einer Studie versammelt, die bereits in zweiter Auflage erschien (Gärtner ²2001, vgl. Gärtner 2004), doch seither ist der Dialog zwischen Verantwortlichen in der Jugendarbeit und Bischöfen abgebrochen. Im ersten Jahrzehnt des dritten Jahrtausends ist man dem Thema aus dem Weg gegangen. Kaum ein Bischofspapier, ein Hirtenbrief oder eine einschlägige Moraltheologie sind erschienen (Ausnahme: Römelt 2008/2009). In den Religionsbüchern wird zu den einschlägigen Kapiteln über die bischöflichen Schulbuchkommissionen scharfe Zensur geübt, was deren Veröffentlichung bisweilen um Jahre hinauszögert. Viele Jugendliche sehen sich in Fragen der Sexualität im Zwiespalt zwischen offizieller kirchlicher Lehre und eigenem Weg. Gravierender ist, dass sich immer mehr Jugendliche gar nicht mehr um die Lehre der Kirche kümmern. Viele halten die Kirche in Bezug auf Fragen der Sexualität für »megaout« (Michalke-Leicht/Sajak 2010, 589).

4.8 »Deus caritas est« (2005) – Die Enzyklika Benedikts XVI.

Zu Beginn seiner Amtszeit überraschte Papst Benedikt XVI. die Christenheit mit einer Enzyklika zum Thema »Liebe«, ein Begriff, der sich auf biblisch-christlichem Hintergrund mit anderen modernen Verständnissen der Sexualität auseinandersetzt. Hierbei spannt der Papst einen Bogen von der Liebe Gottes zu den Menschen und zur Schöpfung bis hin zu vielfältigen Vollzugsformen der Caritas in den konkreten Gemeinden. Er grenzt das neutestamentlich bevorzugte Wort Agape von den in der griechischen Philosophie dominanten Begriffen der Philia (Freundschaftsliebe) und von dem Begriff Eros (begehrende Liebe, auch mit sexueller Färbung) ab. Während der Eros »als göttliche Macht« gefeiert wurde, als »Vereinigung mit dem Göttlichen« (Deus caritas est, Nr. 4), betont der Papst die Geschöpflichkeit von Leib und Seele, die beide eine reife, wirkliche Einheit bilden und wie Materie und Geist ineinandergreifen, sodass auch der Eros, diese Liebesfähigkeit im Menschen, reifen kann. Eros und Sexualität sollten nicht degradiert und banalisiert werden, was einer Entwürdigung des Menschen gleichkommen würde.

> »Ja, Eros will uns zum Göttlichen hinreißen, über uns selbst hinausführen, aber gerade darum verlangt er einen Weg des Aufstiegs, der Verzichte, der Reinigung und Heilungen« (Deus caritas est, Nr. 5).

Liebe im christlichen Sinn soll sich am Hohelied und an Paulus (1 Kor 13, der »Magna Charta des kirchlichen Dienens«), orientieren (ebd., 34). Echte Liebe ist absichtsfrei; sie will das Glück des Nächsten. In Extremsituationen ist sie zum Opfer, zur Selbsthingabe bereit, die dann zur Selbstfindung wird (vgl. Lk 17,33). Nach dem Papst verweist der Eros den Menschen auf die Ehe, eine einzigartige Bindung, die Gottes Liebe zu seinem Volk abbildet. »Diese feste Verknüpfung von Eros und Liebe in der Bibel findet kaum Parallelen in der außerbiblischen Literatur« (Deus caritas est, Nr. 11). Der Papst betont den Geschenkcharakter der Liebe, welche in Gottes Liebe zur Welt gründet, die in Jesus Mensch geworden ist und die im Sakrament der Eucharistie den Glaubenden stets zeichenhaft und wirklich gegenwärtig und zugänglich ist. Dieses Geschenk ermöglicht erst die Nächstenliebe als Konkretisierung der Gottesliebe.

Im zweiten Teil der Enzyklika wird auf das konkrete Liebestun der Kirche in der Caritas eingegangen – mit Rückblick auf die Sozialenzykliken (inkl. Solidaritätsprinzip) und im Ausblick auf die Fürsorgetätigkeit der Kirche für die Armen, begründet in der Apostelgeschichte. In eindrücklicher Weise wird die Caritas als »entscheidendes Kennzeichen der christlichen Gemeinde, der Kirche« (ebd., Nr. 24) gesehen, illustriert an den beispielhaften Gleichnissen des barmherzigen Samariters und in der Geschichte vom reichen Prasser und vom armen Lazarus. Die Liebe ordnet sich in das Ziel der Gerechtigkeit ein und soll »inneres Maß aller Politik« (ebd., Nr. 28) werden. Für die Kirche wird die große Bedeutung des Ehrenamtes erwähnt, welches für viele Jugendliche »eine Schule für das Leben (wird), die zur Solidarität und zu der Bereitschaft erzieht, nicht einfach etwas, sondern sich selbst zu geben« (ebd., Nr. 30). Allerdings muss christliches Liebeshandeln unabhängig sein von Parteien und Ideologien. Die Liebe will nicht primär Weltveränderung, sondern das Heil des Menschen und zwar auf dem Weg der Demut, auf dem der Empfänger des Liebeserweises nicht erniedrigt wird.

Die Enzyklika ordnet die Liebe in die beiden anderen christlichen Grundtugenden Glaube und Hoffnung ein und schließt mit Hinweisen auf die Heiligen als Modelle authentischer Liebe, insbesondere Maria, zu der ein christologisch gewendetes Gebet formuliert wird: »Zeige uns Jesus« (ebd., Nr. 42). – Die beachtenswerte Enzyklika ruft die Liebe als Grundprinzip des Handelns in Erinnerung, auch der Sexualität und des Eros, und kann mancherlei Impulse und Anregungen geben.

4.9 Sexuelle Bildung als neues Paradigma im »Handbuch der Sexualpädagogik« (2008)

Obwohl Sexualpädagogik eine junge Disziplin ist und keineswegs zu den etablierten Universitätsdisziplinen zählt, hat diese sozialwissenschaftlich orientierte und empirisch gestützte Wissenschaft ein neues Handbuch mit einem beachtlichen Reflexionsgrad hervorgebracht. Im Zentrum stehen nicht einzelne streitbare moralische Positionen, sondern Lernen im Umgang mit Sexualität. Im Unterschied zum Begriff »Sexualpädagogik«, der das Wort Kind (pais) enthält, ist hier die Notwendigkeit eines lebenslangen Lernens in allen Altersphasen in den Blick genommen. Das neue Paradigma wird deshalb mit dem Begriff »sexuelle Bildung« (Valtl 2008) oder mit »Lernen im Umgang mit Sexualität« oder noch präziser mit »Sexualpädagogik für alle Lebensalter« (ebd.) umschrieben.

> »Sexuelle Bildung meint die über präventive Kompetenzen hinausgehende und durch lernförderliche Impulse gestützte Selbstformung der sexuellen Identität einer Person mit dem Ziel ihrer individuell befriedigenden und sozial verträglichen Entfaltung auf allen Persönlichkeitsebenen und in allen Lebensaltern« (Sielert 2008, 39).

Angesichts einer Ökonomisierung und Instrumentalisierung der Sexualität zielt dieses Buch auf Humanisierung der Sexualität, und es geht von der Gleichwertigkeit aller sexuellen Lebensformen aus. Ethische Themen und ethische Dimensionen des sexualpädagogischen Diskurses gewinnen an Bedeutung. Zum klassischen Thema der sexuellen Aufklärung in der Adoleszenz sind neue Bildungsbereiche hinzugetreten wie die Erwachsenen- und Altenbildung, verbandliche Jugendarbeit, Resozialisierung in Justizvollzugsanstalten, einschlägige Probleme am Arbeitsplatz, im Internet. Neu sind auch Gefahren- und Schutzdiskurse, das Thema der Genderbildung, die Theoriebildung, die Geschichte der Sexualpädagogik und eine Methodologie der Disziplinen. Es wird überlegt, wie sexuelle Bildung von der Frühpädagogik im Kindergarten über den schulischen Sexualkundeunterricht bis hin zur Seniorenarbeit gefördert werden kann.

In ethisch-religiöser Hinsicht kommen evangelische und katholische Autoren gleicherweise zur Sprache, doch geht es nicht um konfessionelle »Platzkämpfe« als vielmehr um möglichst lebensdienliche, stufengerechte Bildungsangebote. Konkret werden konfessionell »heiße Eisen« wie Homosexualität nicht ethisch bewertet, sondern hilfreiche Wege aufgezeigt zur Lebensbewältigung von Lesben und Schwulen. Eine professionelle Ausbildung von Sexualpädagogen wird kompetenzorientiert vorgeschlagen, die dann ihre Wirkung für Eltern, Lehrerinnen und Lehrer sowie weitere Erzieherpersonen haben soll: Die 67 Einzelbeiträge sind mit viel Sachverstand und niveauvoll geschrieben. Sie sind gut lesbar, didaktisch aufbereitet und mit einem wissenschaftlichen Apparat versehen. Das Studium des gesamten Bandes ergibt einen guten Überblick über den gegenwärtigen Stand des sexualpädagogischen Diskurses.

4.10 »Youcat« – Der neue Jugendkatechismus der Katholischen Kirche (2011)

Mit einer Startauflage von über 1.000.000 Exemplaren ist der neue »Jugendkatechismus der Katholischen Kirche« im Frühjahr 2011 in 13 Übersetzungen erschienen. Er wurde von der österreichischen Bischofskonferenz mit Zustimmung der schweizerischen und der deutschen Bischofskonferenz herausgegeben. Als Abbild des Katechismus der Katholischen Kirche (KKK 1992/3) will er die heutige Jugend erreichen und bei ihr eine Auseinandersetzung mit dem eigenen Glauben bewirken und erklären, was nun die Christen eigentlich glauben. In seinem Vorwort ruft Papst Benedikt XVI. die Jugend – vor allem die Jugend der Weltjugendtage – auf:

> »Studiert den Katechismus mit Leidenschaft und Ausdauer! Opfert Lebenszeit dafür! Studiert ihn in der Stille Eurer Zimmer, lest ihn zu zweit, wenn ihr befreundet seid, bildet Lerngruppen und Netzwerke, tauscht euch im Internet aus. Bleibt auf jede Weise über euren Glauben im Gespräch!« (Youcat 2011, 10).

Im Vorwort bringt Benedikt XVI. den Jugendkatechismus mit den sexuellen Missbrauchsfällen in Zusammenhang und parallelisiert dieses jüngste Kapitel der Kirchengeschichte mit »Israel am tiefsten Punkt seiner Geschichte« (Youcat 2011, 11).

»Wenn Ihr euch nun voller Eifer dem Studium des Katechismus zuwendet, möchte ich euch ein Letztes mit auf den Weg geben: Ihr wisst alle, wie tief die Gemeinschaft der Glaubenden in letzter Zeit verwundet wurde durch Attacken des Bösen, durch das Eindringen der Sünde selbst in das Innere, ja das Herz der Kirche. Nehmt es nicht zum Vorwand, Gottes Angesicht zu fliehen! Ihr selbst seid der Leib Christi, die Kirche! Bringt das unverbrauchte Feuer eurer Liebe in diese Kirche ein, sooft Menschen ihr Antlitz auch entstellt haben! ›Lasst nicht nach in eurem Eifer, lasst euch vom Geist entflammen und dient dem Herrn!‹ (Röm 12,11).

Als Israel am tiefsten Punkt seiner Geschichte war, rief Gott nicht die Großen und Angesehenen, sondern einen Jugendlichen namens Jeremias zu Hilfe. Jeremias fühlte sich überfordert: ›Ach, mein Gott, ich kann doch nicht reden, ich bin ja noch so jung‹ (Jer 1,6). Doch Gott ließ sich nicht beirren: ›Sag nicht: Ich bin noch so jung. Wohin ich dich auch sende, dahin sollst du gehen, und was ich dir auftrage, das sollst du verkünden‹ (Jer 1,7)« (Youcat 2011, 10–11).

Wie der Catechismus Romanus (156) für die Priester und wie der Katechismus der Katholischen Kirche (KKK 1992/3) für die Erwachsenen ist auch der Jugendkatechismus in vier Hauptteile strukturiert:

- »Was wir glauben« (Erläuterung des Credos, 13–100);
- »Wie wir die christlichen Mysterien feiern« (Sakramente, 101–161);
- »Wie wir in Christus das Leben haben« (Gebote, 162–256) und
- »Wie wir beten sollen« (Gebete, 257–286).

Hier seien als Kostproben die Fragen 1 und 4 sowie Stellen zur Sonntagspflicht und den Geboten 5 und 6 des Youcat abgedruckt:

1) Wozu sind wir auf der Erde?
»Wir sind auf Erden, um Gott zu erkennen und zu lieben, nach seinem Willen das Gute zu tun und eines Tages in den Himmel zu kommen« (Youcat 2011, 14).

4) Können wir die Existenz Gottes mit unserer Vernunft erkennen?
»Ja. Die menschliche Vernunft kann Gott mit Sicherheit erkennen. Die Welt kann ihren Ursprung und ihr Ziel nicht in sich selber haben. In allem, was es gibt, ist mehr, als man sieht. Die Ordnung, die Schönheit und die Entwicklung der Welt weisen über sich selbst hinaus und auf Gott hin. Jeder Mensch ist

offen für das Wahre, das Gute und das Schöne. Er hört in sich die Stimme des Gewissens, die ihn zum Guten hindrängt und vor dem Bösen warnt. Wer dieser Spur vernünftig nachgeht, findet Gott« (Youcat 2011, 15–16).

Bei der Behandlung einiger Spezialfragen verbleibt der Youcat im üblichen Rahmen. So heißt es zu Beginn hinsichtlich des Sonntagsgebots: »Weil die Teilnahme an der sonntäglichen Eucharistie grundlegend für ein christliches Leben ist, erklärt es die Kirche ausdrücklich als schwere Sünde, der Sonntagsmesse ohne Not fernzubleiben« (ebd., 201). – Im Zusammenhang mit dem fünften Gebot gilt es als »schweres Verbrechen«, ein behindertes Kind abzutreiben und die Forschung an lebenden Embryonen und embryonalen Stammzellen als »absolut unmoralisch« (ebd., 211). Anders sei jedoch die Forschung an adulten Stammzellen zu beurteilen (ebd.). Im Unterschied zur Erstausgabe des KKK heißt es im Youcat: »Die Kirche engagiert sich gegen die Strafe durch Tod, weil sie ›sowohl grausam als auch unnötig ist‹« (ebd., 209). – Der Drogenkonsum gilt als »Sünde, weil er ein Akt des Selbstzerstörung und damit ein Verstoß gegen das Leben ist, das Gott uns aus Liebe geschenkt hat« (ebd., 213).

In Bezug auf *Sexualität* wird neu gesagt, dass Frau und Mann »mit erotischem Begehren und der Fähigkeit zur Lust« ausgestattet sind. Gottes Schöpfung des Menschen als Mann und Frau ist auf Nachkommenschaft ausgerichtet: »Er schuf sie zur Weitergabe des Lebens« (ebd., 218). Ganz selbstverständlich hat Gott Männern und Frauen »die gleiche Würde als Person geschenkt« (ebd., 218). – Von der Liebe wird gesagt, dass sie »die schönste Form« zwischen Mann und Frau sei, Abbild der göttlichen Liebe, ja »das Innerste des Dreifaltigen Gottes« (ebd., 219). »Erst verbindliche und dauernde Liebe schafft den Raum für eine menschlich gelebte und dauerhaft beglückende Sexualität (ebd., 220). Neu ist, dass die sexuelle Lust als »etwas Gutes und Schönes« (ebd., 220) verstanden wird. »Keuschheit« meine nicht »Enthaltsamkeit«, sondern die Integretation der Sexualität in das Gesamt des Lebens.

Die katholische Kirche lehne voreheliche Sexualbeziehungen ab, »weil sie die Liebe schützen möchte« (ebd., 222). Ferner: »Selbstbefriedigung ist ein Verstoß gegen die Liebe« (ebd., 222f.), »Unzucht« eine »schwere Verfehlung gegen die Liebe« (ebd., 223), ebenso Prostitution, Pornografie und Vergewaltigung (wie im KKK), die in einem Zug erwähnt werden. In Bezug auf die Verwendung von Kondomen ist der Youcat römischer als der Papst in seinem neuen Buch »Licht der Welt« (2010); die Kirche lehnt »ihren Einsatz als einseitig mechanisches Mittel zur Bekämpfung von HIV-Epidemien ab« (ebd., 225). Homosexualität entspreche nicht der Schöpfungsordnung. Zwar werden nicht Schwule und Lesben abgelehnt, wohl aber homosexuelle Begegnungen (ebd., 225f.). Der Ort gelebter Sexualität ist die Ehe mit ihren vier Merkmalen der Einheit, Unauflöslichkeit, der Offenheit für Kinder und der Hinordnung auf das Wohl der Partner (ebd., 227).

Der Youcat wirft eine Reihe von Fragen auf. Der Papst rechnet schon im Vorwort mit Kritik zum Jugendkatechismus, die nun auch geäußert werden muss: Aus sexualpädagogischer Sicht werden erneut Verbote und Gebote aufgestellt, Taten unter schwere Sünde gerechnet, ohne dass der Gewissensentscheid der jungen Menschen gefragt wäre; in didaktischer Hinsicht wird der Stoff in Fragen und Antworten gegossen, die nicht die Fragen der jungen Menschen heute sind; in wissenschaftstheoretischer Hinsicht wird Katechetik als angewandte Dogmatik verstanden, was längst nicht mehr dem Selbstverständnis der modernen Religionspädagogik entspricht. Sexualität wird nicht als eine das Leben begleitende Konstante gesehen, die den Menschen zur Gestaltung übertragen ist. Für Sexualität, die nicht im Raum der Ehe stattfindet, gibt es keine Freiräume, obwohl Sexualität zum Leben gehört und eine gute Gabe Gottes ist. Positiv zu werten ist, dass Jugendliche innerhalb des vorgegebenen Rahmens mitsprechen konnten und einige Bilder und Formulierungen von ihnen mit eingeflossen sind.

4.11 Ergebnisse

Dieser – allerdings nur fragmentarische – geschichtliche Überblick zeigt doch ein paar Merkmale auf, die für eine zukunftsfähige christliche Sexualpädagogik zu bedenken sind:

- Die Beobachtung Benedikts XIV., dass »dem Christentum der Vergangenheit vielfach Leibfeindlichkeit vorgeworfen« werden kann (Deus caritas est 2005, Nr. 5, S. 11), trifft zu, insofern die allgemeine Auffassung von Sexualität seitens der Kirche von außerbiblischen Einflüssen mit verursacht und über Jahrhunderte unkritisch weitergegeben wurde.

- Erst das Aufkommen der Psychoanalyse und die Konstituierung der Sexualwissenschaft und der Sexualmedizin haben der »Definitionsmacht« Kirche eine Alternative entgegengesetzt, die dann in der 1968er Kulturrevolution breit aufgegriffen wurde.

- Die Sexualpädagogik der evangelischen Kirche hat sich seit der Reformation bis heute stärker als die der katholischen Kirche an biblischen Vorgaben orientiert und weniger auf ein gewisses Naturrecht gestützt, das es heute weiterzuentwickeln gilt.

- Seit dem Zweiten Vatikanischen Konzil und den daran anschließenden Landessynoden kann zumindest von einer *zweigleisigen Sexualpädagogik* innerhalb der katholischen Kirche gesprochen werden: eine mehr personal und verantwortungsorientierte Konzeption (KEK II 1995 u.a.) und eine stärker an einer objektivistischen Sündenmoral orientierte Konzeption (KKK 1992/3) existieren nebeneinander.

- Das 1999 im Brief der Jugendkommission der Deutschen Bischofskonferenz aufgenommene Gespräch zu Fragen der Sexualmoral und Sexualpädagogik zwischen Jugendverbänden und Bischöfen wurde bis heute nicht wieder aufgenommen.

Literatur

Adam, August, Der Primat der Liebe. Eine Untersuchung über die Einordnung der Sexualmoral in das Sittengesetz, Köln 1948.

Bauernfeind, Albert, »Liebet einander …«. Jugend – Kirche – Sexualität, Kevelaer 1997.

Denkschrift zu Fragen der Sexualethik (1971), in: EKD (Hg.), Die Denkschriften der Evangelischen Kirche in Deutschland. Ehe, Familie, Frauen und Männer, Bd. 3/1, Gütersloh 1993, 139–173.

Denzler, Georg, 2000 Jahre christliche Sexualmoral. Die verbotene Lust, München 1997.

Keil, Siegfried, Evangelische Sexualethik und sexuelle Bildung, in: Renate-Berenike Schmidt/ Uwe Sielert (Hg.), Handbuch Sexualpädagogik und sexuelle Bildung, Weinheim/München 2008, 167–175.

Doms, Herbert, Vom Sinn und Zweck der Ehe. Eine systematische Studie, Breslau 1935.

Haag, Herbert/Elliger Katharina, Zur Liebe befreit. Sexualität in der Bibel und heute, Zürich/Düsseldorf 1998.

Kleber, Karl-Heinz, De parvitate materiae in sexto. Ein Beitrag zur Geschichte der katholischen Moraltheologie, Regensburg 1971.

Koch, Friedrich, Zur Geschichte der Sexualpädagogik, in: Renate-Berenike Schmidt/Uwe Sielert (Hg.), Handbuch Sexualpädagogik und sexuelle Bildung, Weinheim/München 2008, 23–38.

Michalke-Leicht, Wolfgang/Sajak, Clauß Peter, Bitte nüchtern bleiben. Ein Plädoyer gegen die Überforderung des Religionsunterrichts, in: Herder Korrespondenz 64 (2010) 588–592.

Michel, Ernst, Ehe. Eine Anthropologie der Geschlechtsgemeinschaft, Stuttgart 1948.

Langer, Michael, Katholische Sexualpädagogik im 20. Jahrhundert. Zur Geschichte eines religionspädagogischen Problems, München 1986.

Ranke-Heinemann, Ute, Eunuchen für das Himmelreich, München 2003.

Rat der EKD, AIDS – Orientierungen und Wege in der Gefahr, Hannover 1988.

Römelt, Josef, Christliche Ethik in moderner Gesellschaft, Bd. 1 Grundlagen, Bd. 2 Lebensbereiche, Freiburg 2008/2009.

Sielert, Uwe, Sexualpädagogik und Sexualerziehung in Theorie und Praxis, in: Renate-Berenike Schmidt/Uwe Sielert (Hg.), Handbuch Sexualpädagogik und sexuelle Bildung, Weinheim/München 2008, 39–52.

Sinn und Gestaltung menschlicher Sexualität, in: Gemeinsame Synode der Bistümer in der Bundesrepublik Deutschland, Offizielle Gesamtausgabe – Ergänzungsband, Freiburg 1977, 159–183.

Summerhill Pro und Contra, München 1971.

Youcat Deutsch. Jugendkatechismus der Katholischen Kirche. Mit einem Vorwort von Papst Benedict XIV, München 2011.

Valtl, Karlheinz, Sexuelle Bildung: Neues Paradigma einer Sexualpädagogik für alle Lebensalter in: Renate-Berenike Schmidt/Uwe Sielert (Hg.), Handbuch Sexualpädagogik und sexuelle Bildung, Weinheim/München 2008, 125–140.

Zenger, Erich, Die Nacht wird leuchten wie der Tag. Psalmenauslegungen, Freiburg 1997.

5. Systematische Überlegungen zur gelebten Sexualität

Nachdem Kapitel 2 das Thema Sexualität aus humanwissenschaftlicher Sicht entlang des Lebenslaufes vom Kleinkind bis ins hohe Alter erhellt, Kapitel 3 die menschenfreundliche und keineswegs leibfeindliche biblische Perspektive exemplarisch erläutert hat, ohne den »Schatten der Sexualität« und ihr zerstörerisches Potenzial zu übersehen, hat Kapitel 4 einige wichtige Momente aus der Geschichte der Sexualpädagogik beleuchtet. Die interdisziplinäre Zugangsweise zu dieser komplexen menschlichen Wirklichkeit erweist sich sowohl methodisch wie inhaltlich als höchst anspruchsvoll und muss vorerst fragmentarisch bleiben. Es wäre zu hoffen, dass der durch die Missbrauchsfälle erlittene Schock viele wissenschaftliche Forschungen auf diesem Gebiet auslöst und das verloren gegangene Vertrauen in die Kirche zurückgewonnen wird.

5.1 Hinführung: Auf dem Weg zur christlichen Mündigkeit

Kapitel 5 versucht nun, die erarbeiteten Erkenntnisse integrierend zu systematisieren. Nach einer Hinführung (5.1) und einer kurzen Phänomenologie der gelebten Sexualität (5.2) sollen ihre pluralen Orientierungen (5.3) und vielfältigen Sinndimensionen (5.4) dargelegt werden. Weiter geht es um eine tiefere Bestimmung der Sexualität, um ihre Motive und Zielsetzungen, die die Menschen auf dem Weg zur christlichen Mündigkeit leiten. Da gibt es keinen Weg der Sexualpädagogik, der an Überlegungen zu Werten und Normen vorbeikommt (Sielert 2008, 44), obwohl in dieser religionspädagogisch akzentuierten Arbeit moraltheologische Überlegungen und ethische Bewertungen nicht im Zentrum stehen. Also soll keine Neuauflage der falsch verstandenen Gehorsamsmoral mit ihren unzähligen Ver- und Geboten entworfen werden, mit ihren Sündenzuschreibungen und Verurteilungen, sondern eine dialogische

Verantwortungsethik. Die Liebe möge das zentrale Motiv sexueller Begegnung sein (5.5), eine biblische Vorgabe, die Augustinus in das bekannte Wort gebracht hat: »Liebe und tu, was du willst!« (Ama et quod vis fac!), die aber öfter in Vergessenheit geriet. Unvereinbar mit diesem Motiv sind nicht nur Kindesmissbräuche, die im »Katechismus der Katholischen Kirche« (1992/3) an einschlägiger Stelle (2351–2359) nicht erwähnt werden, sondern auch Vergewaltigung und Prostitution, von denen letztere gesellschaftlich breit akzeptiert ist und praktiziert wird, obwohl durch sie Frauen ausgebeutet werden.

In Übereinstimmung mit zahlreichen, aber nicht allen Kulturen und Religionen, nicht zuletzt mit ihrer Reflexion in den Religionsbüchern und in den Lehrplänen zur Sexualkunde, wird hier Sexualität als auf eine dauerhafte Beziehung hin angelegt gesehen, und zwar vorrangig, aber nicht exklusiv, in Ehe und Familie (5.7). Im Schon- und Schutzraum von Ehe und Familie dürften Kinder optimal aufwachsen, wenngleich die Resilienzforschung von starken Kindern gerade auch in familienähnlichen Lebensgemeinschaften berichtet. Doch braucht dieser Ort einen Anweg, eine Zeit der Vorbereitung und Einübung, eine Zeit der Freundschaft (5.6), deren Gestaltung jungen Menschen überantwortet ist und in der gewisse Regeln sexueller Kommunikation zu beachten sind (5.7). Diese für die Lebenspartnerschaft wichtige Zeit wird vielerorts mit großer Fürsorge und Liebe gestaltet, was endlich zu würdigen ist (5.9). Abschließend folgen Überlegungen zur zölibatären Lebensform und einem Lebensstil, der gewollt oder nicht auf eine volle Entfaltung der Sexualität verzichtet (5.10). Diese zur Intimpartnerschaft und Ehe/Familie gleichwertige Lebensform zu diskreditieren oder unter Generalverdacht zu stellen, scheint ungerechtfertigt zu sein, obwohl das seit 2010 üblich geworden ist.

5.2 Sexualität als menschliche Grundgegebenheit und gute Gabe Gottes – eine kleine Phänomenologie der Sexualität

Die Geschlechtlichkeit kann mit Walter Kasper als »Grundbefindlichkeit des Menschen« bezeichnet werden. Sie ist keine partielle Bestimmung, sondern »prägt ihn ganz, bis hinein in die sublimsten geistigen Vollzüge« (Kasper 1977, 24). Sexualität ist eine nicht zu unterschätzende Lebenskraft und Energie des

Menschen (Sielert/Schmidt 2008, 14), die von der Zeugung bis ins hohe Alter gegeben ist, wenn auch in unterschiedlicher Ausprägung. Sexualität tritt nicht erst mit der Pubertät auf. Bekanntlich können bereits Säuglinge Erektionen haben und bei Berührungen Lust empfinden. Ob jung oder alt, ob Kind, ob Erwachsene oder Senioren, ob mit oder ohne Behinderung, ob groß oder klein, welcher Kultur und Religion auch angehörig, *jede Person ist ein geschlechtliches Wesen und (in aller Regel) als Frau oder als Mann deutlich erkennbar.* Die Sexualität ist keine nachträgliche Zugabe, die irgendwann einmal hinzugekommen wäre. Vielmehr ist sie jedem Menschen mit der Zeugung gegeben.

Esther Elisabeth Schütz meint dazu: »Die Sexualität gehört zum Leben und wird von klein auf gelernt wie viele andere Dinge« (Schütz 2010, 12). Damit soll nicht gesagt werden, dass Sexualität analog zu anderen Grundbedürfnissen wie Essen und Trinken unterschiedslos auf derselben Ebene steht. Sexualität entspricht zwar durchaus einem Grundbedürfnis des Menschen, aber zu ihr passt »das Modell ›begegnen und sprechen‹« (Sinn voll Sinn ²2006, 76). »Der Mensch muss seine Sexualität wahrnehmen, annehmen und gestalten« (ebd.). Denn: Der gute Umgang mit Sexualität ist lernbar! Angesichts sexualisierter Gewalt und Ausbeutung von Frauen ist heute eine kultivierte und humane Gestaltung der Sexualität nötig. –

Sexualität ist eine *kreative Kraft*, die nicht nur passiv hinzunehmen wäre, sondern die im Leben aktiv zu modellieren ist. Die Geschlechtlichkeit durchdringt nach den Worten der Synode des Bistums Basel »den ganzen Menschen und beeinflusst seine Gefühle, Stimmungen, aber auch sein Denken, Wollen und Handeln« (Synode 72, Diözese Basel 1974, 1.1.1). Sexualität ist den Menschen aufgegeben als Raum zur Gestaltung. Und was gestaltet werden kann, dafür ist auch Verantwortung zu übernehmen.

Plastizität und Gestaltbarkeit der Sexualität bringen es mit sich, dass *Erziehung und Bildung* in diesem Lebensbereich möglich werden, ja unabdingbar sind und hilfreich sein können. Sexualpädagogik gehört deshalb zu den Bildungsaufgaben der Familie und des Kindergartens, seit den 1970er-Jahren auch der Schule (vgl. Bleistein 1977, 433f.) und selbstverständlich zu den Themen des Religionsunterrichts. Es handelt sich dabei um eine anspruchsvolle Herausforderung für Lehrkräfte nicht nur des Faches Religion und um eine Querschnittsaufgabe an differenten Lernorten. Kinder, Jugendliche und auch Erwachsene brauchen eine entsprechende Bildung, um zu mehr Selbstbestimmung und Verantwortung in Bezug auf die Geschlechtlichkeit zu gelangen.

Peter Gehrig, Sexualwissenschaftler und Psychiater in Zürich, behauptet sogar: »Keine menschliche Fähigkeit wird in ihrer Entwicklung von den Eltern und der Gesellschaft so wenig unterstützt, begleitet und verstanden wie die Sexualität« (Gurzeler/von Ah 2010, 12). Den ersten genitalen Erkundungen der Kinder etwa würden viele Eltern mit Unsicherheit bis Ablehnung begegnen.

Freilich, Sexualität ist etwas *Privates und Intimes*, das man nicht ohne Weiteres der öffentlichen Wahrnehmung preisgibt. Sie wird durch das Empfinden von Scham geschützt. Das Schamgefühl markiert die Intimsphäre und zeigt dem Menschen »ehrfürchtig liebende Distanz«, Selbstachtung und Respekt (Die deutschen Bischöfe, Sexualerziehung 1979, 13). Partnerschaft und Familie bilden hierzu geeignete Gestaltungsräume.

Die Sexualität ist zunächst *leibhaftig* bestimmt und verleiht der menschlichen Liebe körperlichen sichtbaren Ausdruck in Worten, Gesten und Handlungen. Sie zeigt sich in der leiblichen Gestalt von Frau und Mann. Sie ist damit nicht etwas Niedriges, »bloß« Leibliches, das sogar in die Nähe des Tierischen gerückt werden könnte. In der Enzyklika »Deus caritas est« gibt Benedikt XVI. zu, dass es »Leibfeindlichkeit ... immer gegeben hat« (Nr. 5, 11). (Im Gegenzug kritisiert er die aktuelle Tendenz einer Verherrlichung des Körpers.) Sexualität ist nicht allein durch den Instinkt wie bei Tieren gesteuert. Da sich Leib und Seele gegenseitig durchdringen und da der Mensch nicht nur einen Leib *hat*, sondern Leib (und Seele) *ist (Maurice Merleau-Ponty)*, hat auch die Geschlechtlichkeit eine *leibhafte und eine geistige Dimension*. Sexualität soll in keiner Weise eine Abwertung oder eine Minderbewertung gegenüber dem Geistigen erfahren, wie das bei Platon der Fall war, der nur den Ideen und damit dem Geistigen wirkliche Existenz zuerkannte. Jede Person ist auf ihre besondere Art und Weise geschlechtlich geprägt. Jeder Mensch erfährt und erlebt die sexuelle Dimension anders. *Er* erlebt Sexualität anders als *sie*. In der großen Bandbreite sexueller Empfindungen und Handlungen erfährt man/frau sich leibhaftig als Partner bzw. als Partnerin.

Solosexualität
Sexualität ist *auf Beziehung und Partnerschaft hin angelegt*. Doch gibt es durchaus »Solosexualität« ohne ein personales Gegenüber. Das neue »Handbuch Sexualpädagogik und sexuelle Bildung« (2008) hat der »Solosexualität« ein eigenes Kapitel gewidmet und informiert weitgehend wertneutral über neue

Forschungsergebnisse bezüglich dieser sexuellen, autoerotischen Verhaltensweise. Sie wird auch beschrieben als »Liebesbeziehung mit einem selbst, die das ganze Leben andauert«, und für Menschen jeden Alters ein bedeutungsvolles Thema ist (Böhm 2008, 317). Eine sexualaffirmative Grundeinstellung, die in der Sexualität Gottes gute Gabe erkennt, wird auch diese »Liebesbeziehung mit einem selbst« grundsätzlich bejahen. Aktuell ist sie ein gesellschaftliches und kirchliches Tabuthema, über dem ein Schleier des Schweigens liegt. Zur Zeit der Aufklärung wurde sie von der Medizin her mit Krankheit verbunden. Der »Katechismus der Katholischen Kirche« findet neben anderen (fragwürdigen) Aussagen »psychische und gesellschaftliche Faktoren«, welche eine allfällige Schuld »aufheben« (Katechismus der Katholischen Kirche, (abgekürzt KKK) 1992/3, Nr. 2352). Abgesehen von der Ventilfunktion in Zeiten der Spannung, als Kompensation für Frustration oder in Zeiten erlittener Einsamkeit und fehlender Begegnungen sagen die Sexualpädagogen Mill und Catherine Majerus zur Solosexualität im Zuge einer positiven Beziehung zur eigenen Leibhaftigkeit: »Es tut gut, seinen eigenen Körper zu entdecken, ihn zu kennen und lieb zu haben« (Majerus 2007, 191).

Sexualität ist weiter *symbolfähig,* und sexuelle Handlungen haben Symbolcharakter. Leibhaftige Gesten und Handlungen der Zärtlichkeit weisen symbolische Bedeutung auf und verweisen auf einen tieferen Sinn. Sie machen Grundeinstellungen der Hingabe und Liebe transparent. Sexualität hat folglich auch eine *spirituelle Dimension,* insofern in ihrer erfüllten Weise eine Überschreitung des Menschen auf Transzendenz hin erfahrbar wird. Die menschliche Begegnung kann zur Begegnung mit dem ewigen Geheimnis Gott werden.

Terminologisches

Es dürfte sinnvoll sein, Sexualität *in einem engeren Sinn* (von Genitalität) zu unterscheiden von Sexualität *in einem weiteren Sinn,* die alle Formen der Zärtlichkeit und des sexuellen Umgangs umfasst. »Geschlechtlichkeit« wird in diesem Buch identisch mit Sexualität verwendet, wobei der jeweilige Wortgebrauch (»meaning is use«, Ludwig Wittgenstein) je andere Schattierungen einer Grundbedeutung ergeben kann.

5.3 Die Vielfalt sexueller Orientierungen und Identitäten

Das sexuelle Begehren ist ein komplexes und vielschichtiges Phänomen, das in Träumen und Fantasien konkret wird. Dieses Begehren kann sich im Verlauf des Lebens ändern, doch wird mehrheitlich relativ früh gefühlt und erkannt, wie eine Person sexuell ausgerichtet ist. Eine Aufzählung verschiedener Formen des Begehrens wie hetero-, homo- oder bisexuell birgt die Gefahr einer »Schubladisierung« oder »Fehl-Schablonisierung« in sich, welche der Realität nicht gerecht wird. Offenbar gibt es ein Kontinuum verschiedener, mehr oder weniger ausgeprägter sexueller Orientierungen – also etwas weniger so und etwas mehr so –, die sich letztlich einer belastbaren Kategorisierung entziehen. Weil wir aber auf Sprache und Differenzierungen nicht verzichten können, seien nachfolgend die wichtigsten Namensgebungen erläutert. Die bestimmenden Prägefaktoren für eine bestimmte Orientierung sind erst anfanghaft erforscht. Eine Rolle spielen jedenfalls der kulturelle Hintergrund, ferner gewisse sexuelle Erfahrungen, die Erziehung und nicht zuletzt die persönliche Verantwortung.

Heterosexualtät und Bisexualität

Unter *heterosexuell* versteht man das auf Personen des jeweils anderen Geschlechtes ausgerichtete sexuelle Begehren. Diese Form des Begehrens ist offenbar am häufigsten und wird gesellschaftlich am stärksten akzeptiert. Unter einer *bisexuellen* Ausrichtung versteht man eine mehr oder weniger ausgeprägte Hinneigung zu Personen beiderlei Geschlechts. Nicht alle bisexuell ausgerichteten Menschen verwirklichen ihre doppelte Ausrichtung, weil die eine vielleicht gesellschaftlich oder kirchlich disqualifiziert wird.

Homosexualität

Richtet sich das sexuelle Begehren auf Personen des gleichen Geschlechts, spricht man von einer gleichgeschlechtlichen Ausrichtung der Sexualität, die sich je nach eigenem Geschlecht bei Schwulen und Lesben zeigt. Während eine wertneutrale Betrachtung der emanzipatorischen Sexualpädagogik keine Einwände gegen diese Lebensform erhebt, hat die Bibel sie weitgehend abgelehnt (Gen 19; Ri 19,22; Röm 1,26; 1 Kor 6,9 und 1 Tim 1,10). Deshalb entsteht für

Christen die Frage, wie mit biblischen Texten zu bestimmten Problemen umzugehen ist, deren Beurteilung sich gewandelt hat. Gemäß einheitlicher Meinung der christlichen Konfessionen und der abrahamitischen Religionen sollte die Tatsache der Homosexualität nicht zu einer Verurteilung oder Ausgrenzung der Betroffenen führen. Leider hat es eine »unselige Tradition der Pönalisierung gleichgeschlechtlicher sexueller Akte, zumal bei Männern« (Sexualmedizin ²2005, 81) gegeben. Homosexuelle möchten ihre Sexualität leben, dazu stehen und auch die Möglichkeit zu einer festen Partnerschaft haben. Die neue Rechtsform der »eingetragenen Partnerschaft« trägt dieser Erwartung insofern Rechnung, als dadurch eine staatlich anerkannte Form der Partnerschaft möglich geworden ist. Damit ist lesbischen und schwulen Paaren ein Stück öffentliche Anerkennung gewährt.

Unterschiedlich beurteilt wird indessen homosexuelle Praxis. Während in der evangelisch-lutherischen Kirche die Vorbehalte in jüngster Zeit minimiert wurden, haben evangelikale Christen, zahlreiche Strömungen des Islams und das katholische Lehramt erhebliche Vorbehalte, die einerseits in der Bibel und andererseits im Widerspruch zum sogenannten Naturrecht gründen. Danach ist Sexualität unabdingbar mit der Ehe und der Lebensweitergabe verbunden. Allerdings hat die Unterscheidung der katholischen Kirche von Veranlagung und Praxis an Evidenz verloren, weil die Person nicht unabhängig von ihrem Leben gesehen werden kann, wie es etwa die »Philosophie der Aktion« versteht. Und weil zahlreiche Schwule und Lesben zu guten (und treuen) Partnerschaften finden, ist eine pauschale Ablehnung jedweder homosexueller Lebensform nicht mehr angemessen. Hier stehen sich die emanzipatorische Sexualpädagogik und eine Meinungsvielfalt innerhalb der Konfessionen und Religionen in einer Frage gegenüber, deren wissenschaftliche Aufarbeitung in vollem Gange ist.

Pädophilie, Transsexualität und Intersexualität
Wenn sich das genuin sexuelle Interesse auf den Leib der Kinder und deren Ausstrahlung richtet (Beier, Sexualmedizin ²2005, 466–473) und wenn in sexuellen Fantasien und Träumen Kinder auftauchen, handelt es sich meistens um pädophil veranlagte Personen – eine sexuelle Orientierung, die persönlich oft dramatisch erlebt wird, weil sie ein Begehren ausdrückt, das nicht in Erfüllung gehen sollte. Richtet sich das Begehren auf pubertierende Jugendliche im Alter zwischen 12 und 18 Jahren, spricht man von Ephebophilie (ebd., 474). Sexueller Missbrauch

von Kindern und Jugendlichen ist gesetzlich strafbar (§ 176 StGB und § 182 StGB). Nachdem das Phänomen in Kirche und Gesellschaft unterbewertet worden ist, brachte spätestens das Jahr 2010 in der breiten Bevölkerung die Einsicht, dass die Verwundungen der Kinder durch sexuellen Missbrauch viel größer sind als angenommen und dass die Würde der Kinder schwer tangiert wird.

Transsexualität bezeichnet eine Abweichung der Geschlechtsidentität, bei der sich der Mensch im Gegensatz zu seinem angeborenen Geschlecht erfährt. Verantwortlich dafür scheint ein hormonales Ungleichgewicht bei der Embryonalentwicklung zu sein. Transsexuelle Personen sind mehrheitlich heterosexuell, ausgehend vom gefühlten Geschlecht. Wenn sie die Dissonanz nicht länger aushalten, streben sie häufig eine Geschlechtsumwandlung an, die dann nach erfolgter Operation auch legal im staatlichen Register aufgenommen wird. – Schließlich meint *Intersexualität* keine definitive Aussage der Zuordnung zu einem bestimmten Geschlecht.

Damit ist eine erstaunliche Vielfalt an sexuellen Orientierungen und Identitäten benannt. Noch nicht beantwortet ist damit die Frage, wie jemand sein mehr oder weniger vorgegebenes und empfundenes sexuelles Begehren und seine Verarbeitung sexueller Erfahrungen im Umgang mit dem Partner gestaltet und verantwortet. Von der christlichen Botschaft her wäre ein unbedingtes solidarisches Eintreten für Benachteiligte angezeigt, die ihre Rechte oft nicht oder nur eingeschränkt wahrnehmen können sowie eine dezidierte Erziehung zur aktiven und einfühlenden Toleranz (Timmermanns 2008, 267). Sielert sieht die Aufgabe einer »Sexualpädagogik der Vielfalt« in der Begleitung einer »selbstreflexiven sexuellen Identität, jenseits von festgelegten Mustern sexueller Orientierung« (Sielert ³2005, 98).

5.4 Fünf Sinndimensionen menschlicher Sexualität: Identität, Kommunikation, Lebensfreude, Fruchtbarkeit und Transzendenzoffenheit

Frühere Fehler einer eindimensionalen Sichtweise der Sexualität sollen hier vermieden werden. Statt Sexualität mit nur einem Zweck zu verbinden, geht man heute von einer pluralen Sinnvielfalt aus. Auch die deutschen Bischöfe haben in ihrer Erklärung »Zur Sexualerziehung in Elternhaus und Schule«

(1979) einen sexualpositiven Ansatz und eine vierfache Sinnvielfalt vertreten: Beziehungsaspekt, Lustaspekt, Identitätsaspekt und Fruchtbarkeitsaspekt. Die Synode im Jahr 1972 der Diözese Basel hat nicht weniger als elf Sinngehalte der Sexualität namhaft gemacht (vgl. 4.5 Synode Basel 1974, VI, 2).

Diese elf Nennungen, die in wunderbarer Weise den Reichtum der Sexualität aussprechen, können auf fünf eigenständige Sinndimensionen reduziert werden: 1. Identitätsdimension; 2. Kommunikative oder Beziehungsdimension; 3. Lustaspekt oder Dimension der Lebensfreude; 4. Nachkommenschaft und 5. Transzendenzdimension. Diese fünf wesentlichen Sinnrichtungen sollen nachfolgend ausgeführt werden (vgl. Illa/Leimgruber 2010, 49–51).

1) Sexualität verhilft zur Identitätsfindung

Zunächst einmal trägt Sexualität zur Selbst- und Identitätsfindung bei. Ihre Bedeutung liegt nicht nur in der Erhaltung des Menschengeschlechts, sondern auch im Dienst am Einzelnen und seiner individuellen Selbstverwirklichung. Identität (und auch sexuelle Identität) beruht auf drei Pfeilern: Selbstwahrnehmung, Fremdwahrnehmung und Selbstvertrauen:

a) Zunächst beantwortet ein Blick in den Spiegel die Frage »Wer bin ich?«. Ich erkenne mich (im Spiegel) als Frau oder als Mann. Sexualität ist an die leibliche Gestalt gebunden und kommt im Körper zum Ausdruck. Ich erlange ein *Bewusstsein* von mir selbst als Frau bzw. als Mann. Ich erkenne mich selbst als geschlechtsgeprägtes Individuum. Identität ergibt sich aus der *Selbstwahrnehmung*.

b) Zweitens kommt Identität durch die *Fremdwahrnehmung* zustande. Die Mitmenschen, kurz die anderen, beachten mich, nehmen mich als Frau oder Mann wahr und geben ihre Eindrücke wieder. Für Jugendliche ist es gelegentlich nicht leicht, die Bemerkungen anderer zu ihrer Person zu verkraften und zu integrieren. Schülerinnen und Schüler spiegeln geradezu erbarmungslos, was sie über eine bestimmte leibliche Gestalt denken oder von ihren Eltern gehört haben und was in den Medien als Modell vorgegeben wird.

c) Identität konstituiert sich drittens durch das *Selbstvertrauen*. Dieses Selbstvertrauen kommt durch Erfahrungen der Liebe, des Geliebt-Werdens, der Selbstannahme und Selbstbejahung zustande. Basis des Selbstvertrauens ist ein positives Körpergefühl, das durch die Zärtlichkeit der Eltern und durch die unbedingte Erwünschtheit (Mutter Teresa) zustande kommt.

Identität wächst einerseits dadurch, dass ich Selbstbild und Fremdbild reflektiere und miteinander in Einklang bringe. Dazu gehört die Bereitschaft zur Annahme von Kritik und zur Selbstkorrektur. Andererseits wächst die Identität durch positive Erfahrungen mit anderen. Gelungene sexuelle Erfahrungen können das Selbstwertgefühl ausbilden und die persönliche Identität stärken.

2) Sexualität als Kommunikation der Liebe
Die zweite Sinndimension der Sexualität bezieht sich auf den Beziehungsaspekt, ist sie doch auf Begegnung mit einem Partner, einer Partnerin ausgerichtet. Im sexuellen Spiel werden Gefühle zum Ausdruck gebracht und erhält die Liebe eine symbolische Sprache, die von der Dynamik des Gebens und Empfangens geprägt ist. »Alles wirkliche Leben ist Begegnung« (Martin Buber). Durch vielfältige Formen der Kommunikation erfährt das Leben mannigfache Bereicherung. Sexualität ermöglicht die Erfahrung der personalen Nähe; sie schenkt Gemeinschaft und Austausch. Sie ist »Sprache der Liebe« (Bartholomäus 1987). – Durch die Kommunikation erhält die Sexualität einen deutlich personalen Charakter. »Sie ist von ihrem personalen Sinn her dazu bestimmt, Ausdrucksgestalt und Wesensmedium der intersubjektiven Kommunikation zu sein« (Kasper 1977, 25).

3) Lebensfreude, Lust und Genuss
Der dritte Aspekt menschlicher Sexualität schließt an die kommunikativen und identitätsbildenden Aspekte an und überschreitet sie. Zärtliche und sexuelle Begegnungen können die Freude am anderen ausdrücken und vergrößern. Die geschlechtliche Begegnung kann Geborgenheit schenken. Lust soll nicht negativ konnotiert werden, denn sie ist von vorneherein »etwas Gutes und Schönes«, wie es der Jugendkatechismus treffend bemerkt (Youcat 2011, 220). Sie kann Enttäuschungen und Frustrationserfahrungen aufwiegen und zu verarbeiten helfen. Genießen lernen ist dabei eine anspruchsvolle Aufgabe, weil über das Leibhafte hinaus ein kognitiver, reflexiver Aspekt hinzutritt. Genießen können drängt auch zum erwähnten Aspekt der Sexualität, nämlich zur sprachlichen Ausdrucksweise und zur Kommunikation. Bereits im Hohelied Salomos ist diese lustbetonte Freude plastisch geschildert – in einer poetischen Sprache allerdings, die heutige Jugendliche nicht unbedingt verstehen:

> »Wie schön sind deine Schritte in den Sandalen, du Edelgeborene. Deiner Hüften Rund ist wie Geschmeide ... Deine Brüste sind wie zwei Kitzlein, wie Zwillinge einer Gazelle. Dein Hals ist ein Turm aus Elfenbein ... dein Mund köstlicher Wein« (Hld 7,2–10).

Lust und Freude am Partner durchlaufen verschiedene Intensitätsstufen von der Zärtlichkeit bis zur Leidenschaftlichkeit. Entscheidend für die Qualität der Begegnung dürfte der gelungene ganzheitliche und auf Dauer angelegte Partnerbezug sein, der erst ein bewusstes Genießen und Auskosten der Liebe ermöglicht. Dem Sinngehalt der Lust und Lebensfreude entspricht die Fähigkeit des Genießen-Könnens, die nicht einfach gegeben ist, sondern durchaus der Einübung und des Lernens bedarf.

Apropos »*genießen*« legt sich die interessante Stelle aus dem ersten Timotheusbrief nahe, den der Apostel Paulus (bzw. ein paulinisch geprägter Mitarbeiter) Timotheus geschickt hat und in dem er Richtlinien für den kirchlichen Dienst aufgestellt hat. In Kapitel vier äußert sich Paulus zu richtigen und falschen Haltungen mit folgenden Worten: »Denn alles, was Gott geschaffen hat, ist gut und nichts ist verwerflich, wenn es mit Dank genossen wird« (1 Tim 4,4). – Entscheidend für Paulus kommt es auf die Grundeinstellung an, in der die Güter dieser Welt genossen werden. Die Dankbarkeit bildet für ihn die angemessene Haltung für das Genießen, das also kein hastiges, gieriges oder ein berauschendes Konsumieren ist, sondern ein bewusstes Auskosten mit dankbarem Herzen!

4) Lebenschaffende Sexualität

Die vierte Dimension sexueller Akte weist über die vorherigen drei hinaus. Sie zeigt sich in der Fruchtbarkeit der intimen Begegnung. Die geistige und leibhaftige Gemeinschaft wird fruchtbar im Kind. Durch die Zeugung wird Leben weitergegeben. Die Pastoralkonstitution des Zweiten Vatikanums »Gaudium et spes« (abgekürzt GS) hat die Bestimmung der Ehe auf die Zeugung der Kinder offiziell durch den Sinngehalt der Liebe ergänzt: »Die Ehe ist aber nicht nur zur Zeugung von Kindern eingesetzt, sondern die Eigenart des unauflöslichen personalen Bundes und das Wohl der Kinder fordern, dass auch die gegenseitige Liebe der Ehegatten ihren gebührenden Platz behalte, wachse und reife« (GS 50).

Nach wie vor ist die Freude über ein Kind als Ergebnis der Liebe in der sexuellen Begegnung groß. Die Partnerschaft wird im Kind überschritten und erweitert. Die Liebe zeigt auf wunderbare Weise ihre Früchte. Viele Eltern planen Zeitpunkt und Anzahl der Kinder in eigener Verantwortung, wie es in »Gaudium et spes« festgehalten ist: »Dieses Urteil müssen die Eheleute im Angesicht Gottes letztlich selbst fällen« (GS 50). Walter Kasper hat folgende vier Kriterien für »*verantwortete Elternschaft*« aufgestellt:

»1. Die Achtung vor der Würde des anderen Partners und die Verantwortung für die Fortdauer und Vertiefung der gegenseitigen Liebe; 2. die Verantwortung für die schon geborenen und die noch zu erwartenden Kinder; 3. die Verantwortung für die Zukunft der Gesellschaft und der Menschheit; 4. die Ehrfurcht vor dem inneren Sinn der von Gott geschaffenen Natur, die dem Menschen zur Kultur, aber nicht zur schrankenlosen Ausbeutung und Manipulation übergeben ist« (Kasper 1977, 29).

5) Transzendenzoffenheit der Sexualität
An letzter Stelle soll angesprochen werden, dass sexuelle Erfahrung über sich hinausweist und im Lichte des Glaubens gedeutet werden kann. Die Begegnung mit dem Partner/der Partnerin ist für glaubende Menschen offen auf die Begegnung mit Gott hin, sogar ein Sinnbild für sie! Der leibhaft erfahrbare ekstatische Aspekt der geschlechtlichen Liebe wird offen für eine Begegnung mit der Transzendenz. Hans Rotter spricht von der »Geschlechtlichkeit als Ort der Gottesbegegnung«, indem »diese Begegnung tatsächlich zu einem Symbol für den letzten Sinn des Lebens, für Hingabe an Gott und Empfang des Heils wird« (Rotter 1991, 11–12). Andererseits kann die Erfahrung geschlechtlicher Liebe die Vergänglichkeit und Begrenztheit des Daseins deutlich machen und auch so über sich hinausweisen (Rotter 1991, 15).

5.5 Liebe als zentrales Motiv und einendes Prinzip der Sexualität

Liebe: Abgenutzt, missbraucht und banalisiert ist dieser Begriff. Seine eigentliche Bedeutung aber ist größer und weiter als die Konnotation von »Sexualität«. Nach Paulus (Gal 5,6) wird der Glaube in der Liebe wirksam, konkret. Liebe ragt als Grundhaltung oder Tugend aus der Trias Glaube, Hoffnung, Liebe heraus (1 Kor 13,13). Die Liebe sollte das Grundmotiv allen Handelns, auch in der Gestaltung der Sexualität sein. Ohne Liebe ist Sexualität defizitär, vielleicht Machtausübung, Lustgewinn oder bloße Mechanik. Liebe stiftet vielmehr echte Partnerschaft, Freundschaft und Gemeinschaft. Sie spiegelt die Sehnsucht des Menschen nach ganzheitlicher Erfüllung.

Authentische Liebe ist absichtsfrei und wird als Geschenk empfangen und gegeben. Liebe zielt auf das Wohl und Glück des anderen, respektiert dessen Andersheit und Freiheit. Im biblischen Kontext ist Liebe *dreigliedrig*. In der Geschichte vom barmherzigen Samariter ist sie die Antwort auf die Frage nach dem ewigen Leben: »Du sollst den Herrn, deinen Gott, lieben mit ganzem Herzen und ganzer Seele, mit all deiner Kraft und all deinen Gedanken und: Deinen Nächsten sollst du lieben wie dich selbst« (Lk 10,27; ein Zitat von Lev 19,18). Liebe bezieht sich also (nicht nur) für Christinnen und Christen auf Gott, den Nächsten und sich selbst. Sie ist ganzheitlich und prägt Leib, Seele, Geist, Gefühle, Gedanken und das soziale Miteinander.

5.6 Liebe lernen durch Einübung in Freundschaft und Partnerschaft

Liebe ist mehr als ein Gefühl. Sie beginnt oft erst dann, wenn die Phase der Verliebtheit abklingt. Liebe macht erste Schritte in der Freundschaft, die für junge Menschen auch im dritten Jahrtausend ein positiv besetztes Wort und eine emotional wichtige »Sache« ist. Einen Freund/eine Freundin »haben«, mit Gleichgesinnten ein tieferes Gespräch führen und die Freizeit verbringen, mit ihnen ausgehen und wegfahren, das alles gehört zum Bedeutsamen im Leben Jugendlicher. Freundschaften sind für die meisten Jugendlichen wichtiger als der Umgang mit den neuen digitalen Medien.

Bekannt sind uns viele Freundschaften aus der Bibel und der Geschichte. Denken wir an Franziskus und Klara von Assisi, an Benedikt und Scholastika oder an Johannes vom Kreuz und Theresa von Avila. Es waren kostbare, bereichernde Beziehungen, die offensichtlich über längere Zeit fortbestanden und Halt vermittelten (vgl. Illa/Leimgruber 2010, 62–66).

Worin liegt die hohe Bedeutung der Freundschaft?

Freundschaften sind deshalb lebenswichtig, weil sie uns das Gefühl geben, von jemandem verstanden zu werden. Ein guter Freund/eine Freundin nimmt uns so an, wie wir sind. Er/sie weiß um unsere Vorzüge und Grenzen und bejaht auch diese. Eine Freundschaft eröffnet einen Raum, in dem wir Erfahrungen des Angenommenseins, der Geborgenheit und des Geliebtwerdens machen dürfen. Hier wird wechselseitig Vertrauen geschenkt; gute und frustrierende Erlebnisse können erzählt und verarbeitet, vielleicht auch mal ein Ratschlag gegeben oder erhalten werden. Freundschaften sind große unverfügbare Geschenke. Sie geben ein Zuhause und können zur zweiten Heimat werden. Sie sind für uns wie eine Herberge, in der man sich ausruhen kann. Der Untertitel des Buches »Wie man Freunde fürs Leben gewinnt« von Wolfgang Krüger heißt bezeichnenderweise: »Vom Glück einer besonderen Beziehung« (Krüger 2010)!

Wie gewinnt man Freunde?

Wie lassen sich gute Beziehungen gewinnen und aufbauen? Das Internet mit seinen Flirtlines ist zu einem großen Marktplatz geworden. Doch können viele mit dessen anonymer Form des Sich-Kennenlernens nichts anfangen. Die kostbaren Freundschaften fürs Leben lassen sich nicht bewerkstelligen. Sie ergeben sich – oft auf überraschende Weisen. An uns liegt es dann, einen zugeworfenen Ball aufzugreifen und zurückzuspielen. Aus einem Gespräch kann sich eine tiefere Begegnung entwickeln, die so wertvoll ist, dass wir sie weiterführen möchten. Es entsteht eine Beziehung, die dann gepflegt werden will, soll sie nicht bald wieder absterben. Es folgt eine längere Phase des Kennenlernens, des Sich-Erprobens und Ausmessens. Da wird auch Biografisches aus der eigenen Lebensgeschichte erzählt und vielleicht sogar humorvoll eingeordnet. Gute Freundschaften können Halt vermitteln, Orientierung geben und im oft hektischen Leben wie ein Anker sein. Auf die Frage, wie man Freundinnen und Freunde gewinnt, gibt es keine fertigen Rezepte und schlüssigen Antworten. Aber es gibt Grundregeln für jede menschliche Beziehung, die zu beachten sich lohnt.

»Killer« der Freundschaft oder das ABC der Freundschaft

Freundschaften sind sehr wertvoll, aber auch zerbrechlich. Da ist keine institutionelle Einbettung, die Schutz gewährte und Durststrecken überstehen ließe.

Freundschaften kann man sich verscherzen; sie können wieder auseinandergehen, abrupt zerbrechen oder auch für eine Zeitlang ruhen. Oft verursachen äußere Umstände einen Wechsel. Doch wahre Freunde können auch über Distanzen miteinander kommunizieren, besonders mit den heutigen digitalen Möglichkeiten (SMS, E-Mail), vielleicht etwas weniger häufig, aber dafür umso bedeutsamer.

Wolfgang Krüger nennt drei »Todsünden« der Freundschaft, die so gravierend sind, dass man sie sich nicht öfter leisten kann. An erster Stelle steht die *Unzuverlässigkeit* bei Abmachungen. Ein Partner hält sich nicht an eine vereinbarte Zeit, und der andere bleibt stehen. Ein Termin wird vergessen oder man kommt zu spät und lässt die Freundin warten. All das sind Zeichen dafür, dass der Freund/die Freundin nicht so wichtig ist und andere Dinge Vorrang haben.

Ähnlich verletzend ist die Einstellung des Profitierens und des einseitig den anderen *Ausnützens*. Hier wird deutlich, dass der Freund/die Freundin einem nützt. Man rechnet damit, von ihm/ihr viel profitieren zu können, ohne sich darüber Gedanken zu machen, was die Freundin/der Freund ihrerseits braucht, welche Bedürfnisse sie/er hat und wie man diese erfüllen könnte. Mit der Zeit spürt der Partner diese Haltung der Profitgier und überlegt das weitere Verhalten. Im günstigen Fall wird die »Störung« angesprochen, thematisiert und in eine neue Grundhaltung des wechselseitigen Gebens und Nehmens transformiert.

Die dritte »Todsünde« sieht Krüger im *Ausplaudern* von Dingen, die man dem Partner im Vertrauen mitgeteilt hat. Dies gilt als kleiner Vertrauensbruch und sollte unterbleiben, wenn man eine längerfristige Beziehung aufbauen will. – Alle diese drei »Todsünden« beenden (»killen«) eine Freundschaft. Dabei gilt es zu bedenken, dass Freundschaften einen bereichern und beglücken können, aber sie haben einen Preis, kosten Zeit und Engagement. Freundschaften sind Beziehungen, die auch in schweren Zeiten tragen können. Sie pflegen zu können, ist gleichsam das ABC der Liebe und bildet eine Voraussetzung für den Umgang mit Zärtlichkeit und Sexualität.

Freundschaft gehört zusammen mit der Liebe und der beruflichen Arbeit zu den drei wichtigsten Quellen des Glücks (Krüger 2010, 24). Sie kann zwischen Bekanntschaft und Liebesbeziehung situiert werden. Einerseits ist Freundschaft mehr als eine bloße Bekanntschaft und andererseits weniger als eine (sexuelle) Beziehung der Liebe. Gleichwohl kann sie eine kostbare und längerfristigere Bereicherung werden. Eine freundschaftliche Beziehung entlastet in dem Sinne eine Liebesbeziehung, als eine eheliche Partnerschaft nie alle Dimensionen des Lebens integriert und »abdeckt«. Gerade die eheliche Beziehung soll nicht überfordert werden. Man kann nicht alles vom geliebten Partner und von der Liebesbeziehung erwarten. Freundschaftliche Beziehungen tendieren nicht auf ein Verschmelzen hin, sondern eher auf einen tieferen Erfahrungsaustausch, der sogar in dunklen Stunden Licht bringen kann. Vergessen wir nicht, dass Jesus nach dem Johannesevangelium seine Jünger »Freunde« genannt (Joh 15,15) und die Lebenshingabe für die Freunde als Inbegriff der Liebe bezeichnet hat (Joh 15,13).

5.7 Regeln sexueller Kommunikation

Ein Handeln in Freiheit und Verantwortung – im Hören auf das persönliche Gewissen, orientiert an der biblischen Botschaft und der kirchlichen Überlieferung und im Blick auf die Lebenssituation – bedarf auch der Regeln sozialer Kommunikation, die hier als Bildungsaufgaben Jugendlicher im Anschluss an Konrad Hilpert weitergeführt und konkretisiert werden sollen (Hilpert 2005, IV, 148–151):

1) Eine erste Regel betrifft die *Rücksichtnahme* sowohl auf die Sehnsüchte, Bedürfnisse und Erwartungen des Partners/der Partnerin wie auch auf die eigenen. Es geht hierbei um ein kommunikatives *In-Einklang-Bringen* von Selbsterwartung und Fremderwartung. Diese Tugend und Grundeinstellung weitet den Blick über allen Egoismus hinweg auf die Gefühle, Möglichkeiten und Grenzen des Partners. Sie verbietet das Sich-Einmischen in eine bestehende intime Beziehung. Gewünscht ist die Fähigkeit, die Beziehung selbst als geschenkt, bedürftig und verletzbar wahrnehmen zu können.

2) Eine zweite Regel unter dem Sichtwort »*Personalisierung*« betrifft die Beachtung des Partners/der Partnerin als Individuum in seiner/ihrer Originalität und als leib-seelisch-geistig-soziales Wesen. Dazu gehört die Fähigkeit, die unterschiedlichen Aspekte der Sexualität in die Begegnung einzubeziehen: das Geistige, das Emotionale, das Triebhafte und die Lebensfreude, das Leidenschaftliche und das Genussvolle, die Entspannung wie auch den Gewinn neuer Lebensenergie.

3) Eine dritte Regel rechnet unter dem Stichwort »*Partnerbezug*« auch mit anderen Gewissensentscheiden des Partners als den gewünschten. Der

oder die andere werden als eigenständige Subjekte der Kommunikation und des Handelns einbezogen, die gegebenenfalls Nein sagen und Verzicht und Respekt erfordern. Hier muss folglich jede Gewalt fernbleiben. Details sollen in einer Vertrauensbeziehung im Gespräch miteinander ausgehandelt und untereinander abgestimmt werden.

4) Eine vierte Regel betont die *Authentizität* der Begegnung und verwahrt sich gegen alle Formen der Entfremdung. Zur Authentizität gehören Wahrhaftigkeit und Identität. Abgewiesen werden hier Täuschung, Zynismus oder auch emotionaler Überschwang.

5) Die fünfte Regel bemüht sich um eine »*Kultivierung der Sexualität*«. Der Partner wird nicht instrumentalisiert oder ausgebeutet, sondern als Abbild Gottes und originäre Person in ihrer Emotionalität und Kreativität ernst genommen. Sexualität wird nicht bloß konsumiert oder technisch bewerkstelligt, sondern vielmehr ästhetisch und spielerisch zweckfrei gestaltet und persönlich verantwortet. Anstelle einer verkümmerten Beziehung, die nur das Eine sucht, wird die Vielfalt der Sprache der Liebe (vgl. »Stufenleiter der Zärtlichkeiten«) entdeckt, das Feiern gelernt und der Kommunikation den ihr gebührenden Platz gegeben. Wie Sexualität und Liebe sensibel und wegbegleitend, nicht »mit großer Klappe«, sondern achtsam und zärtlich ins Gespräch gebracht werden können, haben Mill und Catherine Majerus in ihrem »Ratgeber für Eltern und alle, die Jugendliche begleiten« vorbildlich aufgezeigt (Majerus 2007).

6) Eine sechste Regel öffnet die leibhaftige Begegnung des Partners für *Transzendenz*. Gesten können in ihrer Symbolhaftigkeit wahrgenommen werden. Das menschliche Tun im Bereich der Sexualität, das lange Zeit unter dem Vorzeichen der schweren Sünde beurteilt wurde, kann mit den Augen des Glaubens als Geschenk und Zeichen gesehen und mit Gotteserfahrungen in Zusammenhang gebracht werden. Menschliches Handeln steht nicht mehr unter irgendwelchen Zwängen oder Leistungen, sondern darf entspannt und bewusst genossen werden. So wird es transparent für Gottes Wirken! Für die Religionspädagogik bleibt die Aufgabe, eine »Spiritualität der Sexualität« zu entwerfen (vgl. Langer/Verburg 2007).

Diese Regeln aus christlichem Geist können jungen Menschen Hilfen anbieten, damit sie selbst in ihrem Such- und Findungsprozess den Weg einschlagen, der für sie stimmig ist. Als noch nicht am Ziel eingetroffen, haben sie freilich auch das Recht, Fehler zu begehen, daraus zu lernen und ihr Verhalten zu korrigieren. Deshalb gehören Umkehr und Lernbereitschaft ganz zentral zu diesen Regeln sexueller Kommunikation und sollten in eine aktuelle sexuelle Bildung integriert werden.

5.8 Ehe als privilegierter Ort gelebter Sexualität

In der zweiten Auflage der katholischen Eheliturgie (1992) hat der Vermählungsspruch, der den Ehewillen ausdrückt, folgenden Wortlaut:

»N., vor Gottes Angesicht nehme ich dich an als meine Frau/meinen Mann. Ich verspreche dir die Treue in guten und bösen Tagen, in Gesundheit und Krankheit, bis der Tod uns scheidet. Ich will dich lieben, achten und ehren, alle Tage meines Lebens« (Feier der Trauung ²1992, 40).

Das mit diesen Worten formulierte Eheversprechen lässt manche Teilnehmende einer Feier der Trauung erschaudern. Da zeigen junge Leute mitten in einer sich stark verändernden, pluralen Welt großen Mut in der Hoffnung, dass ihnen die Kraft für die Liebe in einer definitiven Partnerschaft geschenkt wird. Sie sind bereit für eine »umfassende menschliche Lebens- und Schicksalsgemeinschaft« (Kasper 1977, 25), in der Sexualität frei gelebt werden kann. Die Liebe in der Ehe ist vielfältig, sie kommt auch und nicht zuletzt in der ganzmenschlichen sexuellen Gemeinschaft zum Ausdruck.

Doch Ehe und Familie werden heute in neuen Kontexten und unter anderen Randbedingungen gelebt als noch vor 50 Jahren: Die Dauer der meisten Ehen ist viel länger, die Zahl der Kinder kleiner und die verwandtschaftliche Verankerung ist geringer geworden. Den oft hektischen Wechselfällen, den sozioökonomischen Anforderungen und der geringen sozialen Kontrolle stellt wiederum der Ethiker Hilpert folgende Aussage entgegen: »Ehe muss von daher zuerst als Form und Raum der besonderen Nähe und exklusiven Intimität begriffen werden, der jeweils einer bestimmten Frau und einem bestimmten Mann in ihrem Miteinander allein gehört« (Hilpert 2008, 336).

Betrachtet man die steigende Zahl von Singlehaushalten, die in Großstädten bereits die 50%-Marke überschritten hat, so haben die Institutionen Ehe und Familie ihre Selbstverständlichkeit verloren. Es gibt eine große Anzahl Lebenspartnerschaften ohne Trauschein, die teilweise offen sind für Veränderungen in Richtung Ehe, teilweise auch nicht und die in diesem Stadium verharren. Die Selbstbestimmung der Frau, die höhere Bildung und nicht zuletzt die medizinisch-technischen Fortschritte ermöglichen ein Leben jenseits traditioneller Standards und Normen. Die steigende Ausbildung und berufliche Tätigkeit beider Geschlechter (inklusive der Immigrantinnen und Immigranten) eröffnen neue Formen des Zusammenlebens – allerdings zumeist in Analogie zur Familie, die bisher in unseren Breitengraden das Leitbild der Lebensgemeinschaft geblieben ist, aber Konkurrenz findet durch eine Reihe familienähnlicher Lebensformen (Patchworkfamilien, Ein-Eltern-Familie, eingetragene Lebenspartnerschaft u.a.).

Es gibt seitens zahlreicher Erwachsener eine unbotmäßige und für Jugendliche unangenehme Aufdringlichkeit, über eine möglichst baldige Eheschließung und Familiengründung zu sprechen. Stattdessen müssen junge Menschen zu einer freien Wahl dieses Lebensmodells heranreifen, ohne dass sie durch äußere Umstände dazu gezwungen werden. Mit Blick auf die hierzulande überdurchschnittlich lange Lebenserwartung von rund 80 Jahren, dauern Ehe und Familie viel länger als zu früheren Zeiten, weshalb diese Entscheidung eine reifliche Überlegung erfordert. Zwar kommt es immer wieder zu frühen (sogenannten Teenager-)Schwangerschaften, die bisweilen zur Heirat führen, aber hier soll festgehalten werden, dass für einen Großteil der Jugendlichen bis zum 25. Lebensjahr der Gedanke an Heirat und Kinder nicht aktuell virulent ist!

Trotzdem ist es angebracht und sinnvoll, Jugendlichen beispielsweise im Rahmen des Religionsunterrichts oder der kirchlichen Jugendarbeit, in den Fächern Ethik oder Lebenskunde einen Raum anzubieten, in dem sie sich über ihre Vorstellungen der möglichen künftigen Lebensform austauschen können. Die meisten von ihnen wachsen bis heute in sogenannten »normalen« Ehen und Familien auf, obwohl die Bruchstellen in den Normalbiografien zunehmen. Sie sehen und erleben hautnah Ehen und Familien als gelungene und misslungene Lebensmodelle. Jeder Weg wird ein Risiko bleiben, ein Lernfeld für den Umgang mit Konflikten. Eine christlich inspirierte Sexualpädagogik wird junge Menschen auf die Eigenverantwortung hinweisen, die jeder Lebensstil und jede Form des Zusammenlebens mit sich bringen. Sie wird aber auch auf die Personen hinweisen, die in der Folge dieser Entscheidung »mitbetroffen« sind, also der Partner/die Partnerin und allenfalls die Kinder.

Für die erwarteten *Kinder* ist festzuhalten, dass es für ihr Erleben und Aufwachsen von Vorteil ist, wenn sie in stabilen und »sicheren« Verhältnissen groß werden. Denn ein gesundes Selbstvertrauen wird genährt von verlässlichen Bezugspersonen. Eine Familie mit Geschwistern bietet einen guten Lebensrahmen, gelegentlich auch Konflikte als Lernchancen. Eine über längere Zeit gleichbleibende Beziehung zu den Bezugspersonen trägt viel zur Identitätsbildung und zur Ich-Stärke aller Kinder in jedweden Situationen bei und fördert ihr Selbstvertrauen.

Falls eine solche Situation glücklicherweise gegeben ist, soll dies allerdings keine Geringschätzung anderer Jugendlicher nach sich ziehen, die nicht in dauerhaft stabilen Verhältnissen aufwachsen und stattdessen Trennung der Eltern, Scheidung, neue Freunde der Elternteile, Patchworkfamilien und Ähnliches erleben. Auch verbietet sich jegliche Disqualifikation von Lebensbedingungen mit gleichgeschlechtlichen Partnerschaften.

Für viele junge Paare bildet sich im Alter von 25 bis 30 Jahren jene Lebensform heraus, die sie für ihre Zukunft wählen wollen, die sie in der Regel bereits einige Zeit erprobt haben und die für sie stimmig ist. Wofür sie sich entscheiden, soll sie glücklich machen, doch gibt es dafür keine Garantie! Die Worte des Zweiten Vatikanums können die Ehe, die auf festem Grund der Liebe erbaut ist, erhellen:

»Christus, der Herr, hat diese Liebe, die letztlich aus der göttlichen Liebe hervorgeht und nach dem Vorbild seiner Einheit mit der Kirche gebildet ist, unter ihren vielen Hinsichten in reichem Maße gesegnet. Wie nämlich Gott einst durch den Bund der Liebe und Treue seinem Volk entgegenkam, so begegnet nun der Erlöser der Menschen und der Bräutigam der Kirche durch das Sakrament der Ehe den christlichen Gatten« (Gaudium et spes, Nr. 48).

Die Ehe wird ein idealer Ort sexueller Hingabe sein und bleiben. Für viele Jugendliche ist er der »Zielhafen«. Als Zeugnis ihrer Erfahrung mit Ehe und Sexualität sei ein Votum älterer Leute an den Schluss dieses Abschnittes gestellt: »Die Sexualität ist eine große Bereicherung des Ehelebens. Dieses Einzigartige genieße ich nur mit meinem Mann. Sie ist ein Erfahrungsschatz, den wir hüten und wovon wir zehren« (Muhl 2009, 232).

5.9 Würdigung und Problematik vorehelicher Lebensgemeinschaften

Bekanntlich gestalten Jugendliche und junge Erwachsene ihr Leben recht unterschiedlich. Auf der einen Seite verpflichten sich junge Mädchen in den USA und gelegentlich auch in religiösen Gemeinschaften hierzulande zur absoluten Jungfräulichkeit vor der Ehe und bekennen freimütig: »Ich glaube wirklich fest daran, dass das der richtige Weg ist« (Mendl/Schiefer Ferrari, Vernetzt 9, 2007, 81). Auf der anderen Seite sind Umfrageergebnisse bekannt, die bei zwei Dritteln der 17-Jährigen sexuelle Erfahrungen vermelden, wobei allerdings die jüngste Umfrage der BZgA zur »Jugendsexualität« (2010) gegenüber derjenigen aus dem Jahre 2006 eine Verzögerung des ersten Males um einige Monate feststellte. Das dritte Drittel der Jugendlichen, das wohl stärker an der Herkunftsfamilie orientiert ist und von dem weniger die Rede ist, sieht der Sache offenbar (aus verschiedenen Gründen) gelassener entgegen.

Es gibt ein »zu früh«!
Hier darf offen und kritisch bemerkt werden, dass es in der Tat ein »*zu früh*« des ersten Males gibt und damit der Aufnahme sexueller Beziehungen. Wenn im Schulalter noch keine Aussicht auf eine berufliche Tätigkeit und Selbstständigkeit gegeben ist, wenn die Loslösung von den Eltern in vollem Gange ist, wenn die Tragweite einer sexuellen Partnerschaft noch nicht absehbar ist und der soziale Druck von den Gleichaltrigen groß erscheint, dann sollten sich Jugendliche nicht um jeden Preis drängen lassen, wie das bereits die Expertin des Dr. Sommer-Teams sagte (vgl. 1.1). Es fehlen noch tragfähige Motive für eine so tief gehende persönliche Bindung, welche die Sexualität mit sich bringt und ausdrückt, gelegentlich fehlt sogar das Hauptmotiv der Liebe. Deshalb dürfte es Sinn machen, in Schule und Jugendarbeit, idealerweise in der Herkunftsfamilie, offen über die komplexe Problematik von »Liebe, Sexualität und Ehe« zu sprechen und die damit verbundenen Fragen wie die der Verhütung gründlich zu überlegen. Hierbei könnten Argumente ins Spiel gebracht werden, die nachdenklich machen und infrage stellen, ob bereits 14- bis 17-jährige Jugendliche sexuelle Beziehungen aufnehmen sollen. Ohne rigoristisch sein zu wollen, wäre auch ein Warten und momentanes Aufschieben in Erwägung zu ziehen. Allerdings mögen Jugendliche gerade in diesem sehr persönlichen Bereich keine

Vorschriften, doch der Hinweis auf die Übernahme der Verantwortung soll eingebracht werden.

Etwas anders verhält es sich ein paar Jahre später, wenn junge Erwachsene sich in einer Partnerschaft gefunden haben, aber noch in der Ausbildung sind und sich im Moment weder für eine Eheschließung noch für Kinder entscheiden können. Zu würdigen ist es, dass sich junge Menschen im häufig hohen Stress der Ausbildung gegenseitig unterstützen, füreinander Sorge tragen und aus partnerschaftlichen Erfahrungen für ihr Leben lernen. Durchaus wertvolle Beziehungen können wachsen und gedeihen, die gegebenenfalls in eine Ehe und Familie einmünden. Wenn dann der Zeitpunkt der Aufnahme intimer Beziehungen nicht punktgenau mit der Trauung übereinstimmt, wäre diese voreheliche Beziehung wohl anders zu beurteilen als außereheliche Beziehungen. Immerhin könnte in diesen Fällen der Beschluss der Kommission für Ehe und Familie der Gemeinsamen Synode der Bistümer in der Bundesrepublik in Erinnerung gerufen werden, der mit dem Stichwort »Stufenleiter der Zärtlichkeit« der biopsychosozialen Wirklichkeit der Sexualität Rechnung trug und einen prozessualen, ganzheitlichen Weg zur Ehe eröffnete:

> »Im Vorraum der vollen sexuellen Gemeinschaft gibt es ein breites Spektrum sexueller, das heißt aus der geschlechtlichen Bestimmtheit des ganzen Menschen erwachsende Beziehungen unterschiedlicher Intensität und Ausdrucksformen, auch eine Stufenleiter der Zärtlichkeit. Diese Beziehungen können als gut und richtig gelten, solange sie Ausdruck der Vorläufigkeit sind und nicht intensiver gestaltet werden, als es dem Grad der zwischen den Partnern bestehenden personalen Bindung und der daraus resultierenden Vertrautheit entspricht« (Synodenpapier Christlich gelebte Ehe und Familie 3.1.3.3, vgl. KEK II 1995, 381).

Zu diesem brisanten Thema meint der Moraltheologe Hilpert: »Viele nichtehelich zusammen Lebende bemühen sich um Fürsorge füreinander, praktizieren Treue, suchen nach einer tragfähigen Basis und üben Partnerschaftlichkeit« (Hilpert 2008, 338). Er sieht im »Suchen und Ringen um Verbindlichkeit« eine »zu achtende Antwort auf das historisch neue Phänomen« (ebd.), dass nämlich die Zeitspanne zwischen Pubertät und Familiengründung groß, häufig ein Jahrzehnt lang, geworden ist. Hilpert käme es jetzt darauf an, junge Menschen zu ermutigen, sich selbst weiterzuentwickeln und mit vereinten Potenzialen an ihrer Partnerschaft zu ›arbeiten‹« (Hilpert 2008, 338). – Gewiss trifft auch der

Hinweis zu, dass sich eine Ehe selbst nicht »erproben« lässt, denn die Situation vor und nach der Eheschließung differiert qualitativ erheblich. Die Verbindlichkeit verändert sich und die Lernbereitschaft der Partner ist gefordert, sich gegenseitig ohne alle Vorbehalte anzunehmen und zu lieben.

5.10 Sexualität und zölibatäre Lebensform

Die jüngst aufgedeckten Fälle sexuellen Missbrauchs durch katholische Priester, aber nicht nur von ihnen, hat die Diskussion über die Sinnhaftigkeit der zölibatären Lebensform und ihre zwingende Verbindung mit dem Priesteramt erneut angefacht und zwar im Kontext grundlegender Strukturreformen der katholischen Kirche (Ämterfrage, Gemeindeleitung, neue pastorale Großräume, Vorsteherschaft der Eucharistie, Frauenfrage). Die argumentativ stärkste Anfrage kam neuerdings vom Ethiker Hanspeter Schmitt unter dem Titel »Überforderung Zölibat« (Schmitt 2010, 283–289), in der er vorträgt, dass diese Lebensform für alle Beteiligten (Priester, Bischöfe, Gemeinden) eine Überlastung darstelle. Er führt 14 Würdenträger (Bischöfe, Kardinäle, Abt) auf, die »öffentlich betont (haben), dass der Zölibat für das Priesteramt weder theologisch noch kirchenrechtlich zwingend sei« (Schmitt 2010, 283). Hier soll überlegt werden, wie der zölibatäre Stil mit der Sexualität als anthropologischer Grundgegebenheit vereinbar ist.

Was sich in den letzten 50 Jahren auch in der Sicht der christlichen Kirchen gewandelt hat, ist die Grundauffassung von Sexualität. Die zeitbedingten leibfeindlichen Einflüsse und sexualpessimistischen Sichtweisen zur Zeit der frühen Kirche sind hinreichend bekannt geworden, und die positive, menschenfreundliche Auffassung von Sexualität als Geschenk, das in die personale Verantwortung übergeben ist, hat sich bis in kirchenamtliche Texte hinein durchgesetzt. Sexualität wird nicht mehr als Unkeuschheit disqualifiziert, sondern als vielfältiges Sinnpotenzial mit großen Gestaltungsmöglichkeiten gesehen. Im Zusammenhang mit der Missbrauchsdebatte wurde immer wieder betont, dass diese Thematik in der Priesterbildung nicht übergangen werden dürfe.

Wer heute Priester werden möchte und die zölibatäre Lebensform auf sich nimmt und sie »um des Himmelreiches willen« (Mt 19,12) aus freien Stücken bejaht, darf nicht unter Generalverdacht gestellt werden, dass diese Lebensform in sich unmöglich sei. Das widerspräche einerseits dem Konzept der Sexualität als biopsychosoziales Phänomen und andererseits käme es einer Vorverurteilung gleich, die zugleich viele Frauen und Männer träfe, die aus welchen Gründen auch immer, nicht (mehr) verheiratet sind und in keiner Intimpartnerschaft leben. Doch müssen sich Priesterkandidaten darüber im Klaren sein, auf was sie – für das ganze Leben – verzichten. Eine nicht unwesentliche Dimension menschlichen Lebens kann nicht zur vollen Entfaltung gelangen.

Da der Mensch aber ein Wesen der Beziehung ist, bedarf jeder Geistliche – Ordensangehörige oder Weltpriester – personaler Beziehungen. Ja er braucht ein gutes Umfeld, das ihm selbstverständliches Angenommensein, Geborgenheit und Liebe vermittelt. Sein Verzicht auf sexuelle Gemeinschaft schließt eben personale Beziehungen in reicher Vielfalt nicht aus, sondern ein. Dazu gehören Beziehungen mit den Mitgliedern der Herkunftsfamilie und der Verwandtschaft, mit Freunden und Bekannten oder einer religiösen Gemeinschaft. Ohne ein »Rückzugsgebiet«, das Anerkennung und Angenommensein schenkt, können die gestiegenen Anforderungen an heutige Priester in der Tat zu einer Überforderung werden und in unnötiger Weise Einsamkeit fördern.

Die ehelose Lebensform, die Jesus überzeugend und glaubwürdig verwirklicht hat, die aber beispielsweise bei Petrus nicht immer gegeben war (vgl. Mk 1,30), kann in der Tat zu sozialem Dienst an Menschen und zu Kreativität in bestimmten Aufgaben befreien, von denen die Bereiche Wissenschaft, Kunst und Meditation/Gebet genannt seien. Vom Priester wird ein kultivierter, bewusster Lebensstil erwartet, der stärker vom Sein als vom Haben, mehr von Dankbarkeit als vom Konsumieren bestimmt ist. In dieser Lebensform kann Sexualität in einem weiteren Sinn, aber nicht in der Form einer sexuellen Intimpartnerschaft, gelebt werden. Auch für Priester könnte es eine »Stufenleiter der Zärtlichkeiten« geben. Er muss lernen, in einer Beziehung mit Nähe und Distanz umzugehen, was ihm vom Umgang mit seiner Herkunftsfamilie vertraut sein dürfte und das sich jetzt in neuen Situationen bewähren muss.

Die zölibatäre Lebensform kann noch heute ein Zeichen für ein evangeliumsgemäßes Leben sein, das kulturell und gesellschaftlich wertvoll ist. Im Film »Von Menschen und Göttern« des Regisseurs Xavier Beauvois sind die letzten Monate der neun Trappisten-Mönche in Tibberine/Algerien vor der Ermordung im Jahre 1996 verfilmt worden (2010). In eindrücklichen Bildern wird ihre Existenz in einem fremden Land in der Umgebung von bedürftigen Menschen und bedroht von islamistischen Fundamentalisten dargestellt. Ihre einzige Hoffnung nährte sich aus dem christlichen Auferstehungsglauben, wie er von Jesus Christus und seiner Liebe zu den Menschen verbürgt ist. Angesichts der zunehmend lebensbedrohlichen Situation war ihre tägliche »Nahrung« das (Brevier-)Gebet, die Schriftlesung, die Eucharistiefeier und der gute Umgang mit der Bevölkerung.

Auch in diesem Film macht das Zeichen der ehelosen Lebensform deutlich, dass eine Beziehung, nicht die Sexualität an sich, ein Letztwert ist; Sexualität ist wichtig, aber nicht das Ein und Alles (vgl. 2.5). Überdies hat dieser Lebensstil, der zugegebenermaßen Risiken birgt, seinen Preis, doch kann er ein Zeichen der Solidarität mit all jenen sein, die ebenfalls auf erfüllte Sexualität verzichten.

Literatur
Bartholomäus, Wolfgang, Glut der Begierde – Sprache der Liebe. Unterwegs zur ganzen Sexualität, München 1987.
Beier, Klaus/Bosinski, Hartmut/Loewit, Kurt, Sexualmedizin. Grundlagen und Praxis, München/Jena ²2005.
Bistum Basel (Hg.), Synode 72: Ehe und Familie im Wandel unserer Gesellschaft, Solothurn 1972.
Bleistein, Roman, Geschlechtserziehung in der Schule, in: Stimmen der Zeit 195 (1977), 433–434.
Böhm, Maika, Solosexualität, in: Renate-Bernike Schmidt/Uwe Sielert (Hg.), Handbuch Sexualpädagogik und sexuelle Bildung, Weinheim/München 2008, 309–317.
Christlich gelebte Ehe und Familie, in: Gemeinsame Synode der Bistümer in der Bundesrepublik Deutschland, Offizielle Gesamtausgabe, Freiburg 1976, 411–457.
Die deutschen Bischöfe, Zur Sexualerziehung in Elternhaus und Schule, Bonn 1979.
Gurzeler, Veronika Bonilla/von Ah, Manuela, Lust von Anfang an, in: Wir Eltern. Das Familienmagazin für die Schweiz 88 (Themenheft: Die sexuelle Entwicklung 2010) Heft 3, 12–18.
Die Feier der Trauung in den katholischen Bistümern des deutschen Sprachgebietes, herausgegeben im Auftrag der Bischofskonferenzen Deutschlands, Österreichs und der Schweiz sowie der (Erz-)Bischöfe von Bozen-Brixen, Lüttich, Luxemburg und Straßburg, Freiburg/Basel/Regensburg/Wien/Salzburg/Linz ²2005.
Hilpert, Konrad, Verantwortlich gelebte Sexualität. Lagebericht zu einer schwierigen theologischen Baustelle, in: Herder Korrespondenz 62 (2008), 335–339.
Johannes Paul II., Familiaris consortio. Über die Aufgaben der christlichen Familie in der Welt von heute, hg. vom Sekretariat der DBK (Verlautbarungen des Apostolischen Stuhls Nr. 33), Bonn 1981.

Kasper, Walter, Zur Theologie der christlichen Ehe, Mainz 1977.

Kongregation für das katholische Bildungswesen (Hg.), Orientierung zur Erziehung in der menschlichen Liebe, Rom 1983 (1. Nov.).

Krüger, Wolfgang, Wie man Freunde fürs Leben gewinnt. Vom Glück einer besonderen Beziehung, Freiburg 2010.

Langer, Michael/Verburg, Winfried (Hg.), Zum Leben führen. Handbuch religionspädagogische Spiritualität, München 2007.

Leben aus dem Glauben. Katholischer Erwachsenen-Katechismus, Band II, Freiburg 1995.

Majerus, Mill und Catherine, Über Sex und Liebe reden. Ein Ratgeber für Eltern und alle, die Jugendliche begleiten, München 2005.

Muhl, Iris, Fachleute im Gespräch über Lust, Leidenschaft und erfüllte Sexualität, Brunnen 2009.

Päpstlicher Rat für die Familie (Hg.), Menschliche Sexualität: Wahrheit und Bedeutung (Verlautbarungen des Apostolischen Stuhls Nr. 127), Bonn 1996.

Rotter, Hans, Sexualität und christliche Moral, Innsbruck/Wien 1991.

Schmitt, Hanspeter, Überforderung Zölibat, in: Diakonia 41 (2010) 283–289.

Sielert, Uwe, Sexualpädagogik und Sexualerziehung in Theorie und Praxis, in: Renate-Berenike Schmidt/Uwe Sielert (Hg.), Handbuch Sexualpädagogik und sexuelle Bildung, Weinheim/München 2008, 39–52.

Sinn voll Sinn. Religion an Berufsschulen, Bd. 2, München 2006.

Timmermanns, Stefan, Sexuelle Orientierung, in: Renate-Berenike Schmidt/Uwe Sielert (Hg.), Handbuch Sexualpädagogik und sexuelle Bildung, Weinheim/München 2008, 261–270.

6. Sexualpädagogische Bildungsaufgaben – ein Kompetenzmodell

Für jede Person und in jeder Lebensphase ist der Umgang mit Sexualität eine anspruchsvolle Aufgabe und oft eine große Herausforderung. Gerade weil die Geschlechtlichkeit eine Gestaltungskraft ist, die unser ganzes Leben mitprägt, gehört ihre Modellierung zu den großen Aufgaben im Laufe der gesamten Lebensspanne. Da ein guter Umgang mit Sexualität in sozialer Partnerschaft lernbar ist und der Mensch sich dabei entwickeln und reifen kann, liegt gleichsam ein Feld mit großen *Bildungsaufgaben* vor uns.

Hierbei ist es kein Zufall, dass gegenwärtig nicht mehr bloß von *Wissensinhalten* die Rede ist, die es zu vermitteln gilt, als würde deren Beherrschung bereits einen guten Umgang mit Sexualität garantieren. Es genügt auch nicht mehr, wie in der curricularen Phase, Lernziele zu beschreiben, die dann ein Verstehen und einen angemessenen Umgang gewährleisten würden. Zu Recht besagt das gegenwärtige pädagogische *Paradigma der Kompetenzen* (vgl. Obst 2003; Schwab 2009 und Sajak 2010), dass fortan das Subjekt im Zentrum steht, das sich ein Ensemble von Fähigkeiten und Fertigkeiten aneignen soll, die mit Inhalten verknüpft sind, um künftige Lebenssituationen zu bewältigen. Aufgabe der diversen Bildungsinstanzen und Lernorte ist es folglich, Lerngelegenheiten zur Ausbildung dieser überprüfbaren (outputorientierten) Kompetenzen bereitzustellen, damit lebensrelevante Inhalte assimiliert werden können. Wir versuchen nun, dieses Ensemble sexualpädagogischer Bildungsaufgaben in sieben elementare Grundqualifikationen zu strukturieren und erläutern an-

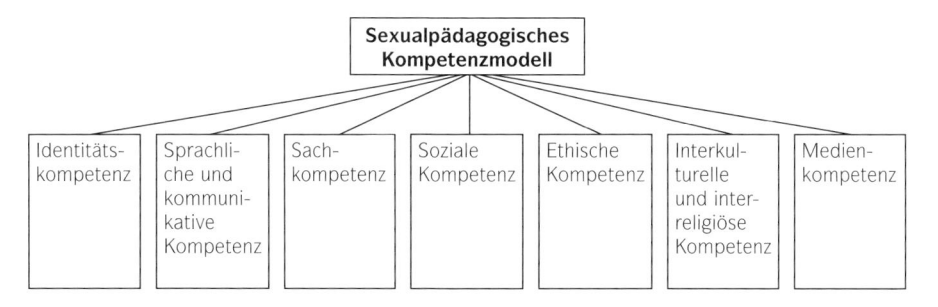

```
                    Sexualpädagogisches
                     Kompetenzmodell
```

| Identitäts-kompetenz | Sprachliche und kommunikative Kompetenz | Sach-kompetenz | Soziale Kompetenz | Ethische Kompetenz | Interkulturelle und interreligiöse Kompetenz | Medien-kompetenz |

schließend die spezifischen Fähigkeiten, die in den entsprechenden Domänen zum Zuge kommen.

Gewiss, die einzelnen Kompetenzen können nicht trennscharf voneinander abgegrenzt werden, da sie sich gegenseitig teilweise überlappen wie z.B. Sachkompetenz und Sprachkompetenz. Doch um das gesamte Bildungsfeld in den Blick zu nehmen, werden die einzelnen Kompetenzen differenziert dargestellt und jene Aufgaben und Situationen eigens erwähnt, die es zu bewältigen gilt.

6.1 Identitätskompetenz

Ein Ausgangspunkt in diesem Bereich ist die Tatsache, dass nach mehreren Umfragen weit über die Hälfte der Mädchen und jungen Frauen mit ihrem äußeren Erscheinungsbild unzufrieden sind. Sie finden ihre Figur, ihr Körperbild, ihr Aussehen, ihre leibliche Gestalt unangemessen. Einige mögen sich selbst nicht mehr und wagen kaum noch in den Spiegel zu schauen. Andere melden sich zu kostspieligen Schönheitsoperationen an oder nehmen Diätkuren auf sich. Wieder andere lassen sich einfach gehen. Einige sind von Krankheiten tangiert, die zu einem nachteiligen Aussehen beitragen. In Medien und Werbung wird nach wie vor die schlanke, sportliche Frau als Modell für alles Mögliche eingesetzt und es ist nicht einfach, sich diesem Schlankheitskult zu entziehen.

Demgegenüber versucht unser Kompetenzmodell auf ein *Ja zu sich selbst* hinzuarbeiten: ein Ja zur eigenen leiblichen Gestalt und Beschaffenheit, ein Ja zur Person, zur eigenen Biografie, zur individuellen Lebensgeschichte und zur Herkunftskultur, sogar ein Ja zu den eigenen Grenzen, Schattenseiten und offensichtlichen Schwächen. Christlich-religiöse Bildung zielt auf Selbstannahme, weil jede einzelne Person sich letztlich selbst dem Schöpfer-Gott verdankt und sein Abbild ist. Christinnen und Christen wissen sich trotz allen Kontingenzen von Gott bejaht und wertgeschätzt. Längst vor unserer Selbstannahme hat Gott zu uns Ja gesagt und uns geliebt, nachdem er uns als seinen Einfall kreiert hat. Und dieses unbedingte Ja Gottes zu jeder Person wird aus christlicher Sicht in der Taufe (und Firmung) zeichenhaft wirksam, also sakramental gefeiert.

Zur persönlichen Selbstannahme gehört auch ein *Ja zur sexuellen Disposition*, zur speziell ausgeprägten Libido, zur sexuellen Orientierung und den vielfältigen Sehnsüchten, die es in je eigenen Lebensentwürfen zu kultivieren und verantwortungsbewusst zu entfalten gilt. Sexualität in all ihren Dimensionen gehört zu uns und zur guten Schöpfung Gottes! Benedikt XVI. bringt sie mit einer »Verheißung des Glücks« in Zusammenhang (Deus caritas est 2005, Nr. 2).

Unter 5.4 haben wir die erste Sinndimension der Sexualität in der Identitätsfindung gesehen. Damit war gemeint, dass sich ein Sinngehalt der Geschlechtlichkeit in der Selbstfindung erfüllt. Hier gilt es nun, diese aus Selbstbewusstsein, Fremdbild und Selbstbild zusammengesetzte Identität in Dankbarkeit auszubilden. Dies kann durch Selbstannahme, Selbstbejahung und Versöhnung mit sich selbst geschehen, was alles zusammen durch die Annahme und Liebe Gottes bedingt und gewährt ist. Aus dieser Selbstbejahung erwächst – zusammen mit Wertschätzung und Beziehung durch andere – ein gesundes Selbstbewusstsein und eine natürliche Ich-Stärke.

Identitätskompetenz hilft, die eigene Person als gottgewollt zu akzeptieren. Sie trägt dazu bei, die sexuelle Biografie wohlwollend zu beurteilen (vgl. 8.5) und Sexualität in den gesamten Lebensentwurf einzuordnen. Damit gibt sie auch eine Antwort auf die Frage, was die biblische Aufforderung bedeutet, den Nächsten zu lieben *wie sich selbst* (Lev 19,18). Selbstannahme und Selbstbejahung sind durchaus ehrenwerte Variationen christlich verstandener Liebe! – Diese Selbstkompetenz kann allerdings nur gefördert werden, wenn das Umfeld und besonders die Erziehungsverantwortlichen und Lehrpersonen den Kindern und Jugendlichen wertschätzend, nicht abwertend, entgegenkommen. Durch boshafte und disqualifizierende Bemerkungen über das Aussehen und die leibliche Gestalt werden Kindern und Jugendlichen in der Seele oft tiefe Wunden zugefügt, die unter Umständen ein Leben lang nicht heilen wollen. Josef Lang sieht dagegen im »Wertschätzen und Abwerten« gleichsam »Vitamin und Virus« einer Beziehung (Lang 2005). Während die Bejahung eine Person in ihrer Entwicklung fördert, »zerstört« eine Abwertung denselben Menschen. Darüber hinaus wird die aufgebaute und gewachsene Beziehung beeinträchtigt.

6.2 Sprachliche und kommunikative Kompetenz

Im Bezug auf diese zweite Basiskompetenz muss festgestellt werden, dass sich viele Jugendliche, aber nicht nur sie, schwer tun mit dem Benennen eigener Gefühle und dem Aussprechen intimer Fragen. Die Gründe sind eigentlich verständlich, denn über sich selbst zu sprechen ist schwieriger als über andere. In Bezug auf Sexualität gibt es ein unvermeidliches Selbstengagement (self involvement), das sich bei Äußerungen zeigt. Nicht zuletzt zeigt es sich in erhöhtem Pulsschlag oder errötetem Gesicht.

Sprachfähigkeit in sexuellen Diskursen setzt in gewissen Bereichen Sachkompetenz, ein umfassendes Wissen, einen reichen Wortschatz und eine situationsangemessene Formulierungsgabe voraus. In dem Maße, wie das Elternhaus, der Kindergarten und die Schule über Sprachfähigkeit verfügen, können sie diese an Kinder und Jugendliche weitergeben. Wenn etwa die Sexualorgane nicht sachlich benannt werden und man lediglich Anspielungen auf etwas »da unten« macht, werden Chancen zur Ausbildung der kommunikativen Kompetenz und der Vertrauensbildung vergeben.

Ein altersgerechtes Antworten auf die von Kindern gestellten Fragen gehört zu den ersten Aufgaben der sexualpädagogischen Erziehung. Dabei gilt es sowohl eine allzu wissenschaftliche, oft medizinische Fachsprache ebenso zu vermeiden wie ein grobes, vulgäres Reden. Oft ist es geboten, die Sprache mit ihren Fachausdrücken dem jeweiligen Adressaten anzupassen. Mit der Wahl der Sprache wird bereits deutlich, mit welcher Grundeinstellung die entsprechenden Körperteile bzw. sexuellen Vorgänge betrachtet werden, ob nämlich mit Achtung oder Ver-Achtung.

Die Einübung kommunikativer Kompetenz kann u.a. durch Rollenspiele, Improvisationstheater, sozial-interaktive Übungen (vgl. 8.3) und ähnliche kreative Lernformen geschehen. Als herausragendes Beispiel sei das wertorientierte sexualpädagogische Präventionsprojekt MFM (»Mädchen, Frauen, meine Tage«) erwähnt, das eine offene, sachgerechte und werthaltige Aufklärung junger Mädchen (die sogenannte »Zyklusschau«) und Jungen (Workshop »Agenten auf dem Weg«) präsentiert. Kinder werden vor der Pubertät durch verschiedene Materialien und »Reisen« mit Veränderungen in ihrem Körper vertraut gemacht. Mädchen erleben in einem Theater- und Rollenspiel das Innenleben des weiblichen Zyklus und Jungs können den Weg der Spermien von der Heranreifung in den Hoden bis zur Befruchtung einer Eizelle miterleben

(Raith-Paula 2008). Mit großer Selbstverständlichkeit wird heute auch anschaulich über diverse Verhütungsmethoden gesprochen (Stichwort »Aufklärungskoffer«) und damit über die Sprache ein guter Zugang zur Sexualität eröffnet. Meral Renz empfiehlt spielerische Formen zur Verbesserung der Sprachkompetenz wie etwa Kennenlernspiele, Quiz und ähnliche Ratespiele (Renz 2007).

Die Einübung verbaler (und nonverbaler) kommunikativer Kompetenz ist integraler Bestandteil aller Unterrichtsfächer. Will der Religionsunterricht am allgemeinen Bildungsauftrag der Schule teilnehmen, muss er sich auch im sprachlichen Bereich dafür einsetzen. Die Erziehungs- und Bildungsaufgabe besteht vor allem darin, Angebote zu arrangieren und Lernsituationen zu schaffen, damit Kinder und Jugendliche eine eigene Sprache finden, um Probleme und Konflikte kommunikativ und konstruktiv angehen zu können.

Die »Kunst des Paargesprächs« (Zühlke 2007) besteht hingegen darin, sich gegenseitig immer wieder verständlich zu machen, einander gleichsam »das innere Land zu zeigen« (Zühlke 2007, 66f.) und gemeinsam Neues zu schaffen. Beispielhaft sei ein solches weiterführendes Gespräch aufgezeichnet, das einen überraschenden Lerngewinn gebracht hat:

»Er hört mir überhaupt nicht zu!«, sagte die Frau. »Immer ist er mit seinen Gedanken woanders. Er geht überhaupt nicht auf mich ein. Ob ich etwas sage oder es bleiben lasse, ist ziemlich egal.« Und dann berichtete sie von ihrem bevorstehenden Umzug in eine neue Wohnung. Sie war begeistert von einem schönen hellen Zimmer, das sie für sich und ihre beruflichen Zwecke herrichten wollte. Der Mann dagegen war verärgert, weil er der Hauptverdiener war und ebenfalls dieses geräumige Arbeitszimmer beanspruchte.

Sie zweifelten bereits an ihrer Liebe, weil keiner von beiden nachgeben wollte. Und beide meinten, wenn der andere ihnen nicht ihren Wunsch erfülle, sei dies ein Zeichen fehlender Liebe.

Dann kam die Wende im Konflikt: »Du hast überhaupt nicht verstanden, warum mir dieses Zimmer so wichtig ist«, sagte die Frau. Ich bat sie, die Gelegenheit zu nutzen und von ihren Gründen zu sprechen. Heraus kam, dass dieses Zimmer Erinnerungen an für sie besonders glückliche Zeiten ihrer Jugend weckte und sie merkte, dass sie an diesem Ort ihre alten Kräfte wieder spürte. – Als der Mann wahrgenommen hatte, dass es ihr nicht darum ging, ein besseres Zimmer als er zu haben (was er heimlich vermutet hatte), und ihr Bestreben auch nichts mit mangelnder Liebe zu tun hatte, konnte er ihren Wunsch verstehen. Als Folge davon war sie bereit, auch seine guten Gründe ernst zu nehmen und eine auch für ihn akzeptable Lösung zu suchen« (Zühlke 2007, 66–67).

6.3 Sachkompetenz

An dritter Stelle des Kompetenzmodells steht die inhaltsbezogene Sachkompetenz. Ohne breites und fundiertes Wissen ist ein souveränes, angstfreies Leben auf den verschiedenen Ebenen der Partnerschaft nicht gewährleistet. Schon früh wollen Kinder etwas über die Entstehung des Lebens erfahren und wissen, wie denn das Kind in den Bauch der Mutter kommt. Sie belügen mit dem Märchen vom Storch ist ein unwürdiges Verhalten, welches das Kind nicht ernst nimmt und in seinen Verstehensmöglichkeiten unterschätzt. Auch bleiben die Chancen zum Vertrauensaufbau unbenutzt. Hier sind primär die Eltern gefragt, auch und nicht zuletzt die Väter, während das anonyme Internet oder das Dr. Sommer-Team nur Ersatzratgeber sind.

Schon deutlich vor der Pubertät sind Mädchen und Jungen über die anstehenden körperlichen Veränderungen achtsam aufzuklären. Ihre einschlägigen Fragen sind offen zu beantworten. Behutsame Aufklärung durch die Eltern kann zu frühe Sexualerlebnisse teilweise auffangen und Werthaltungen vermehrt ins Spiel bringen. – Ferner ist es sinnvoll, von der elterlichen Seite her die schulische Sexualkunde des Biologieunterrichts zu begleiten und zu vertiefen. In technischen Fragen sollten die Kinder und Jugendlichen weder vom Vater noch von der Mutter im Stich gelassen werden.

Auf der Sekundarstufe I und II sind Jugendliche mit den übertragbaren Krankheiten sowie mit den Verhütungsmethoden bekannt zu machen. Sie sind allmählich in ihre Freiheit und Verantwortung zu entlassen – am besten ausgerüstet mit dem nötigen Wissen. Das schließt nicht aus, dass ergänzend vertiefende Literatur oder informative Bilder und Filme angeboten werden. Eine besondere Aufgabe der sexuellen Bildung bei Mädchen besteht darin, jene Parameter zu vermitteln, die dazu dienen, die eigene Fruchtbarkeit wahrnehmen zu können. – Erstaunlich ist, in welcher Offenheit die neueren Religionslehrbücher mit Themen wie sexualisierte Gewalt, Prostitution, Teenagerschwangerschaften, Schwangerenberatung, AIDS, Homosexualität, eingetragene Lebenspartnerschaften umgehen, ohne rechtliche Fragen auszuklammern (vgl. Kapitel 7). Nur eine Auseinandersetzung mit der Pornografie ist nicht zu finden.

Für den Aufbau der Sachkompetenz ist es weiter sinnvoll, biblische und literarische Texte über die Liebe bekannt zu machen. Es darf jungen Menschen durchaus zugemutet werden, welche Einstellung Jesus zu Ehe, zu den Frauen und Sünderinnen und Sündern gezeigt hat. Das Hohelied Salomos und die Magna Charta der Liebe (1 Kor 13) dürfen als Perlen der Bibel weitergegeben werden. Gewiss hat hier der Religionsunterricht seine Aufgaben, doch sollte ihm nicht alles Religiös-Theologische delegiert werden. – Schließlich ist zu bedenken, dass viele Informationen an Beratungsstellen und über das Internet zu erhalten sind und die Schwellenängste, sie aufzusuchen, abgebaut werden sollen (vgl. Anhang, 10.3 und 10.6).

6.4 Soziale Kompetenz

Die vierte basale Fähigkeit dieses sexualpädagogischen Kompetenzmodells betrifft die sozialen Bildungsaufgaben. Mit Sexualität umzugehen ist in erster Linie Beziehungsarbeit, und in Beziehungen zu leben, ist zu einem guten Teil lernbar. Weil Sexualität eine dynamische, prozesshafte und auf Partnerschaft hin ausgerichtete Wirklichkeit ist, bedarf der Umgang mit ihr der Einübung. Schulung und Entwicklung der vielfältigen sozialen Fähigkeiten ist eine Aufgabe *aller* Instanzen: der Familie, des Kindergartens, der Schule, Gemeindekatechese und der Jugendarbeit. – Junge Menschen sind mit reichen sozialen Fähigkeiten auszustatten, damit sie auch ihre Erfahrungen der Partnerschaft, Freundschaft und Intimität optimal gestalten und vielleicht ungerechte und ungewollte Widerfahrnisse bewältigen können. Spezielle Aufmerksamkeit verdient der Gewaltverzicht im Umgang mit dem Partner bzw. der Partnerin.

Zur sozialen Kompetenz gehört der natürliche und faire Umgang mit anderen im Alltag. In erster Linie ist das Gespräch bedeutsam, aber auch die Art und Weise, wie wir anderen begegnen. Die gesamte Palette der sozialen Fähigkeiten ist geprägt, aber nicht festgelegt, von unseren Erfahrungen in der Familie: Freundlichkeit, Wohlwollen und Liebe. Was wir erfahren haben, das können wir weitergeben, manchmal noch mehr, manchmal weniger – aufgrund negativer Erfahrungen.

Eine große Aufgabe für die Entwicklung sozialer Kompetenz besteht darin, *Empathie* auszubilden. Kinder und Jugendliche sollen angeleitet werden, die Situationen anderer wahrzunehmen, deren Perspektive zu übernehmen und sich in deren Lage zu versetzen. Dadurch werden deren Nöte deutlicher sichtbar.

Zur sozialen Kompetenz gehört ferner der Umgang mit geschlechtsspezifischen Erlebnisweisen der Sexualität. Jungen erleben Sexualität anders als Mädchen, Männer anders als Frauen. Zeichen und symbolische Handlungen müssen entziffert werden können, um angemessen zu reagieren. Eine wichtige Komponente sozialen Lernens ist die *Rücksichtnahme* auf den Partner/die Partnerin und das Sich-Einstellen auf seine/ihre Bedürfnisse wie auf seine/ihre unverwechselbare Individualität.

Immer wieder wird deutlich, dass auch die Erziehenden und Lehrpersonen selbst solche elementaren Fähigkeiten vertiefen müssen. Dies geschieht durch *Weiterbildungskurse*, aber ebenso durch *Selbstbeobachtung* und *Selbstreflexion*. Lebenslanges Lernen ist auch und nicht zuletzt im sozialen Bereich angesagt.

6.5 Ethische Kompetenz und die Diskussion um Werte

Fünftens zielt unser Kompetenzmodell auf die Förderung ethischer Werte und ethischer Verhaltensweisen in Bezug auf Sexualität. Hierbei haben der Respekt vor dem Intimbereich des Nächsten und das persönliche Gewissen des Einzelnen zentrale Bedeutung.

Aus der empirischen Wertforschung ist bekannt, dass das frühere konservative Schema des »Werteverfalls« mit der Devise »Die heutige Jugend ist ›schlechter‹ als frühere Generationen« in Zeiten pluralisierter und individualisierter Gesellschaftsanalyse nicht mehr als angemessen erachtet wird. Zutreffender ist das Schema des *Wertewandels* im Sinne einer zunehmenden Abkehr von Pflicht- und traditionellen Akzeptanzwerten (wie Disziplin, Leistung, Gehorsam, Ordnung) und dafür einer Hinkehr zu Selbstentfaltungswerten (wie Kreativität, Selbstverwirklichung, Genussfähigkeit und Autonomie). Neuerdings wird das Konzept einer mehrdimensionalen Wertesynthese verwendet, wie sie in den sogenannten »Milieustudien« zur Darstellung kommt (Experimentalisten, Hedonisten, Bürgerliche), obwohl auch diese hinterfragt und in ihren Grenzen gesehen werden müssen.

Eine neuere Wertestudie von Ziebertz/Kay (2005) hat ergeben, dass 2000 befragte 16-jährige Schülerinnen und Schüler von acht Wertekonzepten das Konzept »Autonomie« im Sinne von Selbstständigkeit (über 90%) mit Abstand an die erste Stelle setzten, dicht gefolgt von dem Konzept »einen guten Beruf bekommen« und »Humanität« im Sinne von Hilfsbereitschaft und andere so zu akzeptieren, wie sie sind. An vierter Stelle rangiert das Konzept »Familienorientierung« im Sinne des Wunsches, später zu heiraten (über 80%) und Kinder zu haben (65%). Deutlich schlechter bewertet wurden (zwischen 25% und 50%) die Konzepte »Modernität« im Sinne von »up to date sein«, »Ego-Orientierung« im Sinne von »Spaß haben«, »Attraktivität« (gut aussehen) und »Disziplin« (sich in Ordnungen einzupassen). Die Umfrage stellt also Jugendlichen ein gutes Zeugnis in Bezug auf Hilfsbereitschaft, Humanität und Familienorientierung aus. Dies hängt wiederum mit eigenen Erfahrungen zusammen, da sich die Jugendlichen allmählich von der Herkunftsfamilie loslösen (vgl. Ziebertz ⁶2010, 436–437).

Ethische Kompetenz erwerben Jugendliche weniger durch Befehle (»Das darfst du nicht!«) und das autoritäre Einfordern von Normen (Werteübertragung) als vielmehr durch »Wertekommunikation«. Diese impliziert den Dialog über Werte, die dem Einzelnen und allen in der Gruppe wichtig sind (vgl. Ziebertz ⁶2010, 442–443). So lernen junge Menschen das Reflektieren und das Argumentieren. Sie erhöhen ihre Urteilsfähigkeit, bis sie selbst zu einem Entscheid gelangen, den sie vor dem eigenen Gewissen verantworten können.

Ethisches Verhalten respektiert die Würde der Person. Diese Würde basiert auf dem jüdisch-christlichen Menschenbild, welches besagt, dass der Mensch Abbild Gottes ist. Der Grund des Respekts vor dem Mitmenschen ist dieser Mensch selbst. Der Respekt gilt auch und besonders den Kindern. Das durch die Enthüllung der Missbrauchsfälle geschärfte Bewusstsein hat die Sorge um die Kinder und um ihre Verwundbarkeit verstärkt. Es gehört überdies zum Ethos Jesu, Kinder zu achten, zu lieben und nicht zu verführen. Stattdessen stellte er ein Kind in die Mitte und sagte nach dem Evangelisten Matthäus in scharfem Ton: »Wer eines von diesen Kleinen, die an mich glauben, zum Bösen verführt, für den wäre es besser, wenn er mit einem Mühlstein um den Hals im tiefen Meer versenkt würde« (Mt 18,6).

Zur Würde der Person gehört das Recht auf die private *Intimsphäre* in leiblicher und geistiger Hinsicht. Kein Mensch darf gezwungen werden, seinen Leib und seine ureigensten Geheimnisse anderen preiszugeben. Niemand darf gegen sein Gewissen zu irgendwelchen Handlungen gedrängt werden. Die Intimsphäre, auf die jede Person Anrecht hat, meint jenen Raum, der zu ihr gehört und Unbefugten nicht zugänglich ist. Es gehört zu den Eckpfeilern dieser Sexualpädagogik und ist für Schule, Religionsunterricht und kirchliche Jugendarbeit unabdingbar, die Intimsphäre der Einzelnen zu wahren und Übergriffe sofort anzumahnen. Ethische Kompetenz soll dazu befähigen, die Würde anderer Menschen zu jeder Zeit und in jeder Situation zu achten.

6.6 Interkulturelle und interreligiöse Kompetenz

Angesichts der multikulturellen und religiös pluralen Bevölkerung – besonders der Schülerschaft und der Jugendlichen – impliziert das Kompetenzmodell der sexualpädagogischen Bildungsaufgaben auch interkulturelle und interreligiöse Kompetenz. Damit sind Fähigkeiten gemeint, die zur Bewältigung von Bi- oder Multikulturalität und religiöser Heterogenität beitragen. Interkulturell bzw. interreligiös kompetent ist, wer mit Selbstverständlichkeit und ohne größere Probleme mit Menschen anderer Kulturen bzw. Religionen wertschätzend und tolerant, kommunikativ und verständnisvoll umgehen kann (vgl. Leimgruber ^{2}2007, 17–22).

Wenn Kinder und Jugendliche dieselbe Schule, berufliche Lehre oder Universität besuchen, kommt es unweigerlich zu Bekanntschaften, Freundschaften und auch zu Eheschließungen. Dabei können zwei Kulturen und Religionen aufeinandertreffen, die durchaus kompatibel sind, z.B. Christen und Aleviten. Möglich ist allerdings auch bei der großen Diversität etwa des Islams (Sunniten, Schiiten und Ahmadiya), dass sich das Paar zwar in Bezug auf die Liebe gut versteht, nicht aber bezüglich religiöser Sitten und sexueller Gewohnheiten. Leider gibt es nach wie vor »die Verstümmelung weiblicher Genitalien, die Kinderheirat bzw. Zwangsheirat, Verbrechen im Namen der Ehre, Tabus ... die Bevorzugung des männlichen Nachwuchses und die sich daraus ergebende Benachteiligung der weiblichen Mitglieder sowie den Brautpreis« (Wronska/Kunz 2008, 285).

Mehrere Richtungen des Islams sowie der Koran selbst vertreten eine »Gleichwürdigkeit« von Mann und Frau, doch gibt es für Frauen Benachteiligungen im Eherecht, Scheidungsrecht und im Erbrecht (Renz/Leimgruber ³2009, 122–126; 231–234). Fast überall im Islam gilt ein für Frau und Mann unterschiedliches Rollenverständnis. Voreheliche sexuelle Beziehungen wie auch die praktizierte Homosexualität werden zumeist abgelehnt.

Somit ergibt sich für Christentum und Islam eine ambivalente Situation. Wiewohl beide Religionen Sexualität als gute Gabe Gottes bejahen, gelten offiziell in beiden Religionen eminente religiöse Einschränkungen (z.B. keine voreheliche Sexualität, zeitversetzt auch eine Minderbewertung der Stellung der Frau in Bezug auf Sexualität), die eben zu Konflikten zwischen den Angehörigen verschiedener Kulturen und Religionen führen können. Sexualpädagogisch werden für Diskurse »auf Augenhöhe« Moderatoren oder Mediatoren eingesetzt, die einen geschützten Raum sicherstellen und den repressionsfreien Austausch über kulturelle Muster ermöglichen (Wronska/Kunz 2008, 288–289).

Insgesamt sollten sexualpädagogische Bemühungen eine Einladung zu faktenbasierter Auseinandersetzung mit dem Eigenen und dem Fremden sein. Diese Einladung wird in der Regel von Eltern muslimischer Kinder und Jugendlicher nicht kategorisch abgelehnt, sondern führt oft zu weiterführenden Auseinandersetzungen und zu spannenden Begegnungen. Sozialpädagogen schließen heute auch sogenannte »Schimpfräume« ein, die für den interkulturellen und interreligiösen Streit unter Wahrung der Menschenrechte vorgesehen und geeignet sein können (Wronska/Kunz 2008, 290).

6.7 Medienkompetenz angesichts sexualisierter Gewalt und Pornografie

Eine umfassende Bildung für einen gelingenden Umgang mit Sexualität kann schließlich auf eine breit abgestützte Medienkompetenz nicht verzichten. Die neuen Medien sind schnellen Schrittes im Vormarsch und warten mit ungeahnten Überraschungen auf. Die hauptsächlich jugendlichen Teilnehmer/innen werden im sogenannten Web 2.0 selbst zu Akteuren und Gestaltern der Kommunikation. Über Facebook und andere Kommunikationsplattformen bilden sich neue Gemeinschaften, deren Mitglieder untereinander in intensiven Interaktionen stehen.

Medienkompetenz ist abgesehen von der Informationsbeschaffung über den PC auch gefragt angesichts der leichten Zugänglichkeit zu Darstellungen von sexueller Gewalt und Pornografie. Ein kritischer, unterscheidender Konsum aller möglichen Werbespots sowie unerwünscht erscheinender Sexseiten ist gefragt. Junge Menschen müssen zu einer differenzierenden, hinterfragenden Nutzung sowohl der klassischen wie der neuen Medien angeleitet werden. Der Unterschied von virtueller und tatsächlicher Wirklichkeit ist nicht von Anfang an gegeben, und kreative Selbstproduktion eigens gestalteter Medienbeiträge will eingeübt sein. Erst durch den Einstieg in den aktiven, schöpferischen Mediengebrauch können die Eigengesetzlichkeiten der Medien entdeckt werden. Und der prophetische Charakter des Glaubens wird Einspruch erheben gegen alle medial zugemuteten Entfremdungen des Menschen durch die Medien, gegen künstlich erzeugte Bedürfnisse und gegen alle Arten von Suchtverhalten im Zusammenhang mit Medien.

Medienkompetenz wird nicht ein für alle Mal in einem Crashkurs erworben, sondern bildet eine lebensbegleitende Lernaufgabe, eine sogenannte »Querschnittsaufgabe«, an der – analog zur Sexualpädagogik – alle Erziehungs- und Bildungsinstitutionen teilhaben: Familie, Schule, Religionsunterricht, Jugendarbeit und Öffentlichkeit. Zur Medienkompetenz gehört die Ausbildung technischer Fähigkeiten für einen sachgerechten, selbstbestimmten Umgang mit Medien. Zunehmend entwickelt sich ein experimentierendes, forschendes Verhalten, wenn es etwa um den Gebrauch neuer Systeme und Programme geht. – Weiter ist die Schulung der Beobachtungs- und Analysefähigkeit angesichts von Filmen, Serien und Blogs nötig. Virtuelle Systeme, Baustrukturen und mediale Welten müssen durchschaut werden. Besonderes Augenmerk gilt der Gefühlsebene, denn Medien erzeugen künstliche emotionale Stimmungen und Spannungen.

Neuerdings werden auch religiöse und transzendente Botschaften durch die Popularkultur vermittelt. Im Film »Matrix« etwa sind Ähnlichkeiten zu christlichen Figuren zu entdecken. Insgesamt gilt es, die Fähigkeiten zur Auswahl, Einschätzung und Bewertung bestimmter Sendungen zu schärfen. Ziel kann durchaus ein Ansehen und Diskutieren solcher Sendungen aus kritischer Distanz sein. Möglich und wünschenswert ist die Selbstproduktion eigener Beiträge in der medialen Öffentlichkeit, beispielsweise von Videoclips und

Kurzfilmen oder das Verfassen von kritischen Leserbriefen, Internetkommentaren und ähnlichen Beiträgen. Neuere Untersuchungen über das Anschauen von gewalthaltigen Sendungen haben ergeben, dass durchaus eine indirekte Verlagerung der Gewalt möglich ist, dass jugendliche Konsumenten solcher Medieninhalte also an anderer Stelle selbst gewalttätig handeln. Bei pornografischen Darstellungen ist zu beachten, welches Klischeebild der Frau vermittelt wird, wie die Würde der Frau missbraucht und wie sie letztlich erniedrigt wird.

Damit ist eine reiche Palette sexualitätsbezogener Kompetenzen aufgezeigt, deren Ausbildung zu einem entsprechenden Wissen, Können und Wollen notwendig und für das Leben hilfreich ist.

Literatur

Funiok, Rüdiger, Medienethik. Verantwortung in der Mendiengesellschaft, Stuttgart 2007.
Lang, Josef, Wertschätzen und Abwerten. Vitamin und Virus einer Paarbeziehung, Berlin 2005.
Leimgruber, Stephan, Interreligiöses Lernen, München ²2007.
Michalke-Leicht, Wolfgang/Sajak, Clauß Peter, Bitte nüchtern bleiben. Ein Plädoyer gegen die Überforderung des Religionsunterrichts, in: Herder Korrespondenz 64 (2010), 588–592.
Obst, Gabriele, Kompetenzorientiertes Lehren und Lernen im Religionsunterricht, Göttingen 2003.
Raith-Paula, Elisabeth, Was ist los in meinem Körper? Alles über Zyklus, Tage, Fruchtbarkeit, Augsburg ²2008.
Renz, Meral, Sexualpädagogik in interkulturellen Gruppen. Infos, Methoden und Arbeitsblätter, Mülheim an der Ruhr 2007.
Schwab, Ulrich, Kompetenzorientierung als religionsdidaktisches Prinzip, in: Christina Kalloch/Stephan Leimgruber/Ulrich Schwab, Lehrbuch der Religionsdidaktik. Für Studium und Praxis in ökumenischer Perspektive, Freiburg ²2010, 341–360.
Wronska, Lucyna/Kunz, Daniel, Interkulturelle Sexualpädagogik: Menschenrechte als Motor der Integration, in: Renate-Berenike Schmidt/Uwe Sielert (Hg.), Handbuch Sexualpädagogik und sexuelle Bildung, Weinheim/München 2008, 281–293.
Ziebertz, Hans-Georg, Ethisches Lernen, in: Georg Hilger/Stephan Leimgruber/Hans-Georg Ziebertz, Religionsdidaktik, München ⁶2010, 434–452.
Zühlke, Gernot, Die Kunst des Paargesprächs. So bleibt ihre Beziehung lebendig, Freiburg 2007.

7. Sexualpädagogik in Schule und Religionsunterricht

Kapitel 7 gibt einen Überblick über die inhaltlichen Schwerpunkte und die didaktischen Arrangements der Sexualerziehung in der Schule und im Religionsunterricht, natürlich vor dem Hintergrund der psychosexuellen Entwicklung der Kinder und Jugendlichen. Wir konzentrieren uns auf die Lehrpläne und aktuelle Schulbücher der entsprechenden Schulstufen, greifen einige Formulierungen exemplarisch heraus und zeigen auf, wie diese Bildungsaufgaben anhand von modernen Religionsbüchern, Medien und Materialien im Religionsunterricht verwirklicht werden können. Es stehen Lehrmittel und Lehrpläne aus dem Süden Deutschlands im Vordergrund. Doch gehen wir von Ähnlichkeiten im gesamten deutschsprachigen Raum (inkl. Österreich, Schweiz, Belgien) aus.

7.1 Vorbemerkungen

Selbstverständlich baut die allgemeine und sexuelle Bildung in der Grundschule auf den Voraussetzungen auf, die bereits in der Familie und im Kindergarten als Fundament gelegt wurden. Die *Kooperation mit den Eltern* ist gerade in der Grundschule wichtig, weil die Eltern ihr Ersterziehungsrecht gewahrt wissen wollen und Entwicklungsschritte so besser vorbereitet und vertieft werden können. Zu berücksichtigen sind auch Eltern anderer kultureller und religiöser Traditionen, die betreffend Sexualkunde kritische Anfragen haben oder die sich dieser Aufgabe der Schule verschließen. Im Sinne eines spiralförmigen, aufbauenden Lernens sind die Vorerfahrungen der Schüler/innen von den Lehrpersonen einzubeziehen, besonders wenn sie sich je nach kulturellen, ethischen und religiösen Hintergründen sowie nach der geschlechtsspezifischen Sozialisation unterscheiden.

Wenn sexuelle Bildung eine Entwicklungsaufgabe des ganzen Menschen in kognitiver, affektiver und sozialer Hinsicht ist, wenn sprachliche, kommunikative und ethische Kompetenzen ebenso gefördert werden sollen wie interkulturelle, interreligiöse und mediale, dann genügt auch kein einzelnes Schulfach für diese anspruchsvolle Aufgabe. Vielmehr muss *fächerübergreifender Unterricht* die verschiedenen Aspekte dieser Bildung einbringen. Der Biologie- und Ethikunterricht werden beispielsweise im Verbund die physischen und psychischen Veränderungen beschreiben und Fragen der Aufklärung beantworten. Die Unterrichtsfächer Deutsch, Geschichte, Religion und Sachkunde können im Verbund zur Identitätsbildung und zur Stärkung der Persönlichkeit beitragen. Der Religionsunterricht kann sich mehreren Fächern als Gesprächspartner anbieten und selbst viel von der Zusammenarbeit mit Vertretern/Vertreterinnen der anderen Fächer profitieren. Seine Schwerpunkte dürften im Aufzeigen von Sinnperspektiven, Wertefragen, theologischen und biblischen Inhalten und Begründungen liegen sowie in der Integration der Ergebnisse aus den verschiedenen Disziplinen.

7.2 Sexualerziehung in der Grundschule als fächerübergreifende Aufgabe

Die Grundschule hat den Auftrag, alle Schülerinnen und Schüler in ihrer Persönlichkeitsentwicklung zu unterstützen – unabhängig von ihrer Vorbildung und Schichtzugehörigkeit, ihrer Herkunft, Kultur und Religion. In den Jahrgangsstufen 1 bis 4 geschieht Bildung durch die Aufnahme und Verarbeitung von Informationen, durch das Erzählen von Geschichten und die kindgerechte Anleitung zum Verstehen der Welt. Eigene Verhaltensweisen sowie musische, sportliche und praktische Fähigkeiten der Schüler/innen werden differenziert. Die Werthaltungen, die Elternhaus und Kindergarten aufgebaut haben, sollen aufgegriffen und vertieft werden.

Die *Kinder* sind großmehrheitlich offen, neugierig und vielseitig interessiert; sie sollen und dürfen noch Kinder sein, in einer Atmosphäre des Vertrauens aufwachsen, Anerkennung und Lebensfreude genießen und dadurch Selbstbewusstsein und ein positives Lebensgefühl aufbauen. Sie können bereits eigenverantwortliches Handeln einüben, wenn sie zu kleineren Aufgaben beauftragt werden. Initiative, Kreativität und Einfühlungsvermögen sollen reifen und wachsen. Wenn in der Klasse Regeln des Umgangs untereinander vereinbart werden, müssen die Schüler/innen sich dazu verhalten und mit diesen Regeln auseinandersetzen. Sie werden sowohl in kommunikative Prozesse mit anderen Kindern eingeführt als auch mit Kindern konfrontiert, die eine Behinderung haben oder Migrationshintergrund aufweisen. Schon früh – teilweise im Kindergarten – ragen die modernen Medien in ihren Alltag hinein: Die Mehrheit der Kinder verfügt über ein (oft multifunktionales) Handy und lernt nicht nur damit zu kommunizieren, sondern auch mit technischen Instrumenten überhaupt umzugehen und etwa am PC zu schreiben.

Seit dem Jahre 1986 gehört die *Sexualerziehung* durch die Mettlacher Empfehlung der Kultusministerkonferenz in allen Schulstufen zum schulischen Bildungsauftrag. Damit ist sie auch in der Grundschule verankert. Sie soll fächerübergeifend und situationsbezogen von den Fächern Deutsch, Religion, Sachunterricht, Kunst, Sport und Mathematik erteilt werden; explizit und thematisch ist sie von den Fächern Sozialkunde und Sachkunde wahrzunehmen, damit die Kinder ein Basiswissen über ihren Leib, ihre Geschlechtlichkeit, über Fortpflanzung und Hygiene erhalten.

In einer Expertise über die »Richtlinien und Lehrpläne zur Sexualerziehung« der BZgA aus dem Jahre 2004 wurde deutlich, dass sich in der Sexualkunde der letzten 35 Jahre eine Liberalisierung abgezeichnet und sich ein Konzept durchgesetzt hat, das Sexualität als positive Lebensenergie vermittelt, das an Geschlechtergerechtigkeit ausgerichtet ist und emanzipatorischen Charakter hat. Kindern und Jugendlichen werden sexuelle Gefühle und Regungen zugestanden, die zugleich als Lernprozesse zu verstehen sind, die es zu entwickeln und zu verantworten gilt. Zum Lernziel »Zärtlichkeit« ist das Lernziel »Verantwortlichkeit« hinzugekommen, wenn es heißt: »In allen Richtlinien und Lehrplänen sind Lust, Zärtlichkeit und Erotik an verantwortungsvolle Partnerschaft bzw. Liebe gebunden« (BZgA 2004, 167)!

Der emanzipatorische Charakter der schulischen Sexualkunde zielt nicht auf Permissivität, sondern will Jungen und Mädchen in ihrer Persönlichkeit festigen, ihnen Selbstbewusstsein und Ich-Stärke vermitteln und die Fähigkeit zur Wertschätzung der Mitschüler/innen ausbilden, nicht zuletzt im Hinblick auf sexuelle Übergriffe und Gewalt. In allen Bundesländern gelten Ehe und Familie als die bevorzugten Orte der Sexualität; mittlerweile werden die Vielfalt existierender Lebens- und Familienformen berücksichtigt und diverse sexuelle Orientierungen respektiert (Milhoffer 2008, 548) (vgl. in diesem Buch Kapitel 5.3).

Da Lehrer/innen nicht zum Thema »Sexualität« im Unterricht gezwungen werden können und einige Lehrpersonen mit einem anlassbezogenen, fächerübergreifenden und mehrdimensionalen Sexualunterricht überfordert sind, wird das Thema gelegentlich an den Religionsunterricht delegiert oder einfach weggelassen bzw. verschwiegen. Dabei wird übersehen: »Kinder lassen ihr Geschlecht nicht vor der Schultür – Kinder sind Mädchen und Jungen« (Milhoffer 2008, 550). Durch die Medien verfügen sie bereits über ein breites, zumeist aber nicht vertieftes und werthaltiges Sexualwissen. Kinder sind gleichwohl verunsichert und wissen nicht recht, was all die Eindrücke und das Halbwissen für sie bedeuten sollen. Die Fragen der Schüler/innen sollten daher im Mittelpunkt des Unterrichts stehen, eventuell in einem »anonymen Briefkasten« im Klassenzimmer eingesammelt und regelmäßig wie auch bei speziellen Anlässen beantwortet werden.

Der *Religionsunterricht* bietet in der Grundschule folgende Themen an, die bisweilen in koedukativen wie in geschlechtshomogenen Gruppen behandelt werden können: »Miteinander leben«, »In Bildern und Symbolen sprechen«, »Dem Leben vertrauen können«, »Maßstäbe ethischen Handelns« (Lehrplan Grundschule 2000, 30–31). Hier wird viel Vorarbeit für die Identitätsfindung geleistet und die explizite Sexualerziehung vorbereitet.

- Für die *1. Jahrgangsstufe* wird das pädagogische Leitthema »Sich anderen öffnen – Miteinander leben« vorgeschlagen mit den Teilthemen: »Sich selbst wertschätzen«, »Verantwortungsgefühl für eigenes Handeln entwickeln«, »Anderen mit Achtung begegnen« und »Füreinander da sein« (Lehrplan Grundschule 2000, 33). All diese Themen schaffen Voraussetzungen für einen guten Umgang mit dem Nächsten und auch mit dem Thema Sexualität.
- In der *2. Jahrgangsstufe* heißt das pädagogische Leitthema »Selbstsicherheit gewinnen – anderen Sichtweisen mit Offenheit begegnen«. Dieses wird in den Themen umgesetzt: »Mit Stärken und Schwächen umgehen«, »Eigene Vorstellungen ausdrücken« und »Konflikte fair austragen«.
- In der *3. Jahrgangsstufe* lautet das pädagogische Leitthema »Vertrauen in die Zukunft entwickeln – Verantwortung übernehmen«. Als Teilthemen werden »Solidarisch handeln« und »Freundschaft erleben« vorgeschlagen. Spezielle Aufmerksamkeit gilt dem Thema Identitätsfindung mit den Teilthemen »Ich bin ich« – umgesetzt in Fragen nach sich selbst: »Wer bin ich eigentlich?« und in »Geschichten vom Einmaligsein«.
- In der *4. Jahrgangsstufe* enthält der Sachunterricht zum Thema Sexualität folgende *Themen und Lernziele*:

- körperliche Veränderungen in der Pubertät kennen;
- erweiterte Regeln der Körperhygiene kennen;
- auf den Beginn der Reifezeit vorbereiten – vom Mädchen zur Frau und vom Jungen zum Mann;
- Kenntnisse über Entstehung und Entwicklung des menschlichen Lebens gewinnen;
- altersangemessene Fragen zu Zeugung, Schwangerschaft und Geburt sachlich richtig beantworten können und
- einschlägige Begriffe zur Reifezeit kennenlernen.

Lehrpersonen der Grundschule können folgende didaktische und methodische Leitlinien in der Sexualpädagogik beachten (vgl. Milhoffer 2008, 553):
- eine Atmosphäre des Willkommenseins und des Vertrauens schaffen;
- das Vorwissen und Fragen von Jungen und Mädchen erheben;
- einen Ton der Sachlichkeit, Fairness und des Respekts anschlagen;
- phasenweise geschlechtsspezifisch und phasenweise koedukativ arbeiten;
- zur Unterscheidung zwischen vulgärer und fachlicher Sprache befähigen;
- Kulturen und Religionen der Schüler/innen einbeziehen;
- Vorurteile thematisieren, Diskriminierungen vermeiden und körperliche wie psychische Gewaltanwendungen kritisieren;
- Hilfen für den Umgang mit guten und schlechten Gefühlen geben;
- Medienbeiträge auf Rollenklischees und Outfit-Vorgaben durchleuchten;
- Gelegenheit zum Selbststudium (Leseecken, Bibliotheksbesuche, Internetadressen) geben;
- außerschulische Lernorte, Ansprechpartner, Beratungsstellen und Experten einbeziehen.

Fazit
Die Grundschule trägt zur Entfaltung und Entwicklung der Basiskompetenzen bei, die für einen guten Umgang mit den Mitschülern/innen konstitutiv sind und die die Voraussetzung für das spätere Gelingen ganzheitlicher Beziehungen auf allen Ebenen bilden. Schülerinnen und Schüler lernen, wer sie sind, welche Fähigkeiten in ihnen schlummern und wie die lebensentscheidende Kommunikation mit anderen funktioniert. Sie entfalten eine Ich-Identität und lernen die Achtung anderen gegenüber. Sie können sich von anderen abgrenzen und deren

Privatsphäre respektieren. Insbesondere bilden sie die Fähigkeit aus, sich über Gefühle zu äußern und in Konflikten angemessen zu streiten. Aus christlicher Sicht öffnen sie ihr Herz gegenüber benachteiligten Kindern; sie vermögen deren Situation zu verstehen, vielleicht auch in gewissen Situationen behilflich zu sein. Es kann sein, dass sie sich erstmals verlieben. Wahrscheinlicher aber ist das Eingehen von Freundschaften mit Kindern desselben Geschlechts. Das Wissen um ihren Leib, seine Gesundheit und Hygiene, um die bevorstehende Pubertät und vieles andere rund um das Thema Sexualität wächst kontinuierlich an. Vertrauens- und Bezugspersonen sollten in Reichweite sein.

7.3 Sexualpädagogik in der Hauptschule

Bezeichnende Merkmale dieser weiterführenden Schule der Jahrgangsklassen 5–10 sind:
1) ein anschaulicher, praxisbezogener und handlungsorientierter Unterricht, der die Schülerinnen und Schüler auf ihre Berufsausbildung vorbereitet;
2) das Selbstverständnis der Hauptschule als Lebens-, Erfahrungs- und Lernraum, der die Fähigkeiten der Jugendlichen entdeckt und fördert;
3) die weltanschauliche Pluralität der Meinungen sowie eine Vielfalt der Lebensstile, in denen die Schule Reflexionshilfen und Orientierung bereitstellt.

In Bezug auf das Thema dieser Schrift fällt in die Zeit der Hauptschule die Entwicklung der sekundären Geschlechtsmerkmale und die sexuelle Reife, eine Zeit, die vereinfachend »Pubertät« genannt wird, doch recht unterschiedlich erfahren wird. Damit stehen zahlreiche Entwicklungsaufgaben an, welche insgesamt eine diskrete Begleitung und Unterstützung erfordern. In der Tat wählen zahlreiche Hauptschüler/innen ihre Lehrpersonen als Ansprechpartner in Fragen der Partnerschaft und Sexualität. Die unterschiedlichsten Geschwindigkeiten in der Entwicklung zeigen sich im Nebeneinander von Jugendlichen *vor* der Pubertät und jungen Frauen und Männern, die bereits Ausschau halten nach Freundschaft, Partnerschaft und beruflicher Zukunft.

Im neuen *Bayerischen Lehrplan für die Hauptschule* (2004) steht die sexuelle Bildung im Kontext der Gesundheitserziehung, der Freizeitgestaltung, der technischen und medialen Bildung sowie der Umwelterziehung und des interkulturellen und interreligiösen Lernens. Die damit verbundenen Kompetenzen zielen auf Mündigkeit und verantwortliche Gestaltung des Lebens. Explizit wird zum Thema »Sexualität, Partnerschaft, Elternschaft und Familie« gesagt:

> »Die Schüler erfahren die Phasen ihrer körperlichen und seelischen Entwicklung als Herausforderung und Bereicherung ihrer Lebensmöglichkeiten. Es ist wichtig, dass sie ihre geschlechtsspezifische Eigenart annehmen und sensibel werden für die Chancen und Risiken von Freundschaft und Partnerschaft. Dazu gehört vor allem die Achtung vor der Würde und Selbstständigkeit der anderen. Die Bedeutung von Ehe, Elternschaft und Familie für die Verlässlichkeit menschlicher Beziehungen und für den Fortbestand der Gemeinschaft soll frühzeitig erkannt werden« (Bayerischer Lehrplan Hauptschule 2004, 11).

Damit sind die Sinnaspekte der Identitätsfindung, der Beziehung und Kommunikation sowie der prokreative Aspekt der Sexualität angesprochen und in den Zusammenhang der Ausbildung eines respektvollen Umgangs mit dem Partner/der Partnerin gestellt.

Von den Lehrplänen sollen die drei Fächer »Katholische Religionslehre«, »Evangelische Religionslehre« und »Ethik« berücksichtigt werden. Sie erwähnen folgende Themen zur Bearbeitung im Unterricht:

Das Fach »*Katholische Religionslehre*« hat für die 7. Jahrgangsstufe das Leitmotiv »Selbstwertgefühl – sich angenommen wissen und sich bejahen können« (ebd., 18) gewählt und den Lernbereich 7.5 zur Persönlichkeitsentwicklung überschrieben mit: »Wer bin ich, wie soll ich werden? – Auf der Suche nach sich selbst« (ebd., 18). Die 9. Jahrgangsstufe hat sich mit dem Themenkomplex »Partnerschaft, Ehe und Familie« auseinanderzusetzen, ausgehend vom Grundgesetz »Die Würde des Menschen ist unantastbar«. In der 10. Jahrgangsstufe heißt das Leitmotiv »Selbstständigkeit – zur Freiheit berufen« und folgendes Problem soll thematisiert werden: »Der Mensch und seine Macht – zwischen Versuchung und Verantwortung«.

Das Fach »*Evangelische Religionslehre*«, das mit Vertretern des erwähnten Faches kooperiert, verbindet den Erziehungsauftrag der Hauptschule mit dem Erwerb folgender Schlüsselqualifikation:

> »Er (der Religionsunterricht) fordert dazu heraus, über das eigene Tun nachzudenken, nach Gut und Böse, Recht und Unrecht zu fragen, dem Zusam-

menhang von Frieden, Gerechtigkeit und Bewahrung der Schöpfung nachzugehen und sich dafür einzusetzen, dass ein Leben mit anderen in Freiheit, Toleranz und Solidarität möglich ist. So stärkt er Bewusstsein und Fähigkeit, verantwortlich zu leben und mündig zu werden« (ebd., 19).

Für die 7. Jahrgangsstufe ist dementsprechend das Thema »So möchte ich sein – Leitbilder für das Leben« vorgesehen, für die 9. Jahrgangsstufe das Thema »Auf der Suche nach Partnerschaft und Liebe« und für die 10. Jahrgangsstufe das Thema »Wege ins Leben – Verantwortung und Selbstbestimmung« (ebd., 21).

Das Fach »*Ethik*« – alternativ zum bekenntnisorientierten Religionsunterricht – intendiert eine »Auseinandersetzung mit Wertvorstellungen« und will die Schüler/innen unterstützen »in ihrem Streben, ein eigenes Selbstwertgefühl zu entwickeln und zu festigen« (ebd. 22). Sie sollen »im Beobachten des eigenen Verhaltens gefördert und zu kritischer Stellungnahme darüber angeleitet werden« (ebd., 22). Aktuelle Themen sollen aufgegriffen und dialogisch besprochen werden, um ein gutes Zusammenleben mit anderen, auch fremden Personen zu gewährleisten. »Die Achtung vor der Würde des Menschen ist unverzichtbare Grundlage des Ethikunterrichts« (ebd., 23). – Gemäß Lehrplan des Faches Ethik ist in der Jahrgangsstufe 6 das Thema »Medien in unserem Leben« zu behandeln, in der Jahrgangsstufe 7 die Themen »Sich selbst entdecken«, »Umgang mit Konflikten« und »Miteinander leben und lernen«, auf der Jahrgangsstufe 8 das Thema »Einen Freund, eine Freundin finden«, auf der Jahrgangsstufe 9 »Partnerschaft von Mann und Frau« und auf der Jahrgangsstufe 10 »Verantwortung und Gewissen« (ebd., 24).

Eine Unterrichtssequenz für die 9. Jahrgangsstufe der Hauptschule
Das Unterrichtswerk »Reli« für den katholischen Religionsunterricht an Hauptschulen der Jahrgangsstufen 5 bis 9, das von der Deutschen Bischofskonferenz zugelassen (2000) ist und in vielen Bundesländern verwendet wird, enthält eine bemerkenswerte Sequenz zum Lehrplanthema »Liebe, Partnerschaft, Ehe und Familie« auf 21 Seiten (93–114). Das Schulbuch versteht sich weniger als Katechismus, sondern vielmehr als Angebotspalette für einen subjektorientierten, handlungsbezogenen und kreativen Unterricht im Zeichen der Auseinandersetzung und der persönlichen Aneignung. Als Leitthema ist die Reihe mit »Ich nehme dich an« überschrieben. Sie wird eröffnet durch ein in Dunkelrot gehalte-

nes Kunstbild von Marc Chagall (Cantique des quantiques, 1958) mit einem fliegenden Hochzeitspaar. Das Buch enthält weitere Kunstbilder, welche zum Thema hinführen und eine Atmosphäre der Neugierde schaffen. Die folgenden Diskussionsanstöße zur Erfahrung des Verliebtseins werden durch Aussagen Jugendlicher gegeben. Nun ist das Thema »Lebensformen« (Single, Ehe ohne Trauschein, WGs) an der Reihe, welches aufgrund von Adressen in einem Block besprochen werden soll, um daraus die für eine Partnerschaft hilfreichen Tugenden herauszukristallisieren unter dem Titel »Ein Partnerschaftshaus bauen«. Weiter werden Texte über die Liebe von Johannes Paul II., aus dem Hohelied der Liebe und über die Sexualität von Mill Majerus angeboten. Die vier ausgeführten Aspekte der Sexualität sind: Geborgenheit, Freude, Zärtlichkeit und Leben. Weiter müssen die Schülerinnen und Schüler zu aufgestellten Grundsätzen einer Partnerschaft Stellung beziehen. Die Seite über Homosexualität ist informativ und fügt auch die Stellungnahme der katholischen Kirche hinzu, die dann zu Diskussion Anlass geben kann und zu einer persönlichen Meinungsfindung beitragen soll.

Interessant sind im Folgenden Aussagen zur Sinnhaftigkeit der Ehe aus fremden Ländern, die ergänzt werden durch die Darstellung der katholischen Trauungsliturgie. Die Schüler/innen sollen wissen, was auf sie zukommen könnte, welchen Sinn das Sakrament der Ehe hat und welche Tragweite das kirchliche Ritual aufweist. – Das Lied »Mein Apfelbäumchen« von Reinhard Mey bildet zusammen mit einem Bild von Keith Haring ein Plädoyer für das Kind als Zeichen der Hoffnung in der Welt. Von Gen 1,27 ausgehend wird die Diskussionsaufgabe gestellt, was die dort besagte Gleichwürdigkeit von Mann und Frau in der Gegenwart und im aktuellen Ehe- und Familienalltag bedeuten könnte. Nachdenklich stimmt das letzte Bild mit der Frage »Welche Folgen können sich aus einer zerbrochenen Ehe ergeben?« (Hilger/Reil 2000, 110).

Sowohl diese besprochene Unterrichtssequenz wie auch die behandelten Hauptschullehrpläne erwecken den Eindruck, dass die damit verbundenen sexualpädagogischen Bemühungen einerseits viel zur Persönlichkeitsentwicklung und Identitätsfindung der jugendlichen Schüler/innen beitragen, was einer längerfristigen, indirekten Sexualpädagogik entspricht, und andererseits einer direkten expliziten Bildung verpflichtet sind durch die Behandlung wichtiger Themen wie Freundschaft, Partnerschaft, Ehe und Familie. Je nach Klassensituation sind die Themen vorzubereiten und zu akzentuieren. Wenn jungen Menschen Mut gemacht werden kann, Beziehungen anzubahnen und sich verantwortlich auf die damit verbundenen Fragestellungen einzulassen, dann ist schon viel gewonnen.

7.4 Das Thema Sexualität in der Realschule

Die sechsstufige Realschule der Jahrgangsstufen 5 bis 10 will – ähnlich wie die Hauptschule – elementare Kompetenzen und Schlüsselqualifikationen für die Bewältigung des künftigen Berufslebens ausbilden und über das praktische Tun hinaus theoretische Reflexionen vertiefen, die sprachlichen Fähigkeiten differenzieren und Fantasie und Kreativität so fördern, dass der Besuch weiterführender Schulen und das Berufsabitur ermöglicht werden. Vernetztes Denken, systematische Auseinandersetzungen und selbstständiges Lernen sind dafür unabdingbar. Das Wahlpflichtfächersystem mit Schwerpunktbildungen (mathematisch-naturwissenschaftlich, wirtschaftlich, moderne Sprachen oder musisch-künstlerischer Bereich) hilft, die nötigen Fähigkeiten zu erwerben.

Sexualpädagogik mit der Bezeichnung »*Familien- und Sexualerziehung*« gehört wiederum zu den fächerübergreifenden Bildungs- und Erziehungsaufgaben, die im Kontext einer europaweiten Perspektive stehen und zu der informationstechnologische Bildung, Gesundheits- und Medienerziehung sowie politische Bildung mit den Bereichen Menschenrechte und Ökologie gehören. Folgendes wird darunter verstanden:

> »Schulische Familien- und Sexualerziehung trägt dazu bei, dass die jungen Menschen ihre eigene körperliche und seelische Entwicklung nicht unvorbereitet erleben und ihre Sexualität annehmen und bejahen. Im Sinn des ganzheitlichen Erziehungsauftrags muss deutlich werden, dass Fragen der Sexualität des Menschen nicht losgelöst von Werten und Haltungen gesehen werden dürfen. Die Jugendlichen sollen erfahren, dass Liebe und Partnerschaft eine wichtige Grundlage für Glück und Sinnerfüllung des eigenen Lebens darstellen. Die Achtung vor der Würde des anderen ist unverzichtbare Grundlage dieser zwischenmenschlichen Beziehungen« (Lehrplan Realschule 2001, 31).

Damit misst auch der Realschullehrplan der Verantwortung großes Gewicht bei, wenn partnerschaftliche Beziehungen eingegangen werden. Prävention soll angesichts ansteckender Krankheiten kein Fremdwort bleiben, und die Langzeitperspektive auf Ehe und Familie soll nicht aus den Augen verloren werden. Die Realschule baut auf eine selbstverständliche Kooperation mit den Eltern und den Vertretern des Faches Evangelische Religionslehre, welches ebenfalls einen erfahrungsorientierten Ansatz vertritt und ähnliche Lernbereiche (nämlich »Individualität und Gemeinschaft, Liebe und Sexualität«) vorsieht (Lehrplan Realschule 2001, 46). Ferner wird auf »Richtlinien zur Familien- und Sexualerziehung« vom 4. März 1996 verwiesen. Neu hinzugekommen ist der Blick auf die multikulturelle Schülerschaft, welche u.a. Kenntnisse über die islamische(n) Tradition(en) voraussetzt, ein Lernstoff, der gerade in der 7. Jahrgangsstufe im Religionsunterricht an der Reihe ist und bereits früher anlassbezogene Lerngelegenheiten ergibt. Wohltuend in diesem Lehrplan für junge Menschen ist, dass Liebe und Partnerschaft mit »Glück und Sinnerfüllung« (ebd., 31) verbunden werden.

Der *Religionsunterricht* in der Realschule – zweistündig in allen Jahrgangsstufen pro Woche erteilt – wird thematisch in sechs Lernbereichen entfaltet: Bibel, Glaubensformen, christliches Menschenbild, ethisches Handeln, Kirche und Religionen. Didaktisch sind eine erfahrungsorientierte Unterrichtsgestaltung und ein vieldimensionales Lernen mit Kopf, Herz und Hand angesagt. Selbst »Tage der Orientierung« einer Schulpastoral sind vorgesehen. Bei diesen wählen die Schülerinnen und Schüler öfter die Themen »Klassengeist« oder das bevorzugte Thema »Liebe, Freundschaft, Sexualität« aus (vgl. in diesem Band 8.4). Weiter ist eine Abstimmung mit der gemeindlichen Katechese vorgesehen – beispielsweise anlässlich der Firmvorbereitung. Nicht zuletzt legt sich eine Kooperation mit dem Fach Biologie nahe, das die Jugendlichen ebenfalls bei ihren körperlichen und seelischen Entwicklungen begleiten will und »eine positive Haltung zu ihrem eigenen Körper« (Lehrplan Realschule 2001, 65) vermitteln soll.

Das Thema Sexualität ist in der 8. Jahrgangsstufe mit dem Titel angesagt: »Auf dem Weg zu sich selbst und anderen: Sexualität als Sprache der Liebe« (ebd., 295). Ausgangspunkt bildet die Sehnsucht der Menschen nach verlässlichen Beziehungen. Durch die Auseinandersetzung mit Erfahrungen des Verliebtseins und der Partnerschaft sollen die Schüler »ein positives Verhältnis zur eigenen Geschlechtlichkeit gewinnen. Die christliche Auffassung von Sexualität als gottgewollt und gute Wesenseigenschaft des Menschen fördert die Bereitschaft zu menschenwürdiger Gestaltung« (ebd., 295). In ca. acht Unterrichtsstunden sollten folgende Themen bearbeitet werden: a) Kontakt mit dem anderen Geschlecht anbahnen, b) vom Verliebtsein zur ersten Liebe, c) biblische Aussagen zum Thema und d) verantwortliche Gestaltung des Umgangs mit Sexualität inklusive Fragen des sexuellen Missbrauchs.

In der 10. Jahrgangsstufe ist eine Weiterführung mit dem Titel geplant: »Auf dem Weg zur Partnerschaft. Ehe und Familie aus christlicher Sicht« (ebd., 496). Hier geht es u.a. um Wunschbilder künftiger Partner/innen, um das Wesen der Liebe, um die Bedeutung der Trauung sowie des Ehesakramentes, schließlich um die »Familie als besonders schützenswertes Gut«, um »Homosexualität und Ehelosigkeit« (ebd., 496).

Der Lehrerkommentar zum Schülerbuch »Reli Real« der 10. Jahrgangsstufe hat hilfreiche Ideen zur Vertiefung des Themas bereitgestellt. Der abgebildete Scherenschnitt über ein Paar inspiriert zur Herstellung eigener Scherenschnitte nach persönlichen Wunschvorstellungen. Bildbetrachtungen werden angeregt und zusätzliche Bildgeschichten eingefügt. Der Text aus 1 Kor 13 wird exegetisch interpretiert und für die Gegenwart ausgelegt. Mit einem Fragebogen werden Motive zu einer Heirat zur Diskussion gestellt. Wiederholt wird transparent, wie sehr das Eingehen und die Pflege einer Partnerschaft einem Lernprozess entsprechen und der persönlichen Lernbereitschaft bedürfen. Dazu können elf Kommunikationsregeln Orientierung geben. Ferner werden Texte von Musikstücken und Liedern abgedruckt und – analog zur Hauptschule – 40 Aussagen zum Thema »Kinder als Hoffnung« aus fremden Kulturen vorgestellt. – In der Tat handelt es sich um einen überlegten, bereichernden und vertiefenden Lehrerkommentar zum Schülerbuch »Reli Real 10« (Hilger/Reil 2006, 45–76).

7.5 Sexualpädagogik im Gymnasium

Das Gymnasium begnügt sich nicht mit Wissensvermittlung. Es will die Reflexionsfähigkeit der Schüler/innen vertiefen. Neben einer umfassenden Allgemeinbildung vermittelt das Gymnasium Bildungsinhalte und Kompetenzen, die zu einem akademischen Hochschulstudium befähigen oder auch zu einer qualifizierten Berufsausbildung außerhalb der Hochschule. In der Regel sind die sprachlichen Differenzierungsmöglichkeiten ausgeprägter vorhanden. Das Gymnasium schult dann auch Abstraktion und Theoriebildung in besonderem Maß. Die Schüler/innen können eigene Schwerpunkte setzen und sich in lebenslang nötiges Lernen einüben. Wichtiger Bestandteil gymnasialer Bildung ist es, Verantwortung für sich selbst und für andere bewusst zu machen sowie das Schulleben mitzugestalten.

Der Religionsunterricht hilft den Schülern, Christsein reflektierend zu gestalten in einer Situation, die von weltanschaulicher und religiöser Vielfalt gekennzeichnet ist. Er will zu folgenden Kompetenzen befähigen: die Frage nach Gott wachhalten, religiöse Sprache, Zeugnisse und Symbole verstehen, ethische Fragen nach bestimmten Kriterien beurteilen und Vertretern anderer Religionen zu begegnen in der Haltung der Dialogbereitschaft und aktiven Toleranz. Auch in diesem Fach sind sechs Lernbereiche zu unterscheiden: Biblische Botschaft, Christlicher Glaube und Weltdeutung, Christliche Spiritualität, Ethik und Lebensbewältigung, Kirchengeschichte sowie Interkulturelles und Interreligiöses Lernen.

Im *Lehrplan* des achtjährigen Gymnasiums (G 8) wird an mehreren Stellen das Thema Liebe, Sexualität und Ehe aufgegriffen: In der 7. Jahrgangsstufe: »›Ich bin doch kein Kind mehr‹ – Fragen des Jugendalters« intendiert eine Auseinandersetzung mit der Pubertät und eine Entdeckung der eigenen Fähigkeiten und Schwächen. In der 9. Jahrgangsstufe: »Zwischen Öffentlichkeit und Intimität: Freundschaft, Liebe und Sexualität« heißt es:

> »Die Schüler lernen, dass nach christlichem Menschenbild ganzheitliche Sexualität im Einklang mit Verantwortung und liebender Zuwendung gegenüber der eigenen Person, dem Partner und dem Leben mit Kindern zu sehen ist« (Lehrplan Gymnasium G8).

Hier sollen sexualisierte Darstellungen der Werbung hinterfragt und inhumane Formen sexueller Unterdrückung (Kinderprostitution, Frauenhandel) kritisiert werden. Die drei Begriffe »Sexus«, »Eros« und »Agape« werden diskutiert. Themen wie Verhütung, ungewollte Schwangerschaft, Abtreibung und AIDS gehören ausdrücklich zum obligatorischen Stoff. Man müsste auch den Begriff »Philia« (Freundschaft) berücksichtigen.

Und in der 10. Jahrgangsstufe mit dem Leitthema: »Gewissen konkret: Verantwortung für das Leben übernehmen« werden Grenzsituationen thematisiert, welche ein Abwägen von Argumenten nötig machen, z.B. bei der Fortpflanzungsmedizin, der Präimplantationsdiagnostik oder bei einer Organspende. Das Thema Abtreibung wird jedoch nicht in den Bereich der individuellen Entscheidung gestellt.

Schüler- und Lehrerbuch »Religion vernetzt 9« (2007)

Für die 9. Jahrgangsstufe, also für etwa 15-jährige Jugendliche, ist eine tiefgründige und anspruchsvolle Unterrichtsreihe anhand von Augustins bekanntem Wort »Liebe und tu, was du willst« entwickelt worden (Religion vernetzt 9, Schülerbuch 2007, 77–100; Lehrerkommentar 2007, 150–208). Das Titelbild stellt mehrere Szenen der »verhängnisvollen Affäre« dar, die David mit Batseba (2 Sam 11,2–12,25) hatte. Auf vier »Kontextseiten« werden ganz unterschiedliche aktuelle Zusammenhänge zum Thema »Liebe« hergestellt: Jugendliche unterhalten sich nach einer Party über typisch männliche und weibliche Vorstellungen; Zeitungsausschnitte berichten (in bewussten Gegensätzen) über »Teenager haben immer früher Sex« und über die Keuschheitsbewegung in den USA. Die doppelseitige »Pinnwand« gibt Impulse, damit sich die Schülerinnen und Schüler aktiv und kreativ mit Facetten des Themas »Liebe« auseinandersetzen können. Es folgen sechs Doppelseiten (»Orientierungen«) mit grundlegenden Informationen beispielsweise über die Entstehung der Liebe, biblische Positionen zu »Nächstenliebe, Erotik und Sexualität«, die Themen »Sexuelle Orientierungen«, »Sex sells« (sexualisierte Werbung), »Kinderhandel und Zwangsprostitution« sowie »AIDS als Problem von Gesellschaft und Kirche«. Vier Seiten »Perspektiven« stellen die Lebensbedeutung des Themas »Liebe« für die Schüler/innen heraus – oft aus dem Mund bekannter Autoritäten (Hohelied Salomos und Hohelied der Liebe, 1 Kor 13). Ein Akrostichon von Christa Peikert-Flaspöler fasst zentrale Ergebnisse in Worte.

Didaktisch wird im Lehrerkommentar darauf hingewiesen, dass Tabuthemen im schulischen (Religions-)Unterricht oft aus verschiedenen Gründen (Intimitätsgrenze, Gruppengröße, Entwicklungssituation, Erfahrungsunterschiede) nicht direkt diskutiert werden können. Vorteilhafter sei es, indirekte und anonymisierte Lernformen (Fremdbeispiele, Dilemmageschichten, Wertediskurse) zu wählen, um die Schüler zu schützen und doch zur persönlichen Meinungsbildung einzuladen. Bei bestimmten Fragestellungen (z.B. Erwartungen an die ideale Partnerin) sind Kleingruppen, Partnergespräche und geschlechtshomogene Gruppen sinnvoll. Vonseiten der Lehrpersonen erfordern diese Tabuthemen in respektierender Konfrontation einen sensiblen Umgang mit der Lerngruppe sowie eine Portion Ambiguitätstoleranz, um Widersprüche und abweichende Meinungen auszuhalten. Gelegentlich können auch Experten zurate gezogen werden.

Die Vorteile des Unterrichtswerks bestehen darin, dass es durch seine Struktur einen roten Faden in die Unterthemen hineinbringt, der stets erkennbar bleibt. Inhaltlich sind erstaunliche Tiefendimensionen und Vernetzungen aufgezeigt, nicht zuletzt eine konsequente Arbeit mit neuen Medien (Internet). Der Lehrerkommentar bringt Querverweise zu ähnlichen Themen, die in früheren Jahrgangsstufen behandelt wurden, darüber hinaus zu den Fächern Biologie und Latein (Thema »Liebe, Laster, Leidenschaft«). Eine Vielfalt von Arbeitsmaterialien regen an zu Rollenspielen, Podiumsdiskussionen, Lernzirkeln, Projekten, Themendiskussionen, Bildanalysen, Musikbeispielen (eine DVD ist im Lehrerkommentar mitgegeben) und internationalen Bezügen. Schließlich öffnet der Verlag eine Homepage mit Aktualisierungen der Informationen und Internetadressen. Weiterführende Literatur ist angegeben.

7.6   Berufsschule

Schließlich kommen wir auf die zahlenmäßig größte Schulart, die sogenannte Berufsschule, zu sprechen. Mehr als die Hälfte eines Schülerjahrgangs besucht im Laufe der schulischen Karriere eine berufliche Schule, sei es eine Berufsfachschule oder eine Berufsoberschule. Die Schüler/innen sind bereits im Berufsleben, weshalb hier vermehrt Methoden der Erwachsenenbildung (z.B. Handlungsorientierung) angezeigt sind. Der Religionsunterricht an berufsbildenden Schulen ist häufig interkonfessionell oder gar multireligiös angelegt. Einige Berufsschüler/innen gehören keiner Religion an.

Der Lehrplan »Katholische Religionslehre an beruflichen Schulen« enthält mehrere Themen auf jeder Jahrgangsstufe (10 bis 12), die integrierte Bestandteile einer umfassenden Sexualpädagogik auf der Berufsschulstufe werden können. Jahrgangsstufe 10 behandelt die Themenbereiche »Wer bin ich«, »Verantwortete Partnerschaft« sowie den Themenkomplex »Aggressivität – Gewalt – Gewaltlosigkeit«. Hierzu gehört auch das Thema »Sexuelle Belästigung am Arbeitsplatz«. Jahrgangsstufe 11 enhält das Thema »Christsein im Alltag«, in dem sich Fragen der Freundschaft und Liebe unterbringen lassen, und die Jahrgangsstufe 12 enthält ausdrücklich das Thema »Ehe und Familie«, eine günstige Ausgangslage für fächerübergreifenden Unterricht. In der Lehrbuchreihe »Sinn voll Sinn« (2010) sind die erwähnten Themen im Blick auf den Religionsunterricht an beruflichen oder berufsbildenden Schulen aufbereitet (Boenke 2010, bis heute 6 Bände).

7.7 Das Thema Sexualität im Unterricht mit Kindern und Jugendlichen mit Behinderungen

Aufgrund gewachsener Sensibilisierung ist in den vergangenen Jahrzehnten die Situation von Schülern mit Handicaps zweifellos in erheblichem Maße verbessert, aber noch nicht zur vollen Zufriedenheit gelöst worden. Immer noch wird ein Teil der Schüler/innen mit Behinderung separat in eigenen Förderzentren unterrichtet, teils werden sie in Regelklassen »integriert« und teils von Anfang an in diese Klassen aufgenommen (inklusiver Unterricht). Ausschlaggebend für die Schulform ist die Art der Behinderung, mehr aber oft die Bereitschaft der entscheidenden staatlichen und schulischen Instanzen, zur »Normalisierung« der Lernsituationen beizutragen und materielle wie pädagogische Ressourcen freizugeben. Ziel pädagogischen Handelns ist es, ein »Höchstmaß an Selbstbestimmung und gesellschaftlicher Teilhabe« zu gewährleisten (Specht 2008, 296).

Nach einer langen Zeit der Tabuisierung des Themas »Sexualität und Behinderung« ist es selbstverständlich geworden, dass Personen mit und ohne Behinderung über eine biopsychosoziale sexuelle Grundausstattung mit den erwähnten Sinngehalten (Identität, Kommunikation, Lust und Prokreation) verfügen. »Das Spektrum an sexuellen Äußerungsformen reicht von grundlegenden Körpererfahrungen über hetero- und homosexuelle Freundschaften und Beziehungen mit und ohne Kinderwunsch, Selbstbefriedigung bis hin zu genital-sexuellen Erfahrungen« (Specht 2008, 297). Personen mit Behinderungen werden häufiger Opfer von sexuellen Missbräuchen als Menschen ohne Behinderungen. Die mit der Behinderung verbundene Benachteiligung wird ausgenutzt.

Das Besondere der Sexualität behinderter Menschen liegt in den mannigfaltigen Einschränkungen, die sie auf sich nehmen müssen, um ihre Bedürfnisse zu verwirklichen. Wie in anderen Lebensbereichen sind sie teilweise auf Unterstützung angewiesen – heute diskutiert unter den Stichworten aktive und passive Assistenz. Zu einem häufig negativen Selbstbild kommen fehlende Partner/innen, mangelnde Begegnungsmöglichkeiten und Erfahrungsräume dazu, die Nähe schenken und die Intimsphäre wahren. Tabuisiert wird Sexualität behinderter Personen nicht mehr, denn: »Sexualität wird heute als selbstverständliches Grundrecht von Menschen mit Behinderungen begriffen« (Walter 2005).

In Schule und Religionsunterricht schließt sich der Lehrplan für Kinder und Jugendliche mit Handicaps oft dem allgemeinen Grund- und Hauptschullehrplan an. Nach diesen wäre eine indirekte Sexualpädagogik im Sinne des Aufbaus einer Identität und der Persönlichkeitsentwicklung gegeben. Explizite Themen der Aufklärung müssten fächerübergreifend schon vor dem Eintreten der Geschlechtsreife angegangen werden, und die Behandlung der Themen Liebe, Freundschaft und Sexualität sollten in höheren Schulstufen bzw. Lerngruppen nicht fehlen. Weiterführende Themen sind Verhütung statt Sterilisation, Kinderwunsch von Eltern mit Behinderung, sexualisierte Gewalt.

In didaktischer Hinsicht ist aufgrund häufiger Sprachlosigkeit von den Lehrpersonen eine möglichst angstfreie, souveräne und verständliche Art des Redens über Sexualität erwünscht, die auch nonverbale und körpersprachliche Signale einbezieht. Um die private Intimitätssphäre zu wahren, erfordert die Didaktik ein ausgeprägtes Wahrnehmungsvermögen der spezifischen Situation, fundiertes Wissen und ein sensibles Gespür für den Umgang mit den Anvertrauten. Themenspezifische Medien, auch Filme und Materialien für die Arbeit in Schule und Religionsunterricht sind beispielsweise in der »Bundesvereinigung Lebenshilfe« (2005) erhältlich.

7.8 Kinder lassen ihr Geschlecht nicht vor der Schultür – Zusammenfassung

1) Lehrpläne und Unterrichtswerke sind Vorgaben, die in der schulischen Praxis nicht eins zu eins umgesetzt werden, aber von erfahrenen Lehrpersonen entwickelt worden sind und ein lebendiges Problembewusstsein spiegeln. Die hier analysierten Werke drücken eine offene Haltung zu den Bereichen Sexualität und Sexualpädagogik aus, keine sexualpessimistische Schau und kein bevormundendes autoritäres Gebaren, sondern das stete Bemühen, junge Menschen verlässlich und diskret in ihrer biopsychosozialen und sexuellen Entwicklung zu begleiten.

2) Sexualität wird in Lehrplänen und analysierten Schulbüchern durchgehend als *positive und »gottgewollte« Wirklichkeit* gesehen, die konstitutiv zum Leben gehört und mehrere Sinngehalte aufweist. Von Lust ist selten die Rede, aber wenn, dann wird sie nicht negativ konnotiert. Die Absicht wird

erkennbar, Unsicherheiten der Schüler/innen in diesem Bereich beheben zu wollen und auf Fragen ernsthaft einzugehen.

3) Im Laufe der Schulzeit ist ein *stufenweises Fortschreiten* in sexualpädagogischen Lernschritten und den damit verbundenen Bildungsaufgaben zu beobachten, beginnend mit der Identitätsausbildung und der Persönlichkeitsentwicklung, fortschreitend über eine ganzheitliche Aufklärung und kontinuierliche Wissensvermittlung bis hin zur bewussten Auseinandersetzung mit den Themen Freundschaft, Partnerschaft, Liebe und Sexualität, Ehe und Familie.

4) Es lässt sich deutlich unterscheiden zwischen einer längerfristigen, indirekten Sexualpädagogik im Sinne des Aufbaus einer Ich-Stärke und eines gesunden Selbstbewusstseins einerseits und einer direkten Behandlung von sexualitätsbezogenen Themen und einem Eingehen auf anlassbezogen gestellte Fragen der Schülerinnen und Schüler andererseits. Sichtbar wurde ein durchgehendes Abheben der Erziehungsbemühungen auf *christliche Mündigkeit und verantwortlichen Umgang mit Partnerinnen/ Partnern*. Jungen Menschen wird zugetraut, in diesen Fragen selbstständig zu überlegen und zu entscheiden. Die frühere Gebots- und Verbotsmoral taucht ebenso wenig auf wie eine Erziehung zum blinden Gehorsam, die offensichtlich aus den neueren Lehrplänen und Religionslehrbüchern verschwunden ist.

5) Ferner wird deutlich, dass neben dem angestrebten Erziehungsziel der Mündigkeit der eigentliche und *privilegierte Ort der Sexualität in der Ehe und Familie* gesehen wird. Dabei ignoriert man nicht, dass diese Fernziele ein »Davor« haben – Stichwort »Stufenleiter der Zärtlichkeiten«. Mehrheitlich wird von einem Treueverhalten und nicht von Promiskuität oder sexueller Verwahrlosung der Jugendlichen ausgegangen.

6) In aller Offenheit werden *gesellschaftliche Themen* wie Frauenhandel, Prostitution, AIDS und Verhütung angesprochen und diskutiert. Hierbei wird die Meinung der Kirche als eine Stimme in die Meinungsbildung der Jugendlichen eingebracht, oft mit dem Zusatz, dass auch in der Kirche die Zeiten der einen gleich bleibenden Lehre von einer zunehmenden Plurali-

tät abgelöst worden sind (vgl. »Königsteiner Erklärung«). In Bezug auf das Thema Homosexualität wird durchgehend einer Diskriminierung von Schwulen und Lesben entgegengetreten. Das Thema »Verhütung« ist »in allen Bundesländern als verbindlicher Unterrichtsinhalt vorgesehen« (BZgA 2004, 169). Schwangerschaftsabbruch soll in allen Bundesländern thematisiert werden. Mit Schweigen umwoben ist das Tabuthema Selbstbefriedigung. Es kommt in den hier analysierten Schulbüchern nicht vor, also auch nicht negativ konnotiert! In den Lehrplänen der Bundesländer »Baden-Württemberg, Bayern, Mecklenburg-Vorpommern, Saarland, Sachsen und Thüringen kommt es nicht vor, in den übrigen Ländern wird Selbstbefriedigung positiv bis neutral gesehen« (BZgA 2004, 169).

7) Hauptthema aller sexualpädagogischen Bemühungen ist mit Abstand das Thema *Liebe* in seiner Sinnvielfalt. Es wird häufig mit den Schöpfungsgeschichten, mit dem Hohelied Salomos und dem paulinischen Hohelied der Liebe in Verbindung gebracht. Die Liebe ist offenbar das letzte und wichtigste Motiv, das sexuelles Handeln leiten soll.

8) Es wurde deutlich, dass ernsthafte Gespräche im Klassenzimmer zu diesem Themenbereich stehen und fallen mit der Authentizität der Lehrpersonen. Entweder schauen sie weg oder sie lassen sich unaufgeregt, sachlich und souverän auf die entsprechenden Probleme ein. Um die Intimsphäre der Schülerschaft zu schützen, sind wiederholt *indirekte sozial-interaktive Methoden* vorgeschlagen worden, etwa Fallbeispiele, anonymisierte Fragebogen, Fragenkataloge mit Schüleraussagen. Empfohlen wurden überdies Kleingruppenarbeit und Diskussionen in geschlechtshomogenen Gruppen im Wechsel mit der üblichen Koedukation.

9) Diese erfreuliche Bilanz des Kapitels über das Thema Sexualität in der Schule – gepaart mit einem dicken Lob an die Schulbuchautorinnen und -autoren – sollte vielen (Religions-)Lehrpersonen Mut machen, sich an das Thema heranzuwagen und sich dazu auch weiterzubilden. Es kann fächerübergreifend erteilt werden, was für viele eine Erleichterung darstellt. Insgesamt dürfte die Behandlung von Sexualität im Unterricht den Schülern/innen, besonders jenen mit Förderbedarf, einen willkommenen Dienst leisten; für die Schule indessen ist sie ein wertvoller Beitrag zur Prävention und

für den Religionsunterricht schließlich eine Chance zur Rückgewinnung der Glaubwürdigkeit der Kirche nach der Aufdeckung der Missbrauchsfälle (2010).

Literatur

Bayerisches Staatsministerium für Unterricht und Kultus (Hg.), Lehrplan für die bayerische Hauptschule, München 2004.

Bayerisches Staatsministerium für Unterricht und Kultus (Hg.), Lehrplan für die sechsstufige Realschule, München 2001.

Boenke, Michael in Zus. mit Albert Biesinger/Josef Jakobi/Klaus Kießling/Joachim Schmidt, Sinn voll Sinn. Religion an Berufsschulen. Gottes- und Nächstenliebe. Zwischen individuellem Freiheitsstreben und solidarischer Verantwortung, München 2010.

Bundesvereinigung Lebenshilfe (Hg.), Sexualpädagogische Materialien für die Arbeit mit geistig behinderten Menschen, Weinheim/Basel ^{4}2005.

BZgA (Hg.), »Richtlinien und Lehrpläne zur Sexualerziehung«. Eine Analyse der Inhalte, Normen, Werte und Methoden zur Sexualaufklärung in den sechzehn Ländern der Bundesrepublik Deutschland. Eine Expertise von Andrea Hilgers unter Mitarbeit von Susanne Krenzer und Nadja Mundhenke, Köln 2004 (pdf).

Hilger, Georg/Reil, Elisabeth (Hg.), Reli 9. Unterrichtswerk für katholischen Religionsunterricht, München 2000.

Hilger, Georg/Reil, Elisabeth (Hg.), Reli Real 10 – Lehrerkommentar. Unterrichtswerk für die katholische Religionslehre an Realschulen, München 2006.

Katholisches Schulkommissariat in Bayern (Hg.), Lehrplan für katholische Religionslehre an der bayerischen Grundschule, Jahrgangsstufe 1 mit 4, München 2000.

Katholisches Schulkommissariat in Bayern (Hg.), Lehrplan für katholische Religionslehre an der bayerischen Realschule, München 2001.

Mendl, Hans/Schiefer Ferrari, Markus (Hg.), Religion vernetzt. Unterrichtswerk für katholische Religionslehre an Gymnasien 9, erarbeitet von Axel Herschke, Marianne Mayer, Siegfried Steiger und Alfred Vogler, Internetberatung Sebastian Schuhbeck, Schülerbuch und Lehrerkommentar, München 2007.

Milhoffer, Petra, Sexualpädagogik in der Grundschule, in: Renate-Berenike Schmidt/Uwe Sielert (Hg.), Handbuch Sexualpädagogik und sexuelle Bildung, Weinheim/München 2008, 547–556.

Schmid, Hans/Detsch, Sylvia/Heuer, Thomas/Hülz, Monza (Red.), Ich nehme dich an, in: Reli 9, Unterrichtswerk für katholische Religionslehre an Hauptschulen in den Klassen 5–9, hg. von Georg Hilger und Elisabeth Reil, München 2000, 93–114.

Specht, Ralf, Sexualität und Behinderung, in: Schmidt, Renate-Berenike/Sielert, Uwe (Hg.), Handbuch Sexualpädagogik und sexuelle Bildung, Weinheim/München 2008, 295–308.

Walter, Joachim, Sexualität und geistige Behinderung, Heidelberg ^{5}2005.

8. Sexualpädagogische Impulse für die Jugendarbeit

Kirchliche Jugendarbeit ist nach den bis heute gültigen Worten der Gemeinsamen Synode der Bistümer in der Bundesrepublik »selbstloser Dienst an den jungen Menschen und an der Gestaltung einer Gesellschaft, die von den Heranwachsenden als sinnvoll und menschenwürdig erfahren werden kann. Ihr Ziel ist nicht Rekrutierung, sondern Motivation und Befähigung, das Leben am Weg Jesu zu orientieren« (Ziele und Aufgaben 1974, Offizielle Gesamtausgabe 1976, 294). Jugendarbeit zielt auf Selbstverwirklichung und christliche Mündigkeit in der Perspektive des Evangeliums und der Reich-Gottes-Botschaft.

8.1 Hinführung

Jugendarbeit geschieht ganz allgemein außerhalb der Schule, also ohne Zwang, aus freien Stücken und meistens in der Freizeit. Sie versammelt junge Menschen zu gemeinsamen Anlässen, Lagern, Projekten, Fahrten und weiteren Unternehmungen, sogar über die Grenzen der Länder, Kulturen und Religionen hinweg! Sie vermittelt vielen Jugendlichen wertvolle Erlebnisse, stiftet Gemeinschaft und lässt ganz neue Seiten des Lebens erfahren. Heutige Jugendarbeit geschieht (immer noch) teilweise in regelmäßigen »Gruppenstunden«, doch zunehmend in »Events« mit einer längeren Vorbereitungszeit und öfter mit einer »Nacharbeit« im Sinne einer vertiefenden Nachhaltigkeit. Jugendarbeit geschieht nicht mehr ohne die neuen Medien und deren digitale Kommunikationsweisen. Natürlich kann es in einer Jugendfreizeit Dinge mit sexueller Bedeutung geben, wie es folgender Bericht aufzeigt:

> »Meine Periode habe ich mit zwölfeinhalb bekommen. Ich war mit einer Jugendfreizeit unterwegs und hab dann auf der Toilette bemerkt, dass ich einen Blutfleck im Slip hatte. Erst mal war ich ein bisschen erschrocken, weil ich

nicht so früh damit gerechnet hatte. Eine von den Betreuerinnen hat mir dann eine Binde gegeben und mir erzählt, wie es bei ihr damals war. Als ich es meiner Mutter erzählt hab, hat sie erst ganz ernst geguckt, aber dann hat sie sich gefreut und mir ein dickes Eis spendiert« (Mareike, 13 Jahre) (BZgA, Hg., Über Sexualität reden ..., 2008, 27).

So überraschend und bunt, so erlebnisreich und neu für viele die Jugendarbeit ist, es gibt sowohl in der kirchlichen wie in der nichtkirchlichen auch Übergriffe und Grenzverletzungen. Zahlreiche hauptamtliche und ehrenamtliche Leiter/innen sehen sich oft ohne große Ausbildung mit hohen Anforderungen der Leitung konfrontiert, beispielsweise mit dem Umgang mit Nähe und Distanz.

Seit mehreren Jahren – jedenfalls nicht erst seit dem Jahre 2010 – sind sich viele Verantwortliche der Jugendarbeit dieser Probleme bewusst. Auf der Basis von Erfahrungen und Erkenntnissen haben sie Gegenmaßnahmen entwickelt und in der Leiterausbildung erprobt. Eine besonders gut ausgearbeitete und reflektierte Übereinkunft soll hier vorgestellt werden: die Selbstverpflichtung der Leiter/innen auf einen Verhaltenskodex in der »Katholischen Jungen Gemeinde der Landesarbeitsgemeinschaft in Bayern« (8.2). Diesem Verband darf eine Vorreiterrolle in dieser Frage attestiert werden. – An zweiter Stelle (8.3) werden einige Lernarrangements aus der Jugendarbeit exemplarisch dargelegt, gibt es doch mittlerweile diverse Methodenhandbücher für außerschulische Bildungsveranstaltungen für Jugendliche ab ca. 15 Jahren. In diesen Rollenspielen und improvisierten Szenen sollen Vorurteile aufgebrochen, Klischees differenziert und Einsichten erschlossen werden; es gibt eine Einübung in den Respekt vor den Mitmenschen.

Weiter sollen Erfahrungen aus der *Schulpastoral* weitergegeben werden, welche zwar im Dienste der Schule und der Schulqualität steht, aber außerhalb der Schule und wenn immer möglich auf freiwilliger Basis durchgeführt wird. Zu den beliebtesten Themen gehören »Klassengeist« und noch mehr »Liebe, Freundschaft, Sexualität«. Diese sogenannten »Tage der Orientierung« oder »Schulendtage« eröffnen vielen Schulklassen unter der Leitung ausgebildeter Trainer/innen neue Zugänge zu diesen Themenbereichen (8.4). Als eine spezielle Variante sei auf die Biografiearbeit hingewiesen, die an solchen Tagen in Einzelelementen vorkommen kann oder etwas ausführlicher in mehrstündigen Arbeits- oder Besinnungseinheiten (8.5). – Unter Punkt 8.6 gilt es die Medien- und insbesondere die Internetkompetenz zu fördern, denn Jugendliche werden in den Medien mit Sexualität konfrontiert, ob sie es wollen oder nicht. Sexualität ist in Filmen und im Internet präsent, und hier soll am Beispiel von Pornografie und Gewalt bzw. sexualisierter Gewalt der Umgang damit reflektiert werden. Nach dem Thema interkulturelle Sexualpädagogik mit besonderer Rücksicht auf Angehörige islamischer Richtungen (8.7) wird abschließend ein interdisziplinäres Seminar vorgestellt (8.8), zu dem sich die Vertreter der beiden Disziplinen Moraltheologie und Religionspädagogik mit den Studierenden zu einem gemeinsamen Lernprozess zum Thema »Umgang mit Sexualität gestalten lernen« gefunden haben. Der lebendige Zuspruch vonseiten der Studierenden zeigt, dass noch kein Überangebot von universitären Veranstaltungen zu diesem Bereich im Hinblick auf Schule und Religionsunterricht besteht!

8.2 Die Selbstverpflichtung auf den Verhaltenskodex der KJG in Bayern

Im dritten Jahrtausend sind zahlreiche Fälle sexuellen Missbrauchs durch kirchliche Vertreter an die breite Öffentlichkeit gekommen. Papst Johannes Paul II. trat als Erster für eine Aufklärung der Fälle in den USA ein und sprach stellvertretend für die katholische Kirche ein »mea culpa« (»durch meine Schuld«, also ein Schuldbekenntnis) aus. Papst Benedikt XVI. kam in Australien nicht umhin, eine öffentliche Entschuldigung auszusprechen, so groß waren die Vergehen und der Druck gewisser Verbände. – Ein weiterer Zusammenhang zu diesem Punkt innerhalb dieses Kapitels über die Jugendpastoral besteht in München mit dem Jugendseelsorger Albert Bauernfeind, der wegen seiner Parteinahme für die Jugendlichen und wegen kritischer Äußerungen zur kirchlichen Sexualmoral seines Amtes enthoben wurde. – All diese Vorkommnisse sowie Erfahrungen in der Jugendarbeit führten die »Katholische Junge Gemeinde« zu folgendem »Verhaltenskodex«, mit dem sich fortan alle ehrenamtlichen und hauptamtlichen Mitarbeitenden auseinandersetzen müssen. Mit der persönlichen Unterschrift können sich die Jugendlichen selbst moralisch verpflichten, in der Jugendarbeit Verantwortung zu übernehmen und für den Schutz der Kinder und Jugendlichen einzutreten. Hier sei der *Verhaltenskodex der KJG in Bayern* im Wortlaut aus dem Jahr 2007 wiedergegeben:

1) Die Kinder- und Jugendarbeit bietet persönliche Nähe und eine Gemeinschaft, in der Lebensfreude und lustvolles, ganzheitliches Lernen und Handeln Raum finden. Die uns anvertrauten Kinder und Jugendlichen unterstützen wir darin, geschlechtsspezifische Identität, Selbstbewusstsein und Fähigkeit zur Selbstbestimmung zu entwickeln und diese Selbstbestimmung als unverletzlich anzusehen.
2) Unsere Arbeit mit den Kindern und Jugendlichen und innerhalb der Teams ist von Respekt, Wertschätzung und Vertrauen geprägt. Wir achten Persönlichkeit und Würde von Kindern und Jugendlichen.
3) Wir schützen die uns anvertrauten Kinder und Jugendlichen vor körperlichem und seelischem Schaden, vor Missbrauch und Gewalt.
4) Wir beziehen gegen sexistisches, diskriminierendes und gewalttätiges verbales oder nonverbales Verhalten aktiv Stellung. Abwertendes Verhalten wird von uns benannt und nicht toleriert.
5) Wir gestalten die Beziehungen zu den Kindern und Jugendlichen transparent in positiver Zuwendung und gehen verantwortungsbewusst mit Nähe und Distanz um. Individuelle Grenzen der Kinder und Jugendlichen werden von uns unbedingt respektiert. Dies bezieht sich insbesondere auf die Intimsphäre und persönlichen Grenzen der Scham von Kindern und Jugendlichen.
6) Wir bemühen uns, jede Form persönlicher Grenzverletzung bewusst wahrzunehmen und ein Gruppenklima zu schaffen, das es uns ermöglicht, diese Situationen offen anzusprechen. Im Konfliktfall ziehen wir (professionelle) fachliche Unterstützung und Hilfe hinzu und informieren die Verantwortlichen auf der Leitungsebene. Der Schutz der Kinder und Jugendlichen steht dabei an erster Stelle.
7) In unserer Rolle und Funktion als Mitarbeitende der Kinder- und Jugendarbeit haben wir eine besondere Vertrauens- und Autoritätsstellung. Jede sexuelle Handlung mit Schutzbefohlenen ist eine strafbare Handlung mit entsprechenden disziplinarischen und gegebenenfalls strafrechtlichen Folgen.
8) Die Regeln des Verhaltenskodex gelten auch zwischen allen ehrenamtlich Tätigen, hauptberuflich und hauptamtlich Beschäftigten in der Kinder- und Jugendarbeit der KJG in Bayern.

Hiermit erkenne ich diesen Verhaltenskodex an und werde ihn bei meiner Tätigkeit für die KJG berücksichtigen!

Ort, Datum, Unterschrift

_____

Mit der Unterschrift zeigen sich Jugendliche bereit für ein offenes Klima in der Jugendarbeit. Sexuelle Übergriffe werden thematisiert und strafbares Verhalten nicht toleriert. Die Intimgrenze und die Würde der Person sind unbedingt zu wahren. In Konfliktfällen werden Fachleute zurate gezogen. Bilanzierend ist festzustellen, dass mit diesem Verhaltenskodex ein neues Bewusstsein in der kirchlichen Jugendarbeit geschaffen wird. Alle wissen nun, woran sie sind, und fehlbare Leitpersonen werden nicht weiter geschützt und beschäftigt.

8.3 Lernarrangements und Methoden der sexualpädagogischen Jugendarbeit

Da der Umgang mit Sexualität ein lebenslanger Lernprozess ist, sollen in dieser Schrift ein paar Hinweise zu sozialen interaktiven Lernarrangements gegeben werden: Teilweise können sie in der Schule durchgeführt werden, in der die Diskussion an erster Stelle steht. Die meisten sind in der Jugendarbeit dann geeignet, wenn jeweils neue Situationen mit einbezogen werden. Wir berufen uns einerseits auf die neuen von der Bundesstelle der Katholischen Jungen Gemeinde in Düsseldorf herausgegebenen Methoden zur Sexualpädagogik (2010) und andererseits auf »Praxismethoden zu Identitäten, Beziehungen, Körper und Prävention« (2008) der Sexualpädagogen Stefan Timmermanns und Elisabeth Tuider. Beide Werke sind hauptsächlich für die Jugendarbeit konzipiert, sind aber auch für die Schule mit ihren je anderen Rahmenbedingungen adaptierbar. Folgende Arrangements werden präsentiert:

8.3.1 »So anders?!« zielt darauf hin, dass sich Kinder ab zehn Jahren in ihrer Differenz wahrnehmen und in ihrer Einmaligkeit annehmen lernen.
8.3.2 »Entwicklung des Selbst« hebt darauf ab, sich selbst in seiner Leibhaftigkeit und körperlichen Gestalt bewusst wahrzunehmen und zu akzeptieren.

8.3.3 »Schau mal, die da!« geht von Situationen auf der Straße aus, bei denen Personen ins Blickfeld geraten, die Gesten der Zuneigung ausdrücken. Dies soll nicht zum Auslachen, sondern zu Respekt führen.

8.3.4 »Nähe und Distanz« ist ein bedeutsames Thema für die Leitungsverantwortlichen in der Jugendarbeit, aber auch für Lehrpersonen.

8.3.5 Im Spiel »Ja-Nein-Kreis« sollen Jugendliche lernen, »Nein« zu sagen.

8.3.6 »In allen vier Ecken« geht es um das achtsame Gespräch über Sexualität anhand von Aussagen Jugendlicher, zu denen man Position beziehen kann oder auch nicht.

8.3.7 Schließlich folgt eine Übung zum Thema »Ungewollt schwanger«, die einen ganzen Tag beansprucht und mit diversen Beratungsadressen weiterhelfen kann.

8.3.1 »So anders?!«

Thema: Vielfalt der Menschen bedeutet Reichtum
Ziel: In dieser Gruppenarbeit soll die Vielfalt in der Gruppe erkennbar gemacht werden. Dabei können verschiedene Differenz-Kategorien verdeutlicht und angewendet werden. Vielfalt soll als Bereicherung erfahren werden.
Intensitätsstufe: mittel
Gruppengröße: bis 20 Personen
Alter: ab 10 Jahren
Dauer: ca. 45 Minuten
Material: Stifte; eventuell Musik; große Plakate mit den Überschriften (s.u.)
Raum: Gruppenraum
Geeignet als: Einstieg
Quelle: Timmermanns/Tuider 2008, 42–43

Folgende Äußerungen sollten gestaltet werden:
- »Diese Sprache(n) spreche ich:«
- »So viele Geschwister habe ich:«
- »In diesem Land bin ich geboren:«
- »Bei diesem Thema kenne ich mich besonders gut aus:«
- »In diesen Vereinen bin ich Mitglied:«
- »Das ist mein Hobby:«
- »In diesen Orten habe ich schon gewohnt:«

- »So viele Großelternteile habe ich noch:«
- »Diesen Film habe ich zweimal gesehen:«
- »Mit diesen Menschen wohne ich zu Hause zusammen:«
- »Das kann ich kochen:«
- »In diesen Ländern war ich schon mal:«

Ablauf
Die Plakate werden im Gruppenraum auf dem Boden verteilt. Alle Teilnehmenden sind nun eingeladen, in Einzelarbeit ihre jeweiligen Antworten auf das jeweilige Plakat zu schreiben. Dies kann kreuz und quer geschehen; Doppelungen sind dabei ausdrücklich erwünscht. Dazu kann leise Musik gehört werden. Ein Austausch oder Randgespräche sind in dieser Phase noch nicht erlaubt.

Wenn alle auf jedem Plakat mehrere Antworten notiert haben, werden die Plakate aufgehängt und (von der Leitung oder den Jugendlichen) vorgestellt. Falls sich zu den einzelnen Plakaten Gespräche entwickeln, können gegebenenfalls Nachfragen an die Jugendlichen gestellt werden wie z.B.: »Wer hat dir das Kochen beigebracht?«; »Wohnt noch Familie in deinem Geburtsland?«

Erfahrungen und Tipps
Oftmals erfahren die Jugendlichen neue Aspekte über einander. Diese Neuigkeiten sollten positiv kommentiert werden und nicht zur Bloßstellung führen. Manchmal fällt den Jugendlichen selbst noch eine Frage ein, die sie gerne der Gruppe stellen möchten. Hierfür können weitere unbeschriftete Plakate bereitgehalten werden.

Rolle der Leitung
Die Leitung achtet darauf, dass die Antworten auf den Plakaten nicht abwertend kommentiert werden. Sie vermittelt die Haltung, dass Vielfalt Dinge möglich macht, von denen alle profitieren. Durch gegenseitiges Interesse und Toleranz kann in der Gruppe ein positives Gruppenzugehörigkeitsgefühl entstehen.

8.3.2 »Entwicklung des Selbst – Erfahrung der eigenen Körperlichkeit«

Thema: Leibhaftigkeit und Körperlichkeit
Ziel: Bewusstmachen von und aufmerksam werden auf Empfindungsmöglichkeiten des eigenen Körpers

Intensitätsstufe: mittel
Gruppengröße: bis 16 Personen
Alter: für alle Altersstufen
Dauer: mindestens 1 Stunde
Raum: möglichst großer Raum
Material: Tafel und Kreide oder Tapetenrolle und Filzstifte
Quelle: Kutzlebe 1981, 57–58

Übungsvorgabe:
»Ich betrachte mich von oben bis unten! Meine Haut ist weich und glatt. An der Brust sehe ich Rippen, die darunterliegen, an den Händen die Sehnen, an den Oberarmen die Muskeln. Mein Haar hat Farbe, an den Armen ist nur ein Flaum, der zittert, wenn ich darüberblase. Ich hauche auf meine Haut und atme ihren Geruch ein. Ich rieche mich – ich mag mich riechen. Ich fühle mich: leicht und schwer, warm und kalt, schwer und leicht.

Auch wenn ich ruhig liege und gar nichts tue, geht alles weiter in mir: Ich atme, mein Haar wächst, meine Nägel werden länger, mein Blut strömt, ich verdaue. Ich habe Lust, ich zu sein (Brender 1974, 7).«

Hinweise für die Übungsleitung:
Die Übungsleitung sollte sich darüber im Klaren sein, dass die Übung einen besonderen atmosphärischen Rahmen braucht, sie ist gut für abendliche Veranstaltungen geeignet.

Verlauf
1) Die Übung beginnt mit einer Frage: Wie kann sich unser Körper anfühlen? (Evtl. Beispiel geben, warm – kalt.) Die Antworten werden ungeordnet schriftlich fixiert – keinen Anspruch auf Vollständigkeit erheben; was und wie viel kommt, reicht für die Durchführung.
2) Zur Verdeutlichung sollten im Gespräch Situationen, in denen bestimmte Körpergefühle wahrgenommen wurden, geschildert und beschrieben werden.
3) Die Körpergefühle werden eingeteilt in angenehme und unangenehme (wobei die Subjektivität diskutiert werden muss, z.B. sind Schwebegefühle für viele sehr angstauslösend, für andere eher befreiend).
4) Die Übungsvorgabe wird langsam und ruhig vorgelesen, die Zuhörenden liegen nach Möglichkeit oder sitzen bequem. Die Übung kann nur bei Ruhe

aller Teilnehmenden durchgeführt werden. Wer nicht mitmachen kann oder will, aus welchem Grund auch immer, sollte sich solange ruhig verhalten und die anderen nicht stören.

Beobachtungskriterien und Auswertungshilfen
- Sind alle in der Lage, verschiedene Körpergefühle wahrzunehmen? Falls nicht, woran könnte es liegen? – An Krankheit, Schmerzen, anderen körperlichen Behinderungen, Konzentrationsfähigkeit, Tabuisierung der Leiblichkeit durch religiöse Erziehung, Angst oder ...?
- Sind durch die Übung neue Aspekte dazugekommen, die in der Anfangssammlung fehlten? Es muss unbedingt der normative Hintergrund deutlich werden, auf dem es leichter ist, den Körper in negativen als in positiven Assoziationen wahrzunehmen (z.B. In welcher Gruppe werden Ekstasegefühle assoziiert?).

8.3.3 »Schau mal, die da!«

Thema: Vorurteile
Ziel: Die Teilnehmenden sollen Vorurteile, Normierungen und Diskriminierungen erkennen und hinterfragen. Sie sollen über Vielfalt und Unterschiede zwischen Menschen ins Gespräch kommen. Dabei können auch eigene und fremde Werte diskutiert werden.
Intensitätsstufe: mittel
Gruppe: bis 20 Personen
Alter: ab 15 Jahren
Dauer: ca. 90 Minuten
Raum: Großer Gruppenraum, Kleingruppenräume zur Vorbereitung
Material: Karten mit vorgegebenen Rollenspielkärtchen (s.u.)
Geeignet als: Vertiefung
Quelle: Timmermanns/Tuider 2008, 71–73

Verlauf
Die Gruppe teilt sich in ungefähr gleich große Kleingruppen à drei bis fünf Personen auf. Jede Kleingruppe erhält nun eine Rollenspielkarte, mit der sie sich ca. 10 Minuten zurückzieht und überlegt, wie sie das Rollenspiel umsetzen möchte. Die einzelnen Rollenspiele sollten nicht länger als 5 Minuten dauern.

Danach werden die Rollenspiele gezeigt. Nach dem letzten Rollenspiel wird zu folgenden Fragen diskutiert:
- Wie habe ich mich als Darsteller/in gefühlt?
- Wie habe ich mich als Zuschauer/in gefühlt?
- Welche Szene(n) fand ich besonders erschreckend?
- Welche Szene(n) waren besonders realistisch? Wo habe ich so etwas schon mal erlebt/beobachtet/mitbekommen?
- Woher haben die urteilenden Menschen ihr Wissen?
- In welchen Situationen wurden andere aktiv diskriminiert? Wer diskriminiert und wer leidet darunter?
- Was kann eine Gesellschaft gegen diese Diskriminierungen tun? Wer müsste etwas tun?

Erfahrungen und Tipps
Die Rollenspiele bieten dann eine gute Diskussionsgrundlage, wenn sie realistisch und ohne Albernheiten gespielt sind.

Rolle der Leitung
Die Leitung moderiert die Rollenspiele an und würdigt die Leistung der Darstellenden. Sie moderiert die Auswertung und erinnert gegebenenfalls an einzelne Aspekte aus den Rollenspielen. Sie verdeutlicht Bewertungen, Vorannahmen und Vorurteile in der Diskussion.

Varianten
Falls mehr Zeit zur Verfügung steht, können die einzelnen Rollenspiele auf Video aufgezeichnet und in einer Feinanalyse besprochen werden. Nach der Diskussion können die Rollenspiele noch einmal in einer nicht diskriminierenden Version gespielt werden. Die Rollenspielkarten können auch als Beispiele für Situationen dienen, um über ihre Aussagen zu diskutieren. Dann entfallen die Rollenspiele.

Die Rollenspielkarten enthalten folgende vier Texte:

a) Einige Jugendliche treffen auf zwei Frauen, die sich umarmen und küssen. Sie klopfen Sprüche wie: »Geil, Lesben, mit denen würd' ich's auch mal gerne machen!«

b) Zwei Jugendliche sitzen in der U-Bahn. Es steigt eine Gruppe Frauen ein, die alle Kopftücher tragen und sich laut in einer fremden Sprache unterhalten. Die Jugendlichen stehen auf und suchen sich einen neuen Platz weiter weg von den Frauen. Ein weiterer Fahrgast sagt so etwas wie: »Richtig so, diese komischen Weiber mit ihren Kopftüchern. Weiß gar nicht, was die hier wollen. Die sollte man dahin schicken, wo sie hergekommen sind!« Die Jugendlichen reagieren auf diese Sprüche.

c) Einige Jugendliche liegen am See und sonnen sich. Ein paar Meter weiter legt sich ein älteres Ehepaar auf seine Decke. Beide haben ebenfalls Badesachen an. Nach einiger Zeit fangen die beiden an, sich zu umarmen und Zärtlichkeiten auszutauschen. Von den Jugendlichen kommen Sprüche wie: »Die haben es wohl nötig. Ich find' das eklig in dem Alter.« »Und schau dir mal an, wie die aussehen! Alles voller Falten!« Das Ehepaar hört die Äußerungen.

d) Im Park sitzen zwei knutschende Pärchen auf einer Bank. Einer der vier sitzt im Rollstuhl. Zwei ältere Kinder laufen an ihnen vorbei, bleiben kurz stehen und fragen den Mann im Rollstuhl: »Kannst du auch Kinder machen?« Das andere Paar steht auf, ohne die Antwort abzuwarten, und geht (Timmermanns/Tuider 2008, 71–73).

8.3.4 »Nähe und Distanz«

Thema: Umgang mit eigenen und fremden Grenzen
Ziel: Sensibilisierung für das Problem von »Nähe und Distanz«, indem eigene und fremde (unsichtbare) Grenzen erspürt und beachtet werden.
Intensitätsstufe: mittel
Gruppe: bis 8 Teilnehmende; für gemischte und geschlechtergetrennte Gruppen; Paarbildung muss möglich sein.
Alter: ab 14 Jahren
Dauer: 20 bis 30 Minuten
Raum: Der Raum muss groß genug sein, dass sich die Paare in 4 bis 5 m Abstand gegenüberstehen können.
Quelle: BDKJ Mainz/BDKJ Limburg 1997

Vorbereitung
Vor der Übung erklärt die Leitung, worum es geht: »Ihr habt jetzt gleich die Gelegenheit, euch eurer Grenzen bewusster zu werden und die Grenzen eurer Partnerin oder eures Partners zu erspüren. Ihr steht euch jetzt mit Abstand gegenüber. Macht euch diesen Abstand bewusst und spürt nach, wie ihr ihn empfindet.«

Verlauf
Die Gruppe teilt sich in Paare auf, die sich jeweils in 4 bis 5 m Abstand mit den Gesichtern zueinander aufstellen. Wichtig ist, dass während der ganzen Übung nicht gesprochen werden soll.

1) »Diejenigen, die auf der linken Seite stehen, gehen jetzt langsam auf den Partner oder die Partnerin zu. Nur über Blickkontakt verständigt ihr euch, wie weit du herankommen darfst. Probiere den Abstand aus, geh eventuell einen Schritt vor oder zurück. Wenn du den richtigen Abstand gefunden hast, bleibe stehen. Dann spürt beide der Situation nach.«

2) »Stellt euch zurück in die Ausgangsposition. Jetzt gehen diejenigen, die auf der rechten Seite stehen, auf ihr Gegenüber zu. Wiederhole die Anweisung vom ersten Schritt.«

3) »Stellt euch zurück in die Ausgangsposition. Jetzt geht beide aufeinander zu und versucht, euch ohne zu sprechen, ohne Geräusche und ohne Gestik zu verständigen, wie nah ihr einander kommen wollt. Wenn ihr den Abstand gefunden habt, bleibt einen Moment in dieser Position. Tauscht euch über die Übung aus.«

Auswertung
Leitfragen können sein:
- Wie habe ich mich während der Übung gefühlt?
- Gab es eine Situation, die mir unangenehm/angenehm war?
- Wie habe ich Signale ausgesendet?
- Welche Signale hat mein Gegenüber ausgesendet?
- Habe ich etwas Neues (über mich) erfahren?
  (Bundesstelle KJG Düsseldorf 2010, 113)

8.3.5 »Ja – Nein – Kreis«

Thema: nonverbale Kommunikation
Ziel: Die Teilnehmenden erkennen den Wert symbolischer Kommunikation und üben das »Nein-Sagen« ein. Sie geben dem Gesagten durch Mimik, Gestik und Stimme Ausdruck und achten auf ihre Intuition.
Intensitätsstufe: niedrig bis mittel
Gruppe: 6 bis 20 Personen; für gemischte und geschlechtergetrennte Gruppen
Dauer: ca. 10 Minuten
Raum: mittelgroßer Raum
Vorbereitung: Die Leitenden regen die Teilnehmenden dazu an, dem »Ja!« oder dem »Nein!« mit Mimik, Gestik und Stimme Ausdruck zu verleihen.
Quelle: Bundesstelle KJG Düsseldorf 2010, 33

Verlauf
Ein »Ja!« oder »Nein!« geht im Kreis herum. Die Teilnehmenden stehen im Kreis. Die Leitung beginnt mit einem »Ja!«, das sie – unterstützt durch eine offene Geste und ein freundliches Lächeln – an die Person neben sich weitergibt. Das »Ja!« wird dann von Person zu Person weitergegeben. Hat ein Teilnehmer oder eine Teilnehmerin das Gefühl, dass das »Ja!« kein wirkliches »Ja!« ist, dann entgegnet er oder sie ein »Nein!« und unterstützt auch das mit Mimik, Gestik und Stimme. Erklingt ein »Nein!«, ändert das »Ja!« die Richtung des Kreises. Bei größeren Gruppen kann auch ein zweites oder drittes »Ja!« ins Spiel gebracht werden.

Variationen
Der Kreis kann auch mit einem »Nein!« begonnen werden. Wird das »Nein!« nicht als wirkliches »Nein!« wahrgenommen, so wird ein »Ja!« erwidert. Das »Nein!« ändert die Richtung.

8.3.6 »In allen vier Ecken«

Thema: Einstieg in das Thema Sexualität
Ziele: Die Teilnehmenden beziehen zu unterschiedlichen Bereichen der Sexualität Position und erfahren etwas über die Einstellungen der anderen.
Intensitätsstufe: mittel
Gruppe: 4 bis 20 Teilnehmende; für gemischte und geschlechtshomogene Gruppen

Dauer: 20 Minuten
Quelle: Bundesstelle KJG Düsseldorf 2010, 32

Hinweise für die Leitung
Es gibt keine richtigen und keine falschen Antworten. Vielmehr geht es in dieser Methode darum, einen Überblick über die Einstellungen der Gruppe zu erhalten. Auf eine Frage nicht zu antworten, ist nicht feige, sondern mutig.

Vorbereitung
Die Teilnehmenden positionieren sich zu unterschiedlichen Statements im Raum.

Verlauf
Die Leitung bittet die Teilnehmenden, sich zu folgenden Statements (siehe unten) zu positionieren. Dabei steht jede Ecke des Raumes für eine mögliche Antwort: Die erste steht für die Antwort »Ja!/Ich stimme zu!«, die zweite für »Nein/Ich stimme nicht zu!«, die dritte für »Das ist nicht mein Thema!« und die vierte für »Darauf will ich nicht antworten!«. Je nach Gruppengröße können alle oder einzelne Teilnehmende(n) gefragt werden, warum sie gerade diese Ecke bzw. Antwort gewählt haben. Denkbar ist auch, dass sich die Teilnehmenden in jeder Ecke austauschen und anschließend eine Person einen Überblick über die Aussagen der Gruppe bietet. Hierbei einen Konsens zu finden, ist nicht notwendig. Einzelne Teilnehmende können ergänzen, wenn sie sich nicht wiedergegeben fühlen. Über die verschiedenen Antworten wird nicht diskutiert.

Mögliche Statements
- Mir ist es peinlich, über Sexualität zu reden.
- Im Bereich der Sexualität habe ich keine Fragen.
- Meine Eltern haben mich aufgeklärt.
- Ich hatte bereits eine Beziehung.
- In einer Beziehung ist Treue das Wichtigste.
- Ich glaube an die Liebe auf den ersten Blick.
- Ich will einmal Kinder haben.
- Ich habe schon mal jemanden meines Geschlechts geküsst.
- Jugendliche haben zu früh Sex.
- Sex zu haben, ohne verliebt zu sein, ist in Ordnung.

- Jemanden einfach so auf das Hinterteil zu klopfen, ist übergriffig.
- Wenn ich verliebt bin, ist die ganze Welt rosarot.
- Wenn jemand mit mir Schluss macht, dann könnte ich tagelang heulen.
- Ich mag meinen Körper.

(Bundesstelle KJG Düsseldorf 2010,32)

8.2.7 »Schwanger.de«

Thema: unerwartete Schwangerschaft

Ziele: Die Teilnehmenden sollen über das Problem einer unerwarteten Schwangerschaft nachdenken lernen und darüber, wo sie sich Informationen zu notwendigen und hilfreichen Angeboten holen können. Außerdem erweitern sie ihre Medienkompetenz dadurch, dass sie verschiedene Wege der Informationsbeschaffung kennenlernen.

Intensitätsstufe: mittel

Gruppengröße: 10 bis 20 Personen

Alter: ab 14 Jahren

Geeignet als: Vertiefung

Dauer: ein halber bis ein ganzer Tag

Raum: Computerraum, eventuell Gruppenraum für »Redaktionssitzungen« und Gestaltung einer Dokumentation

Material: Internet-Anschluss und genügend Computer-Arbeitsplätze für die Teilnehmenden; bei einer anschließend geplanten Stadtrallye mit Besuch von Einrichtungen: eventuell Ausrüstung mit Handys, Fahrkarten, Stadtplänen, Kameras, Aufnahmegeräten und Interviewbögen.

Quelle: Timmermanns/Tuider 2008, 203–205

Verlauf

Im ersten Schritt erarbeiten sich die Teilnehmenden (z.B. in Kleingruppen zu den jeweiligen Aufgaben auf dem Arbeitsblatt) mittels einer ausführlichen Internet-Recherche Antworten zu den gestellten Fragen. Dabei geht es weniger um die eine »richtige« Antwort, sondern darum, das lokale Beratungsangebot zu erfassen, eventuell auch Lücken wahrzunehmen. – In einem weiteren Schritt kann überlegt werden, ob und welche Beratungseinrichtungen persönlich besucht werden. Schließlich kann aus den gesammelten Daten eine kleine Dokumentation erstellt werden.

Erfahrungen und Tipps
Selbst gemachte Erfahrungen und selbst gesammelte Informationen sind nachhaltiger als das Lesen einer Broschüre, in der die Informationen schon aufbereitet sind. Der Besuch der einschlägigen (Beratungs-)Stellen und Einrichtungen baut Schwellenängste ab und schafft oftmals einen entscheidenden Kompetenzvorsprung im Umgang mit Umbruchsituationen oder Krisen. Um die Bearbeitungszeit zu verkürzen, können die Aufgaben parallel in verschiedenen Kleingruppen behandelt werden.

Sollte als Ergebnis der Recherche eine Einrichtung für einen Besuch ausgewählt werden, ist je nach Gruppe auch auf ein Angebot in türkischer, arabischer, spanischer o.a. Sprache zu achten. Je nach Gruppe kann auch die Auswahl einer Einrichtung sinnvoll sein, die sich auf die Arbeit mit Menschen mit Behinderung spezialisiert hat.

Hinweise für die Leitung
Es ist gut, sich zunächst selbst einen Überblick zu verschaffen. Besuche bei Beratungsstellen setzen in der Regel eine frühzeitige Terminabsprache voraus.

Varianten
Diese Methode eignet sich auch für andere Themen, z.B. sexualisierte Gewalt, sexuelle Orientierung oder sexuell übertragbare Krankheiten.

Arbeitsblatt zur Methode »Schwanger.de«

- Aufgabe 1: Wo kann ein Schwangerschaftstest durchgeführt werden? Wie funktioniert er?
- Aufgabe 2: Was ist ein Mutterpass? Wo gibt es ihn? Was wird damit gemacht?
- Aufgabe 3: Was sind Vorsorgeuntersuchungen? Wo werden sie durchgeführt? Wie?
- Aufgabe 4: Was besagt der Mutterschutz? Wo kann ein Antrag gestellt werden? Was besagt der Kündigungsschutz in Bezug auf Mutterschaft? Wie ist die rechtliche Situation für Auszubildende oder Studierende?

- Aufgabe 5: Welche finanziellen Unterstützungen gibt es bei einer Schwangerschaft?
- Aufgabe 6: Wer hilft Alleinerziehenden weiter?
  Welche Möglichkeiten der Kinderbetreuung gibt es?
  Wie unterscheiden sie sich?
- Aufgabe 7: Wie kann eine Vaterschaft festgestellt werden und wo?
  Wo wird die Vaterschaft anerkannt?
  Welche Rechte und Pflichten haben Väter?
- Aufgabe 8: Wo finden Geburtsvorbereitungskurse statt?
  Wer führt sie durch?
  Was kosten sie?
- Aufgabe 9: Wo kann eine Geburt stattfinden?
  Wie unterscheiden sich die Angebote?

Hier wäre gewiss auch ein Gruppengespräch und/oder eine Besinnung angebracht, denn es handelt sich um ein sehr komplexes Thema mit verschiedenen Ebenen.

Die bisher aufgezeigten Methoden sind bereits mehrfach erprobt worden. Sie sind alle behutsame Wege, um sich mit jungen Menschen an heikle Themen heranzutasten und Sprachversuche in Gang zu bringen. Viele Jugendliche, besonders Jungen, sind nicht gewohnt, über intime Fragen zu diskutieren. Niemand soll dazu gezwungen oder auch nur gedrängt werden. Doch gilt es Chancen aufzuzeigen, die jungen Menschen helfen, ihr Leben persönlich zu gestalten, eigens in die Hand zu nehmen und selbst zu verantworten. Denn junge Menschen sind im Begriff, sich von ihren Eltern zu lösen und auf eigenen Beinen zu stehen.

8.3 »Tage der Orientierung« zum Thema »Liebe, Partnerschaft und Sexualität«

Unter dem Motto »Auszeit« bietet das Referat Jugend und Schule der Erzdiözese München und Freising »Tage der religiösen Orientierung« an (diese Passage ist eine Weiterführung eines Textes von Andreas Illa, vgl. Illa/Leimgruber 2010, 90–94).

Zielgruppe sind dabei die 9. bis 11. Jahrgangsstufen der Realschulen und Gymnasien. Die Schülerinnen und Schüler sollen sich freiwillig und bewusst für diese Aktivität anmelden. Niemand wird gezwungen daran teilzunehmen. Alternativ ist der Schulunterricht einer anderen Klasse zu besuchen. Die Schulklassen fahren mit zwei Mitarbeitenden des Referates für drei Tage in ein Jugendhaus, in der Regel mit einer Frau und einem Mann. Dort wählen die Schülerinnen und Schüler gemeinsam ein Thema aus, das mit ihrer Lebenswelt zu tun hat und an dem sie arbeiten möchten. Dabei stehen mehrere Standardthemen zur Auswahl, und die Schülerinnen und Schüler können überdies ein anderes, eigenes Thema einbringen. Bei der Themenwahl wird Wert darauf gelegt, dass sich die Gruppe frei entscheiden kann und nicht durch die Leitung beeinflusst wird. An dieser Veranstaltung der Schulpastoral wird dann drei Tage lang gearbeitet, wobei die Leitung Methoden vorgibt, nicht aber thematische Inputs. Die Leitung des Seminars ist zur Vorbereitung und Moderation der Einheiten vorgesehen und hält die eigene Meinung zurück. Ziel der »Tage der religiösen Orientierung« ist die allgemeine und spirituelle Persönlichkeitsbildung der Teilnehmenden sowie die Stärkung der Schulgemeinschaft.

Das Thema »Liebe, Partnerschaft und Sexualität« wird von den Schülerinnen und Schülern am häufigsten gewählt. Mehr als die Hälfte der Klassen wollen an diesem Themengebiet arbeiten. Ausschlaggebend dürften die entwicklungsspezifische Situation und auch die Neugierde auf das Thema sein. Viele Jugendliche sind sich unsicher, wie sie auf andere wirken und suchen noch ihren persönlichen Standpunkt ist. Um diese Ängste und Unsicherheiten abzubauen, lassen sie sich gemeinsam auf dieses Themengebiet ein.

Im ersten Themenbereich setzen sich die Schülerinnen und Schüler mit der Bedeutung des Begriffs »Liebe« auseinander: Wann kann von echter Liebe gesprochen werden? Worin besteht der Unterschied zwischen Liebe innerhalb der Familie, zur Liebe zu einem Haustier und zur Liebe in einer Beziehung?

Der zweite Bereich »Partnerschaft« bietet vielseitige Ansatzmöglichkeiten für Gespräche. Zum einen werden verschiedene Formen von Partnerschaften diskutiert: Affäre, One-Night-Stand, eine offene Beziehung, eine feste Partnerschaft oder die Ehe. Die Schüler beschäftigen sich mit Vor- und Nachteilen dieser Formen der Partnerschaft und wägen selbst ab, wie sie zu ihnen stehen. Ein anderer Diskussionspunkt im Bereich »Partnerschaft« sind die *Werte*, die für eine Beziehung wichtig sind. Die Teilnehmenden sammeln durch verschiedene Methoden diese Werte und gewichten sie. Dabei werden immer die gleichen Werte als besonders wichtig benannt, nämlich: Treue, Vertrauen, Offenheit und Ehrlichkeit. Ein weiterer Ansatzpunkt für weitere Überlegungen sind die Vorstellungen vom eigenen Traumpartner. Die Schülerinnen und Schüler benennen Eigenschaften, Charakterzüge und Verhaltensweisen, die ihre persönliche Traumpartnerin oder ihr persönlicher Traumpartner erfüllen sollte.

Im dritten Themenbereich »*Sexualität*« geht es um den eigenen Umgang mit Sexualität. Fragestellungen sind dabei: Wie verhalte ich mich? Welches sind meine Normen und welche Ansprüche habe ich? Was sind die Wurzeln meiner Sexualität? Woher kommen meine Normen und Werte? Welchen Normen bin ich Tag für Tag ausgesetzt? Wofür sind Normen und Werte eigentlich gut?

Der Themenbereich »Liebe, Partnerschaft und Sexualität« bietet auch einen allgemeinen Teil, in dem sich die Jugendlichen mit *Problemsituationen*, die das Thema betreffen, auseinandersetzen sollen. Häufig diskutierte Punkte sind hierbei: Was würdest du machen, wenn du jetzt schwanger werden würdest bzw. wenn deine Freundin schwanger werden würde? Oder: Partner oder Partnerin geht fremd, wie reagierst du? Oder: Dein bester Freund, deine beste Freundin sagt dir, dass er/sie homosexuell ist. Wie reagierst du? Wie viel sexuelle Erfahrung soll dein/e Partner/in mit in die Beziehung bringen?

Beispielhaft soll im Folgenden der Ablauf eines Seminars mit Jugendlichen festgehalten werden. Die dabei aufgeführten Methoden entstammen unterschiedlichsten Quellen und können hier nicht ausführlicher behandelt werden. Anhand der beschriebenen Ziele und den im Anhang aufgeführten Materialsammlungen kann und soll jede Leitungsperson einen entsprechenden Seminarplan individuell für die eigene Gruppe entwickeln.

Thema: Liebe, Sexualität und Partnerschaft
Erfahrungsbericht über »Tage der Orientierung« 2010
von Andreas Illa

Zielsetzung

Die Teilnehmenden setzen sich mit verschiedenen Formen von Partnerschaft auseinander und erarbeiten ein für sie stimmiges Konzept, Partnerschaft zu leben. Sie lernen dabei, wie wichtig Kommunikation in der Beziehung ist und wie durch geleitete Diskussionen Kommunikation in der Großgruppe gelingen kann. Des Weiteren setzen sie sich mit ihren Vorstellungen von Liebe, Partnerschaft und Sexualität auseinander, reflektieren diese und können ihr Fremdbild in diesen Bereichen mit dem Selbstbild abgleichen.

Zeit von bis	Thema	Ziel	Methode
Mittwoch 15.30–18.00	Organisatorisches	Gemeinsame Regeln für die nächsten Tage erarbeiten	Erarbeiten im Plenum
	Kennenlernen	Die TN und die Referent/innen lernen sich besser untereinander kennen. Dabei bekommen sie eine kurze Einschätzung, wie sie von den anderen wahrgenommen werden. Die TN äußern ihre Erwartungen und Befürchtungen für die Tage.	»Alle, die …«; »Willi Wurzel«, »Personen-Puzzle«
	Warming Up	Die TN setzen sich mit möglichen Inhalten und Themen auseinander und arbeiten ihnen wichtige Gesichtspunkte der Themen heraus.	»Rush Hour«
	Themenfindung		»4 Ecken«
19.30–21.00	Warming Up		»Krabbenchatten«
	Themensuche	s.o. Die TN äußern ihre Meinungen, Wünsche und Anliegen zu den zu wählenden Themen.	Weiterführung: »4 Ecken«
	Themenwahl	Die TN legen sich auf ein Thema fest und visualisieren dies durch Punkte.	Bepunkten
23.00–23.30	Abendausstieg		»Statements zu Liebe«

8.3 »Tage der Orientierung« zum Thema »Liebe, Partnerschaft und Sexualität«

Zeit von bis	Thema	Ziel	Methode
Donnerstag 09.15–12.00	Warming Up Beziehungsformen	Die TN sammeln verschiedene Arten von Liebes- bzw. sexuellen Beziehungen. Anschließend setzen sie sich mit diesen kreativ auseinander und erkennen Vor- und Nachteile von diesen. Diese werden dann in Großgruppen reflektiert. Anschließend überlegt jeder TN, welche Beziehungsformen für ihn infrage kommen.	»Kissenralley« • Brainstorming: Formen von Beziehungen • KG-Einteilung: Datenverarbeitung • »Beziehungswerbung« • Vorstellen im Plenum • Einzelarbeit
	Werte in Beziehungen	Die Jugendlichen sollen sich die ihnen relevant erscheinenden Werte in einer Partnerschaft bewusst machen. Mit der Methode werden anschließend die eigenen Werte kritisch hinterfragt und von jedem auf ihre Relevanz überprüft. Die Prioritäten der Einzelnen finden dadurch in der Gruppe Gehör.	»NASA-Methode«
15.30–18.00	Warming Up		»Glubberlfangsti«
	Kooperation in Beziehungen	Die TN erkennen den Stellenwert des eigenen Ich in der Gruppe und welche Möglichkeiten, aber auch Pflichten sich im Zusammenleben ergeben.	»Stühle-Koop«

Zeit von bis	Thema	Ziel	Methode
	Liebe, Partnerschaft und Sexualität	Verschiedene selbst gewählte Statements zum Thema Liebe, Sexualität und Partnerschaft sollen als Diskussionsgrundlage in Kleingruppen dienen. Diese werden personenbezogen besprochen. Anhand der Aussagen und Rückmeldungen der anderen TN kann jede/jeder die eigene Einstellung zu den einzelnen Themen überdenken und ihrem/seinem Wertebild ggf. anpassen.	Kleingruppen-Arbeit: »Sensis«
	Sexuelle Vielfalt	Die TN werden sich ihren Vorstellungen und Vorurteilen ggü. Homo- wie Heterosexuellen bewusst und reflektieren diese. In der Gruppe setzt man sich mit den Vorstellungen der anderen auseinander.	»Das Dreieck«
19.30–20.30	Klassenabend	Div. Gesellschafts- und Gemeinschaftsspiele.	Klassenabend
23.00–23.30	Abendausstieg		Traumreise
Freitag 09.15–12.00	Warming Up		»Parcours«
	Liebe, Sexualität und Partnerschaft	Zu verschiedenen Statements zum Thema Liebe, Sexualität und Partnerschaft bilden sich die TN eine Meinung und diskutieren diese mit ihren Gegenübern.	»Kugellager«

8.3 »Tage der Orientierung« zum Thema »Liebe, Partnerschaft und Sexualität«

Zeit von bis	Thema	Ziel	Methode
	Liebe	Die TN erarbeiten sich eine Definition, was sie unter Liebe verstehen und wie Liebe sich bei ihnen äußert. Dies muss im Plenum vertreten werden. Dadurch wird eine gemeinsame Vorstellung von dem Begriff »Liebe« gebildet.	Plenumsdiskussion: Was ist Liebe? Wie äußert sich Liebe?
	Abschied Reflexion	TN geben sich gegenseitig unter der Leitung Feedback darüber, wie sie sich, die Gruppe und die Leitung in den vergangenen Tagen erlebt haben.	Positive Litfasssäule »Fünf-Finger-Methode«

Erfahrungen

Die »Tage der Orientierung« werden in aller Regel als wohltuend und für die Klassengemeinschaften als Gewinn erfahren, allerdings unter der Voraussetzung, dass die Teilnehmenden freiwillig dabei sind. Sie reden und diskutieren zumeist offen über die angesprochenen Fragen. Grundstein für eine gelingende Partnerschaft ist und bleibt für Jugendliche die Liebe; die meisten von ihnen lehnen daher den Gedanken einer Zweckpartnerschaft ab.

Bemerkenswert ist, dass fast alle Schülerinnen und Schüler eine feste Partnerschaft anstreben und nicht auf kurzzeitige »Abenteuer« aus sind. Die Ehe gilt ihnen als hohes Ideal, das zwar für sie noch in weiter Ferne liegt, aber doch von den meisten angestrebt wird. Sie finden auch, dass es sich heutzutage viele Menschen zu leicht mit der Scheidung machen und mehr um ihre Beziehung kämpfen sollten. Nur wenige glauben, dass eine Beziehung nicht dauerhaft halten kann. Die meisten sind davon überzeugt, dass eine Beziehung »ewig« halten sollte!

Es stellt sich heraus, wie sehr sich schon die Jugendlichen nach langfristigen Partnerschaften sehnen, in denen sie Werte wie Treue, Vertrauen und Offenheit, Ehrlichkeit und Verlässlichkeit finden. Sie empfinden damit ähnliche Werte als wichtig, die auch von christlicher und kirchlicher Seite als Basis einer Beziehung benannt werden. Auch in Bezug auf den gewünschten Traumpartner werden zumeist die Eigenschaften treu, vertrauenswürdig, zuverlässig und ehrlich genannt. Auf diese Begriffe, die direkt die Beziehung betreffen, können sich die Teilnehmenden schnell einigen. Im Grunde wird diese Meinung von allen geteilt. Eigenschaften, Verhaltensweisen und Charakterzüge, die nicht die Beziehung betreffen, wie zum Beispiel »sportlich«, »soll viel lesen« etc., werden dagegen stark diskutiert, ohne jeweils zu einer Einigung zu gelangen.

Gerade bei der Beschäftigung mit Normen und Werten stellen die Schülerinnen und Schüler immer wieder fest, dass viele Normen der Kirche (z.B. Treue, Einehe) im Bereich der Sexualität nachvollziehbar sind und auch für sie gute Werte bilden, allerdings von der Kirche schlecht »verkauft« werden. Gerade an dieser Stelle wäre nach ihrer Meinung ein guter Ansatzpunkt für die Kirche, um mit Jugendlichen in den Dialog zu kommen. Allerdings bräuchte die Kirche hierfür authentische Mitarbeiterinnen und Mitarbeiter, die die Jugendlichen und ihre Einstellungen ernst nehmen und würdigen und die Bereitschaft mitbringen, am Ende des Gesprächs nicht die kirchliche Sexuallehre als die einzig wahre und richtige hinzustellen.

Die langjährige Durchführung der Tage der Orientierung hat gezeigt, dass der Großteil der Jugendlichen sexuell nicht »verroht« ist, wie es gelegentlich in den Medien behauptet wird (Siggelkow/Büscher 2008). Fremdgehen ist für die Schülerinnen und Schüler kein Kavaliersdelikt, sondern ist nach Aussage der Teilnehmenden ein Grund für eine sofortige Trennung. Und keine und keiner der Jugendlichen wünscht sich eine Partnerin oder einen Partner mit ausufernden sexuellen Erfahrungen. Auch von einem »Werteverfall« kann in meinen Augen nicht die Rede sein, da eine Schwangerschaft die Schülerinnen und Schüler in ihrem Alter zwar hart treffen würde, aber die meisten der Teilnehmerinnen und Teilnehmer die Verantwortung übernehmen und das Kind bekommen möchten. In den Augen der meisten ist eine Abtreibung nur gerechtfertigt nach einer Vergewaltigung oder falls die momentane Lebenssituation dies nicht zulässt. Was die sexuelle Orientierung, gerade Homo- und Transsexualität angeht, merkt man, dass die Jugendlichen recht locker mit dem Thema umgehen und sehr tolerant sind, besonders dann, wenn sich in der Klasse bereits jemand geoutet hat.

Bewertung
Der gesamte Themenbereich wird von den Schülerinnen und Schülern an Tagen der Orientierung zumeist mit großem Respekt und sehr ernsthaft bearbeitet.

Als Leiter/in ist es immer wieder eine Genugtuung zu sehen, wie gewissenhaft die Teilnehmenden an diesem Thema arbeiten und welch hohe Wertvorstellungen und Ideale sie in Diskussionen mit einbringen. Der Großteil der Jugend hat hohe Moralvorstellungen und steht den Aussagen der Kirche in diesem Themenbereich weit weniger ablehnend gegenüber, als dies immer wieder vermittelt wird. Sie setzen sich kritisch und offen mit kirchlichen Lehrmeinungen auseinander. Die Chance, mit den Jugendlichen an dieser Stelle in einen positiven Dialog zu kommen, sollte von der Kirche viel mehr genutzt werden, da gerade in diesem Bereich das Bedürfnis der jungen Menschen nach Orientierung groß und daher die Bereitschaft für eine Auseinandersetzung gegeben ist. Hier könnte sich die katholische Kirche noch stärker etablieren, wenn sie authentische Ansprechpartnerinnen und Ansprechpartner stellt, die offen mit den Jugendlichen deren Frage und Probleme diskutieren, ohne sich dabei anzubiedern oder sich total ablehnend zu verhalten. Es wird ein Wandel festgestellt von einer Sündenmoral zu einer Beziehungsethik

8.5 Biografiearbeit

»Erkenne dich selbst!« (gnothi seauton), forderte nach der griechischen Mythologie das Orakel von Delphi die Besucher auf. Wer etwas über die Zukunft wissen wollte, musste zuerst über sich selbst Bescheid wissen. Sich selbst erkennen kann aber nur, wer nach seinen Erinnerungen fragt. Die Erinnerungen stehen mit guten und schlechten Gefühlen im Zusammenhang. Sie können aus dem Schatz des kulturellen Gedächtnisses gehoben werden, um vergangene Ereignisse gegenwärtig zu machen.

Biografiearbeit meint, seine eigene ganz persönliche Lebensgeschichte bewusst zu machen, einzelne Teilereignisse miteinander zu verknüpfen und zu einem Ganzen zusammenzuschmieden. Dies bedeutet, sich die verschiedenen Stränge der Herkunft, etwa Ort, Heimat und Eltern sowie das Umfeld beruflicher, gesellschaftlicher und kirchlicher Art bewusst zu machen in ihrer gegenseitigen Bedingtheit. Hierbei gibt es Erinnerungen an glückliche Begegnungen und Zeiten, aber auch andere, die von Abschied, Verlust oder Fragmentarität geprägt sind. Als Subjekte konstruieren wir unsere eigene Lebensgeschichte. Oft beschönigen wir ungute Ereignisse, glätten Konflikte, vertuschen Peinlichkeiten oder majorisieren persönliche Erfolge. Vielleicht verdecken wir begangene Fehler oder haben sie längst vergessen. Es kann auch sein, dass wir ganz hinter unserer Biografie verschwinden, als hätten wir sie nicht selbst in Gang gebracht.

Biografiearbeit kennt drei Dimensionen: *Gegenwart, Vergangenheit und Zukunft*. Das aktuelle Leben ist das Ergebnis der Vergangenheit mit den damaligen Schwerpunkten. Da wurden einzelne Kompetenzen ausgebildet, andere weniger. Aus Erfahrungen können Konsequenzen für die Zukunft gezogen werden. Ohne Erinnerungen an frühere Zeiten ist die Gegenwart nicht zu begreifen, haben wir keine gewachsene, bewusste Identität. Nur erinnernd können wir unseren beruflichen Werdegang verstehen und unsere Position erklären. – Die Zukunft wird in der Gegenwart vorweggenommen. Die Wünsche, Aspirationen und Sehnsüchte halten Ausschau nach der Zukunft. Sie initiieren einen Entwurf, dessen genaue Umrisse erst später klar werden. Biografisches Lernen heißt, aus Vergangenheit und Gegenwart für die Zukunft zu lernen und deren Chancen zu ergreifen. Biografiekompetent ist, wer sein Leben selbst in die Hand nimmt und bereit ist, es zu gestalten und zu verantworten. Allerdings ist zu bedenken, dass nicht alles machbar ist.

Die *sexualbiografische Erinnerungsarbeit* vergegenwärtigt Begegnungen mit Frauen und Männern, die für das eigene Leben maßgeblich geworden sind. Aus ihnen haben sich Partnerschaften und Freundschaften entwickelt. Andererseits haben sich gewisse Begegnungen nicht weiterentfaltet und es sind vielleicht Abschiede und Verluste daraus geworden. Vielleicht ist gar Trauerarbeit gefordert neben den Glücksmomenten und den gelungenen Beziehungen. In diesen Zusammenhängen wird auch die Geschichte des eigenen Leibes und des Körperempfindens einbezogen bis hin zu ästhetischen Kategorien wie die sich wandelnde Schönheit, die Kleider und die Frisuren.

Die *spirituelle Biografiearbeit* besteht nun darin, den versammelten Erinnerungen einen Sinn zu verleihen, in ihnen einen roten Faden zu erkennen und das Gesamte durch Brücken miteinander zu verbinden. Aus der Sicht des Glaubens ist das eigene Leben letztlich als Geschenk Gottes zu sehen und in Dankbarkeit anzunehmen. Denn nichts ist geschehen ohne den Segen Gottes und ohne seine begleitende Hand. Hier können auch Verluste beklagt und betrauert werden. Gott kann gar zur Rechenschaft gezogen werden für ungerechtes Leid, für Misslingen und Scheitern. Eine sich negativ entwickelnde Beziehung kann zu einer Versöhnung gelangen oder definitiv losgelassen werden. Überlegen wir nun, wie diese verschiedenen Weisen der Biografiearbeit angestoßen werden könnten.

Impulse für Biografiearbeit in Schule, Religionsunterricht und Jugendarbeit:
- eine »Zeitreise« in die Vergangenheit initiieren;
- die eigene Kindheit meditieren;
- erste Begegnungen mit anderen Personen in Erinnerung rufen;
- Geschichten der Partnerschaft und Freundschaft erzählen;
- Erinnerungen an das erste Verliebtsein einem Gesprächspartner mitteilen;
- ausgelaufene oder zerbrochene Beziehungen malerisch darstellen;
- sich den eigenen Lebensweg vergegenwärtigen;
- dem Partner/der Partnerin Anteil geben an erzählter Biografie.

8.6 Medienkompetenz angesichts von Pornografie und Gewaltdarstellungen

»Mediengeneration Web 2.0« meint, dass junge Menschen nicht nur mit großer Selbstverständlichkeit mit vielen Medien aufwachsen (»digital natives«), diese ausprobieren und neue Trends verfolgen, sondern dass sie sich auch aktiv in eine halböffentliche Kommunikation (z.B. Facebook) einschalten. Die Zahl der Jugendgruppen wächst, die sich über eine gemeinsame Plattform digital verständigen, Treffen vereinbaren und mit einem überschaubaren Bekanntenkreis in ständigem Kontakt stehen. Was früher die Bindung zu einer Pfarrgemeinde ausmachte (Teilnahme an Gottesdiensten, Mitgliedschaft in Verbänden und aktives Pfarreileben), geschieht für einige heute eher über Handys und iPhone. Mit neuen Medien werden (virtuelle) Beziehungen gepflegt, Informationen ausgetauscht und recherchiert, ja, wird Unterhaltung (»fun«) erlebt und virtuelles Leben geteilt. Medien können zur Entwicklung junger Menschen viel beitragen, sie mit der weiten Welt bekannt machen und über den Tellerrand hinausblicken lassen. Mittlerweile gibt es auch digitale Advents- und Fastenkalender, die in den geprägten Zeiten des Jahreskreises täglich eine (biblische) Botschaft zusenden.

Eine nicht zu unterschätzende Dimension der europäischen Medienlandschaft lässt sich zweifellos mit *Sexualität oder Sexualisierung der Wirklichkeit* umschreiben. Die Werbung etwa spricht eine sexualisierte Mediensprache. Sexuelle Hintergründe werden häufig mittransportiert – etwa sollen mit jungen attraktiven Frauen Werbung und Verkauf befördert werden: Sex sells! Ob sie wollen oder nicht, Kinder und Jugendliche kommen über Fernsehen, Internet und Handy mit Sexualität in Berührung. Die Zugänge, so wird kritisiert, seien zu niederschwellig, und die Altersbegrenzungen könnten allzu leicht umgangen werden. Aus erzieherischer Sicht wurde eine »Erziehung durch Bewahrung« ersetzt durch eine »Erziehung durch Bewährung«. Angesagt ist eine lebendige Auseinandersetzung mit Medien und ihren Botschaften.

Aktuell gesucht ist *Medienkompetenz* als Schlüsselkompetenz (vgl. 6.7). Was ist darunter zu verstehen? – Nun, es geht um einen bewussten, reflexiven Umgang mit dem multiplen Medienangebot. Das beginnt bereits bei der Auswahl der Formate im Blick auf die Adressaten. In der Jugendarbeit sollten ausgewählte Medien die Lebenswelt und die Erfahrung der jungen Menschen aufgreifen und zur Entwicklung der Personen beitragen. Auch die Bedürfnisse der Adressaten sollten angesprochen werden: das Bedürfnis nach Spannung, nach Sinneserregung, nach Orientierung, Anerkennung und Kommunikation. Das geht weiter zu einer umfassenden Erkundung und Vorinformation über die Filme bis zur Visionierung. Falls mit Internetadressen gearbeitet wird, sollten die ausgewählten und den Jugendlichen zur Verfügung gestellten Adressen zuvor angeklickt und auf ihre Glaubwürdigkeit hin getestet werden. Beispielhafte Adressen über sexualitätsbezogene Informationen (Schwangerschaft, AIDS, Verhütung, Auskünfte) sollten überprüft und auf empfehlenswerte verwiesen werden, etwa www.sextra.de von Pro Familia oder www.aidshilfe.de der Deutschen Aidshilfe (vgl. 10.3 und 10.6). Wenn gewalthaltige Spiele analysiert werden, sollten diese unbedingt zuvor abgerufen werden und es sollte auf sie verzichtet werden, sofern ihr Einsatz nicht verantwortet werden kann.

Zur Medienkompetenz gehört unbedingt die nachträgliche Besprechung einer Seheinheit in der Gruppe, mit anderen Worten, eine einordnende, verarbeitende Nacharbeit des rezeptiven Seherlebnisses ist unverzichtbar. Hierbei soll auch über die Wirkung des Formates nachgedacht werden: Von welchen Interessen waren die Produzenten geleitet? Welche Einflüsse sind im Spiel? – Medienkompetent ist ferner, wer selbst Medienbeiträge produziert: zum Beispiel eine Powerpoint-Präsentation erstellen, eine Homepage einrichten, internationalen und interkontinentalen Austausch pflegen. Erst in dieser kreativen Arbeit werden die eigentlichen Probleme der Medienherstellung entdeckt, die der Medienrezipient nicht gleich bemerkt. Hier wird auch der große Unterschied erfahrbar zwischen virtueller und eigentlicher Wirklichkeit. Gerade die Jugendarbeit und die Schulen bieten immer wieder Kurse an, in denen diese schöpferischen Seiten der Medienkompetenz eingeübt werden können: Fotokurse, Internetkurse, Erstellung einer eigenen Homepage und Kurse, die spezifische Formen der Kommunikation einüben. Medien transportieren Botschaften mit sinnstiftender Wirkung. Damit besteht ein guter Teil aktueller Medienkompetenz darin, zum »Medienproduzenten« zu befähigen.

Analyse gewalthaltiger und pornografischer Formate
Während zur Wirkung von gewalthaltigen Darstellungen bereits viel geforscht worden ist, fehlen vergleichbare Ergebnisse zu pornografischen Filmen und Internetadressen. Zu beachten ist gleichwohl, dass sich die Nutzung solcher Filme im Netz und im Fernsehen in der breiten Bevölkerung »veralltäglicht« (Döring 2008, 272) bzw. »vernächtigt« hat. Jedenfalls fehlen in den einschlägigen Handbüchern und Religionsdidaktiken Informationen zu diesem Stichwort. Man will ja nicht in eine Schmuddelecke gestellt werden! Bekannt ist aber, dass gerade in den beiden Bereichen Gewalt und Pornografie geschlechtstypische Haltungen deutlich hervortreten. Während viele männliche Jugendliche gerne »ballern«, sind gewalthaltige Inhalte für Mädchen meist tabu. Zudem sind weibliche Jugendliche häufig in der Kommunikation stärker und differenzierter. Auch finden Letztere an pornografischen Darstellungen eher selten Gefallen (Dehm, Grundlagenstudien ZDF 2010). Nachfolgend seien nur einige Gesichtspunkte erwähnt für die Analyse gewalthaltiger und pornografischer Formate:
- In welchen Kontexten stehen Gewalt, Sexualität und sexualisierte Gewalt?
- Welche Sinnpotenziale der Sexualität stehen im Vordergrund? Lust, Liebe, Kommunikation oder Nachkommenschaft?
- Welche (verbalen und nonverbalen) Formen von Gewalt und Übergriffen sind dargestellt?
- Welche Körperbilder werden gezeigt und »angepriesen«?
- Welches Bild der Frau wird vermittelt? Welche Männerbilder?
- Werfen die gesehenen Filme etwas für die Prävention vor sexuellem Missbrauch ab?

Da bekannt ist, dass Aggression und Sexualität ebenso viele konstruktive wie auch zerstörerische Potenziale aufweisen, tun Kirche und Schule gut daran, ihre Augen vor diesen Wirklichkeiten nicht zu verschließen. Die demütigenden Aufdeckungen der Missbrauchsfälle haben gezeigt, dass gerade zu diesen Themen Dialogforen fehlen.

8.7 Interkulturelle geschlechtssensible Jugendarbeit

Die kirchliche Jugendarbeit hat sich bereits in den 1960er-Jahren Jugendlichen aus anderen Ländern und Kulturen geöffnet – seit die ersten »Gastarbeiter« aus den Ländern Italien, Spanien und Portugal für den wirtschaftlichen Aufschwung hierher angeworben wurden. Es gibt bereits Verbindungen und Kooperationen mit Jugendlichen aus muttersprachlichen Pfarreien (früher sogenannte »Ausländermissionen«), welche eine Bereicherung für beide Gruppen und Teilkirchen bedeuten (Scheidler u.a., 2010). Nun steht eine Öffnung über die Religionsgrenzen hinweg an. Die dritte Generation Jugendlicher mit Migratonshintergrund soll an jugendfreizeitlichen Aktivitäten, die hier von öffentlichen und kirchlichen Institutionen angeboten und durchgeführt werden, teilnehmen dürfen.

Mittlerweile wächst die dritte Generation mit Migrationshintergrund heran. Die Mehrheit von ihr ist hier geboren und lebt mit einheimischen Jugendlichen zusammen; eine Minderheit ist in den Herkunftsländern geboren und vorzugsweise der Herkunftskultur verpflichtet. Zum »Migrationshintergrund« gehören auch die Kultur und die damit verbundenen Werte und Normen, das Rollenverständnis von Mann und Frau, der Erziehungsstil und die Einstellung zu Leib und Sexualität. Deshalb kann es durchaus zu einem Zusammenprall verschiedener Auffassungen kommen. Die Eltern von Mädchen mit Migratonshintergrund lassen diese nicht so schnell an Unternehmungen mit Übernachtungen teilnehmen, an koedukativen Gruppenstunden oder an Badefreizeiten. Der größte Unterschied zwischen einheimischen Jugendlichen und solchen mit Migrationshintergrund besteht darin, dass Letztere in der Regel weniger geübt sind, offen über Fragen der Intimität und der Sexualität zu reden (Sielert 2005, 134).

In Bezug auf muslimische Jugendliche gilt es zu bedenken, dass sie nicht einem monolithischen Block mit Namen Islam angehören mit klaren, stets gleichen Konturen und den Merkmalen der Gewaltbereitschaft und der Frauenunterdrückung. Vielmehr kennt auch der Islam eine gewachsene Pluralität und verschiedene Richtungen: Sunniten, Schiiten, Angehörige der Ahmadiya und der mystischen Tradition des Sufismus, um die wichtigsten zu nennen, dazu Aleviten, die nur bedingt zum Islam zu zählen, aber hierzulande zahlenmäßig stark vertreten sind. Nicht wenige Musliminnen und Muslime haben sich von der aktiven Praxis ihrer Religion und der insgesamt strengeren Moral gelöst, die der hier vorherrschenden bürgerlichen teils widerspricht. Dennoch beachten noch immer viel mehr Muslime und Musliminnen den Fastenmonat Ramadan, als Christen und Christinnen ihre religiösen Pflichten ernst nehmen. Die Stellung der Frau bei den Aleviten ist durchaus vergleichbar mit der Stellung der Frau in Europa. Nicht wenige muslimische Richtungen und der Koran kennen indessen eine eindeutige Rollenverteilung von Mann und Frau, während die sexuelle Freizügigkeit etwa in Bezug auf die Darstellung der Frau im »Westen« jedoch den meisten Musliminnen und Muslimen fremd ist.

Umfrageergebnisse
Die repräsentativen Wiederholungsbefragungen der BZgA zur »Jugendsexualität« legten im Jahr 2009 den Schwerpunkt auf Jugendliche mit Migrationshintergrund (über 700 befragte Jugendliche). Festgestellt wurden deutliche Unterschiede einerseits zwischen dem Sexualverhalten Jugendlicher mit Migrationshintergund und Jugendlicher ohne Migrationshintergrund und andererseits zwischen denjenigen Mädchen und Jungen, die Migrationshintergund aufweisen. Während deutsche Jugendliche männlichen Geschlechts mit 16 Jahren zu 66% koituserfahren sind, waren es 72% der anderen Jungen; und 66% deutschen Mädchen standen 53% der Mädchen mit Migrationshintergrund gegenüber. Das ergibt unabhängig vom kulturellen Hintergrund eine Differenz zwischen Jungen und Mädchen von nahezu 20% (BZgA 2010, 111–113) (vgl. 2.4).

Drei Schwerpunkte geschlechtssensibler interkultureller Jugendarbeit
Eine multikulturelle, religionenübergreifende Jugendarbeit wird in erster Linie darauf hinwirken, dass sich alle Beteiligten heterogener Herkunft, Kultur und Religion als Personen angenommen und bejaht fühlen und erfahren, unbedingt willkommen zu sein. Die abrahamitischen Religionen sind davon über-

zeugt, dass jeder Mensch letztlich von Gott erschaffen und gewollt ist und dass ihm eine unantastbare Würde zukommt. Der gegenseitige *Respekt* der Personen mit ihren Kulturen muss an erster Stelle stehen.

Zweitens soll gerade in der Jugendarbeit ein *Dialog* über kulturelle und religiöse Unterschiede auf Augenhöhe stattfinden. Gemeinsame und differente Auffassungen über Liebe, Ehe und Sexualität sollen ausgetauscht und besprochen werden. Rollenklischees müssen hinterfragt werden und Normen bedürfen der einsichtigen Begründung.

Drittens finden sexualitätsbezogene *Bräuche* in den diversen Kulturen dort ihre Grenzen, wo Menschenrechte verletzt werden. So müssen Unrechtsstrukturen kritisierbar sein, wenn beispielsweise Mädchen zwangsverstümmelt oder zu einer Heirat gezwungen werden, ohne dass sie ihre Einwilligung geben. Musliminnen und Muslime müssen das Recht haben, ihre eigene Religion zu wählen und auch zu konvertieren, ohne Sanktionen zu befürchten. Das Recht, Jugendliche des anderen Geschlechts kennenzulernen, könnte gerade in der Jugendarbeit gewährt werden. Damit erhält die Jugendarbeit eine »anwaltschaftliche Funktion« zum Schutz und zur Verteidigung der grundlegenden Menschenrechte (Wronska/Kunz 2008, 288).

8.8 »Sexualität gestalten lernen« – ein interdisziplinäres universitäres Seminar

Im Sommersemester 2008 unternahmen die Vertreter der Lehrstühle Moraltheologie und Religionspädagogik der Katholisch-Theologischen Fakultät der Universität München ein interdisziplinäres Seminar zur Thematik »Sexualität gestalten lernen. Sexualpädagogik als Aufgabe von Schule und kirchlicher Jugendarbeit«. Das Seminar wurde mit folgendem Text ausgeschrieben:

> »Für das interdisziplinäre Seminar zwischen Moraltheologie und Religionspädagogik soll von folgenden Tatsachen ausgegangen werden: Sexualerziehung gehört zum Bildungsauftrag der Schule, vor dem sich der Religionsunterricht nicht drücken kann. Die Lehrerinnen und Lehrer tun sich ebenso schwer mit einer angemessenen Sexualpädagogik wie viele Eltern. Es besteht ein großer Graben zwischen traditioneller kirchlicher Lehre über den Umgang mit der

Geschlechtlichkeit und der sexuellen Praxis eines Großteils der heutigen Jugend. In den letzten Jahren ist Sexualität in Schule und Kirche weitgehend zum Tabuthema geworden; dabei ist sie für viele (nicht nur wegen der HIV-Verbreitung) ein drängendes Problem.

Im Seminar werden Überlegungen über den mehrdimensionalen Sinn menschlicher Sexualität angestellt und die Vermittelbarkeit in Schule, Religionsunterricht und kirchlicher Jugendarbeit auf der Grundlage des Wissens um die psychosexuelle Entwicklung behandelt. Wir diskutieren erzieherische Ansätze und sichten moderne religionsdidaktische Lehrmittel. Wir studieren Umfragen und Handlungsmodelle, fragen nach dem Sinn der Ehe und der verschiedenen Formen von Partnerschaft und Beziehung. Welches Recht haben Gefühle und welche Probleme können für Jugendliche auftreten? Was sind Orientierungen und Grenzen, die Beachtung verdienen?« (Leimgruber, Seminarankündigung SS 2008).

Referatsthemen für das Seminar »Sexualität gestalten lernen«

Einführung
Was ist Sexualität und welche Regeln sexueller Kommunikation gibt es?

Human- und sozialwissenschaftliche Erkenntnisse
- Die psychosexuelle Entwicklung von Jungen und Mädchen
- Jugendsexualität (Befragungsergebnisse); Körperempfinden von Jugendlichen
- Sexualität und Identität
- Prävention von Schwangerschaft bei Minderjährigen (Programme)
- Sexuell übertragbare Krankheiten und ihre Verhütung/Implikationen der HIV-Verbreitung
- Lebensverhältnisse, sexuelle Orientierungen, Teilhabechancen von jungen Frauen und Männern (empirisch: Was wissen wir? Shell-Studie, Gehirnforschung)
- Partnerschaftliches Verhalten am Arbeitsplatz: Grenzen und Grenzverletzungen; rechtliche Aspekte
- Medien und Spiele: Sexualität und Computer; neue Formen der Interaktion (Web 2.0)

Biblische, systematisch-theologische und interreligiöse Fragestellungen
- Biblische Perspektiven zum Thema Liebe, Freundschaft und Ehe
- Das Zweite Vatikanum zur Ehe, die Enzyklika »Humanae vitae« und die »Königsteiner Erklärung«
- Die Gemeinsame Synode der Bistümer Deutschlands zu Fragen der Sexualität
- Argumentation und Inhalt römischer Dokumente zu Fragen der Sexualität
- Jüdische und Islamische Positionen zu Sexualität und Ehe

Theologisch-ethische Perspektiven
- Die Mehrdimensionalität menschlicher Geschlechtlichkeit
- Partnerschaft: Worauf kommt es an?
- Vom Sinn der Ehe und der zölibatären Lebensform heute

Religionspädagogisch-religionsdidaktische Themen
- Der Mensch – ein sexuelles Wesen von Anfang an bis ins hohe Alter
- Sexualität in Kindertagesstätten und im Kindergarten – »Doktorspiele«
- Sexualerziehung als Bildungsauftrag der Schule
- Über Sexualität reden: zwischen Einschulung und Pubertät (»Aufklärung«)
- Einschlägige Themen und Zugänge in den Lehrplänen; Kriterien zur Beurteilung von Lehrbüchern des Religionsunterrichts anhand folgender Beispiele:
  Berufsschule: Lehrmittel »Sinn voll Sinn«, Thema »Liebe« (München) 2006, 75–84
  Hauptschule: Reli 8: »Miteinander gehen« (München) 2001, 39–52
  Hauptschule: Reli 9: »Ich nehme dich an« (München) 2000, 93–112
  Realschule: Einfach leben 8, »Die Sprache der Liebe«, Donauwörth 2006, 5–24
  Gymnasium: Treffpunkt 9/10 »Liebe, Partnerschaft, Ehe (München) 2005, 19–34

Auswertung des Seminars
Die gute Aufnahme, die das Seminar mit über 60 Studierenden fand, die äußerst rege Diskussionsteilnahme, das offene Gesprächsklima, die interessanten, medial unterstützten (Kurz-)Referate mit Handouts, die Gruppenarbeiten sowie die insgesamt positive Auswertung ließen eine erneute Ausschreibung des Seminars erfolgen. Die Seminararbeiten – bisweilen in Kooperation erstellt –

bezeugten ein leidenschaftliches Interesse am Themenbereich und offenbar ein Defizit in der übrigen Ausbildung. Wir konnten die Erfahrung machen, dass junge Menschen heute dankbar sind, wenn sie Foren finden, in denen sie sich über Fragen des Miteinanders und nicht zuletzt der Sexualität offen austauschen können.

8.9 Fazit

Die (kirchliche) Jugendarbeit hat bereits intensive Lernerfahrungen im Umgang mit den Themen Liebe, Freundschaft und Sexualität gemacht und vielen Jugendlichen zu einem respektvollen menschengerechten Umgang in dieser Hinsicht verholfen. Im Schonraum der Gruppe kann aus Fehlern gelernt werden. In diesem Sinne sind in der freiheitlichen Atmosphäre der Jugendarbeit und in der Schulpastoral verschiedene Verhaltenskodices diskutiert worden, für die sich angehende Jugendleiter (Teamer) verpflichten können. Anstelle einer »Erziehung der Bewahrung« ist eine »Pädagogik der Bewährung« und der Verantwortungsübernahme getreten, die das Gespräch und die Auseinandersetzung sucht. Dabei erbringt eine offene Wertekommunikation mehr als das Aufstellen von zahlreichen Verboten und Geboten und das Erheben des Zeigefingers. An »Tagen der Orientierung« werden Angebote zur persönlichen Biografiearbeit, zu Meditation und inneren Zeitreisen sowie zur Auseinandersetzung mit den neuen Medien gemacht, die mehrheitlich gut angenommen werden. Jugendliche sind durchaus bereit, sich Gedanken über Gewaltdarstellungen und Pornografie zu machen. Ihnen liegt ein gelingendes Leben, wie es auch das Evangelium entwirft, am Herzen.

Nach Abschluss des Manuskriptes dieser Sexualpädagogik ist von der »Arbeitsgemeinschaft der Evangelischen Jugend« (aej) ein 330 Seiten starker Ordner zum Thema »Sex, Sex! Sex?« (Hannover 2011) erschienen, und zwar im Hinblick auf den Umgang mit Sexualität bei *Kinder- und Jugendreisen.* Mit hoher wissenschaftlicher Kompetenz werden aktuelle Themen behandelt, etwa interkulturelle Sexualpädagogik, einschlägige rechtliche Fragen, Prävention sexueller Gewalt, Konflikt- und Krisenmanagement, sexuelles Lernen in der Partnerschaft. Die Arbeitsmappe bietet eine Fülle von konkreten Anleitungen zur Gruppenarbeit. Obwohl weniger biblische Impulse gegeben und ethische Perspektiven vermittelt werden, handelt es sich um eine gehaltvolle Arbeitshilfe für Jugendarbeit, Schule und Religionsunterricht.

Literatur
Arbeitsgemeinschaft der Evangelischen Jugend Deutschlands (aej) (Hg.), Sex. Sex! Sex? Umgang mit Sexualität und sexueller Gewalt bei internationalen Begegnungen, Kinder- und Jugendreisen (Red. Rita Marx, Oliver Schmitz), Hannover 2011.
BDKJ Mainz/BDKJ Limburg (Hg.), Tu was! Eine Praxismappe für die Jugendarbeit, Mainz 1997.
Brender, Irmela/Stiller, Günther, Ja-Buch für Kinder, Weinheim 1974.
BZgA (Hg.), Über Sexualität reden ... Ein Ratgeber zur kindlichen Entwicklung in der Pubertät, Köln 2008.
Döring, Nicole, Sexuelles Begehren im Cyberspace, in: Renate-Berenike Schmidt/Uwe Sielert (Hg.), Handbuch Sexualpädagogik und sexuelle Bildung, Weinheim/Basel 2008, 271–279.
Dehm, Ursula, Dr./Schumacher, Gerlinde, Medien und Tabus. Ergebnisse einer Grundlagenstudie des ZDF (Zusammenfassung), Mainz 4/2010 (pdf).
Gemeinsame Synode der Bistümer in der Bundesrepublik, Ziele und Aufgaben kirchlicher Jugendarbeit, in: Ludwig Bertsch u.a. (Hg.), Beschlüsse der Vollversammlung. Offizielle Gesamtausgabe, Freiburg 1976, 277–311.
Katholische Junge Gemeinde der Landesarbeitsgemeinschaft Bayern (Hg.), Verhaltenskodex der KJG (Faltblatt), Augsburg 2008.
Katholische Junge Gemeinde, Bundesstelle (Hg.), Erste Allgemeine Verunsicherung?! Sexualpädagogik in der KJG. Düsseldorf 2010 (pdf).
Kutzlebe, Ulrike/Schnidt, Anneliese/Walczak, Leonhard/Weber, Bertram, Zeit für Zärtlichkeit. Spielerische Übungen für Liebe und Partnerschaft. Ein neuer Zugang zur Sexualpädagogik, Dortmund 1981.
Mahnke, Elke, Sexualbiografische Arbeit, in: Renate-Berenike Schmidt/Uwe Sielert (Hg.), Handbuch Sexualpädagogik und sexuelle Bildung, Weinheim/Basel 2008, 663–674.
Orth, Stefan, Durchbruch für die Beziehungsethik? Die katholische Sexualmoral nach dem Missbrauchsskandal, in: Herder Korrespondenz 65 (2011) 303–308
Timmermanns, Stefan/Tuider, Elisabeth, Sexualpädagogik der Vielfalt. Praxismethoden zu Identitäten, Beziehungen, Körper und Prävention für Schule und Jugendarbeit, Weinheim/München 2008.
Ziebertz, Hans-Georg, Biografisches Lernen, in: Georg Hilger/Stephan Leimgruber/Hans-Georg Ziebertz, Religionsdidaktik. Ein Leitfaden für Studium, Ausbildung und Beruf, München ⁶2010, 374–386.

9. »Mit der Liebe« – Ausblick auf eine jugendsensible und menschengerechte Sexualpädagogik!

Der Autor und die Leserinnen und Leser haben mit dem Versuch einer christlichen und zugleich emanzipatorischen Sexualpädagogik einen weiten, oft beschwerlichen Weg zurückgelegt. Verschiedene Gesichtspunkte sind bedacht, und eine fast unüberschaubare Literatur aus mehreren Disziplinen (Theologie, Exegese, Ethik, Pädagogik, Religionspädagogik, Sexualpädagogik, Psychologie und Soziologie) ist eingearbeitet worden. Ausgangspunkt bildete die Lebenswelt heutiger junger Menschen, deren Einstellungen und Erfahrungen in gewandelten soziokulturellen Strukturen. Ihr »Thema Nummer eins« ist nicht mehr die Sexualität wie in Zeiten der Tabuisierung und der Verbote, sondern vielmehr ihre Identität und gelingende Beziehungen in einer meinungspluralen Welt. Was junge Menschen umtreibt, ist zuerst die Sorge um eine gute berufliche Zukunft. In Bezug auf die großen Werte stehen sie durchaus zu Selbstständigkeit, Freundschaft, Liebe, Partnerschaft und Treue, auch zur Familie, während sie unverbindlicher Sexualität (großmehrheitlich) eine klare Absage erteilen.

Die tiefer gehenden Annäherungen an das Phänomen der Sexualität erbrachten die unwidersprochene Erkenntnis, dass sie eine das ganze Leben prägende Grunddimension des Menschen ist. Vom Kleinkind bis ins hohe Alter ist sie da und verlangt – aufgrund ihrer Plastizität – eine personale Gestaltung und Kultivierung. Die auf Partnerschaft angelegte elementare Kraft einer jeden Person weist fünf Sinngehalte auf, nicht zuletzt eine Transzendenzdimension.

Die biblischen Passagen orientierten sich an alt- und neutestamentlichen Texten für die Grundlegung des christlichen Menschenbildes, das sich durch Würde und Freiheit der Person auszeichnet. Anstelle der biografisch und kontextuell bedingten pessimistischen Interpretation der Sexualität durch Augustinus wurde eine von der Bibel durchwegs bejahende Sicht der Sexualität herausgestellt. Die modellhafte zärtliche Weise des Umgangs Jesu mit Kindern, Sünder/innen und Frauen ist eindrücklich zur Sprache gekommen.

9. »Mit der Liebe« – Ausblick auf eine jugendsensible und menschengerechte Sexualpädagogik!

Der systematische Teil skizzierte eine Phänomenologie der Sexualität mit deren vielfältigen Identitäten und Orientierungen. Regeln der sexuellen Kommunikation können einen fairen, unbefangenen Umgang erleichtern. Sexualität wird als gute Gabe Gottes gesehen, die sein darf, was durchaus Rücksichtnahme auf den Partner/die Partnerin, sogar zeitweisen Verzicht einschließt, wenn sie nur stets von der Liebe motiviert und geprägt ist. Selbst ihren »Schatten« gilt es einzukalkulieren, kommt er doch heute vor allem in der Form vielfältiger Gewalt daher. Bemerkenswert ist, dass seit dem Zweiten Vatikanischen Konzil auch in der Kirche von einer Meinungsvielfalt auszugehen ist. Die benannte »Zweigleisigkeit« (bzw. das Vorherrschen zweier widersprüchlicher Positionen) zeigt sich einerseits im Sündenverständnis, das objektivistisch oder personal orientiert sein kann, und andererseits im Erziehungsverständnis, das von einer autoritären Gehorsamsmoral oder einer dialogischen Verantwortungsethik geleitet ist.

Bedeutsam für die Erziehung ist das erstellte Kompetenzmodell für einen gelingenden Umgang mit Sexualität. Die Ausbildung eines Bündels von Fähigkeiten (ästhetische, inhaltliche, sprachliche, soziale, interkulturelle, handlungsbezogene und mediale) wird so mit Bereichen und Sachaspekten verknüpft, dass sie jungen Menschen eine echte Lebenshilfe für die Bewältigung künftiger herausfordernder Situationen ist. Die beiden letzten Kapitel konkretisieren die Ausbildung dieser Fähigkeiten in den Lernbereichen Schule und Religionsunterricht sowie in der Jugendarbeit. Mit Genugtuung konnten neuere einschlägige Schul- und Religionslehrbücher analysiert werden, weil diese doch seit geraumer Zeit für eine Erziehung zur Verantwortungsübernahme plädieren und darüber hinaus Reflexionen in erstaunlichem Freimut anstoßen. Aus dem kostbaren Erfahrungsschatz der kirchlichen Jugendarbeit sei nochmals die Selbstverpflichtung auf einen Verhaltenskodex erwähnt, der ein neues Bewusstsein für fehlbares, übergriffiges Verhalten schafft und eine angemessene Maßnahme zur Verantwortungsförderung ausdrückt.

Diese christliche Sexualpädagogik, die allerdings fragmentarischen Charakter hat und bei Weitem nicht alle Fragen beantwortet, möchte eine Brücke bauen über den gähnenden Abgrund (vgl. 4.7), der sich zwischen traditionellen Argumentationen und Positionen und aktuellen Erfahrungswelten heutiger Jugendlicher auftut. Sie versteht sich deshalb als »emanzipatorische Neuorientierung«, weil sie junge Menschen in ihrem Erfahrungs- und Glaubenssinn ernst nimmt und ihnen die Gestaltung ihres Lebens zutraut. In seiner denkwürdigen Ansprache an die Jugend Marokkos in Casablanca (1985) setzte

9. »Mit der Liebe« – Ausblick auf eine jugendsensible und menschengerechte Sexualpädagogik!

Papst Johannes Paul II., obwohl er in moraltheologischen Fragen der Tradition verpflichtet war, großes Vertrauen auf die Jugend und rief sie zur Verantwortlichkeit für den Aufbau einer künftigen Welt auf: »Ihr seid verantwortlich für die Welt von morgen. Nehmt eure Verantwortung voll wahr, mit Mut könnt ihr die gegenwärtigen Schwierigkeiten überwinden« (Johannes Paul II. 1985). Das letzte Motiv unseres Tuns soll die Liebe sein, die Giovanni Bosco in seinem Rombrief angesprochen hat. Die Liebe ist auch für die bekannte Ärztin und Ordensfrau Ruth Pfau in Pakistan ganz entscheidend. Ihre Worte mögen diese Gedanken beschließen:

> »Liebe ist nichts Abstraktes, nichts rein Spirituelles oder rein Geistiges. Sie ist leiblich, sie ist sozial. Zumindest nach einem christlichen Verständnis von Liebe. Ich weiß überhaupt nicht, wie man rein geistlich lieben kann. Liebe ist die Zuwendung zum anderen. Von daher ist sie erotisch und caritativ zur gleichen Zeit. Wir lieben den anderen, konkret, so wie er ist, mit diesem immer neuen Entzücken, dass es so etwas gibt. Um zu lieben, muss man die Schönheit des anderen entdeckt haben. Schön, dass es dich gibt!« (Pfau 2005)

Literatur

Gesing, Reinhard (Hg.), »Mit der Liebe!«, Der Rombrief Don Boscos und seine Bedeutung für die Pädagogik und Jugendpastoral heute, München 2009.

Pfau, Ruth, Das Herz hat seine Gründe, Freiburg 2005.

10. Anhang

10.1 Bibliografie

Ackermann, Stephan, »Den Opfern Gerechtigkeit widerfahren lassen«. Bischofswort zu den Fällen sexuellen Missbrauchs innerhalb der katholischen Kirche, Trier 2010.

Ackermann, Stephan, Entschieden gegen sexuellen Missbrauch vorgehen, in: Welt des Kindes spezial, H6/2010, 3f.

Adam, August, Der Primat der Liebe. Eine Untersuchung über die Einordnung der Sexualmoral in das Sittengesetz, Köln 1948.

Amendt, Günter, Die Liebe und der Tausch, in: die Tageszeitung (taz), 30.12.2003.

Arbeitsgemeinschaft Jugendpastoral der Orden (Hg.), Offener Brief an die Deutschen Bischöfe und die Ordensoberinnen und -oberen in Deutschland, Benediktbeuern 1994.

Art. Sexualität, in: Michael Klöcker/Udo Tworuschka (Hg.), Ethik der Weltreligionen, Darmstadt 2005, 217–236.

Badry, Roswitha, Art. Sexualität Islam, in: Michael Klöcker/Udo Tworuschka (Hg.), Ethik der Religionen. Ein Handbuch, Darmstadt 2005, 223–225.

Bange, Dirk/Deegener, Günter, Scxueller Missbrauch an Kindern. Ausmaß, Hintergründe, Folgen, Weinheim 1996.

Barth, Karl, Kirchliche Dogmatik, Zürich⁷1940.

Bartholomäus, Wolfgang, Glut der Begierde – Sprache der Liebe, München 1987.

Bartholomäus, Wolfgang, Unterwegs zum Lieben. Erfahrungsfelder der Sexualität, München 1988.

Bauernfeind, Albert, »Liebet einander ...«. Jugend – Kirche – Sexualität, Kevelaer 1997.

Bayerisches Staatsministerium für Unterricht und Kultus (Hg.), Lehrplan für die bayerische Hauptschule, München 2004.

BDKJ Mainz/BDKJ Limburg (Hg.), Tu was! Eine Praxismappe für die Jugendarbeit, Mainz 1997.

Beier, Klaus M./Bosinski, Hartmut/Loewit, Kurt, Sexualmedizin. Grundlagen und Praxis, München/Jena ²2005.

Belok, Manfred, Die »Zeichen der Zeit« sehen lernen. Dies Academicus der Theologischen Fakultät Chur, in: SKZ 178 (2010), 783f.

Benedikt XVI., Enzyklika Deus caritas est (VASt. Nr. 171), Rom/Bonn 2006.

Benedikt XVI., Licht der Welt. Der Papst, die Kirche und die Zeichen der Zeit. Ein Gespräch mit Peter Seewald, Freiburg ²2010.

Bischöfliches Ordinariat Rottenburg-Stuttgart (Hg.), Sexueller Missbrauch. Informationen, Hilfen, Ansprechpartner, Rottenburg-Stuttgart 2010.

BISS. Bürger in sozialen Schwierigkeiten, Zeitschrift, München 5/2010, 14–15.

Bistum Basel (Hg.), Synode 72: Ehe und Familie im Wandel unserer Gesellschaft, Solothurn 1972.

Blattmann, Sonja/Mebes, Marion (Hg.), Nur die Liebe fehlt ... Jugend zwischen Blümchensex und Hardcore, Köln 2010.
Bleistein, Roman, Geschlechtserziehung in der Schule, in: Stimmen der Zeit 195 (1977), 433–434.
Böhm, Maika, Solosexualität, in: Renate-Bernike Schmidt/Uwe Sielert (Hg.), Handbuch Sexualpädagogik und sexuelle Bildung, Weinheim/München 2008, 309–317.
Boenke, Michael in Zus. mit Albert Biesinger, Josef Jakobi, Klaus Kießling und Joachim Schmidt, Sinn voll Sinn. Religion an Berufsschulen. Gottes- und Nächstenliebe. Zwischen individuellem Freiheitsstreben und solidarischer Verantwortung, München 2010.
Bravo (Hg.), Liebe! Körper! Sexualität! Dr. Sommer-Studie 2009 (pdf-Datei), 106 Seiten.
Brender, Irmela/Stiller, Günther, Ja-Buch für Kinder, Weinheim 1974.
Brown, Peter, Die Keuschheit der Engel. Sexuelle Entsagung, Askese und Körperlichkeit im frühen Christentum, München 1994.
Bundesministerium für Familie, Senioren, Frauen und Jugend (Hg.), Ein Netz für Kinder – Surfen ohne Risiko? Ein praktischer Leitfaden für Eltern und Pädagogen, Berlin 2009.
Bundesvereinigung Lebenshilfe (Hg.), Sexualpädagogische Materialien für die Arbeit mit geistig behinderten Menschen, Weinheim Basel [4]2005.
Bundeszentrale für gesundheitliche Aufklärung (Hg.), Partnerschaftlich handeln. Ein Bausteinmanual für TrainerInnen und AusbilderInnen, Basisinformationen, Köln 2001.
Bundeszentrale für gesundheitliche Aufklärung (BZgA) (Hg.), Expertise »Richtlinien und Lehrpläne zur Sexualerziehung«. Reihe »Forschung und Praxis der Sexualaufklärung und Familienplanung«, Köln 2004.
Bundeszentrale für gesundheitliche Aufklärung (Hg.), Jugendsexualität. Repräsentative Wiederholungsbefragung von 14- bis 17-Jährigen und ihren Eltern 2006 (Baustein 2), Köln 2006.
Bundeszentrale für gesundheitliche Aufklärung (BZgA) (Hg.), Über Sexualität reden ... Ein Ratgeber für Eltern zur kindlichen Entwicklung in der Pubertät, Köln 2008.
Bundeszentrale für gesundheitliche Aufklärung (BZgA) (Hg.), Jugendsexualität. Repräsentative Wiederholungsbefragung von 14- bis 17-jährigen und ihren Eltern. Aktueller Schwerpunkt Migration, Köln 2010.
Bundeszentrale für gesundheitliche Aufklärung (Hg.), Liebevoll begleiten ... Vom 1. Lebensjahr bis zur Einschulung. Ein Ratgeber für Eltern zur kindlichen Entwicklung, Köln [3]2010.
Chebel, Malek, Die Welt der Liebe im Islam. Eine Enzyklopädie, München 1997.
Chiron, Yves, Frère Roger. Gründer von Taizé. Eine Biografie, Regensburg 2009.
Clement, Ulrich, Sexualität im sozialen Wandel. Eine empirische Vergleichsstudie an Studenten 1966 und 1981.
Deutsche Bischofskonferenz (DBK) (Hg.), Handreichung zur Sexualerziehung in Elternhaus und Schule. Die deutschen Bischöfe Nr. 23, Bonn 1979.
Denkschrift zu Fragen der Sexualethik (1971), in: EKD (Hg.), Die Denkschriften der Evangelischen Kirche in Deutschland Ehe, Familie, Frauen und Männer, Bd. 3/1, Gütersloh 1993, 139–173.
Denzler, Georg, 2000 Jahre christliche Sexualmoral. Die verbotene Lust, München 1997.
Die deutschen Bischöfe, Zur Sexualerziehung in Elternhaus und Schule, Bonn 1979.

Die deutschen Bischöfe (Kommission für Erziehung und Schule), Prävention von sexualisierter Gewalt an Kindern, Jugendlichen und jungen Erwachsenen. Handreichung für katholische Schulen, Internate und Kindertagesstätten, Bonn 2010.

Die Feier der Trauung in den katholischen Bistümern des deutschen Sprachgebietes, herausgegeben im Auftrag der Bischofskonferenzen Deutschlands, Österreichs und der Schweiz sowie der (Erz-)Bischöfe von Bozen-Brixen, Lüttich, Luxemburg und Straßburg, Freiburg/Basel/Regensburg/Wien/Salzburg/Linz ²2005.

Diözese Basel (Hg.), Synode 72. Ehe und Familie im Wandel unserer Gesellschaft, Solothurn 1974.

Doms, Herbert, Vom Sinn und Zweck der Ehe. Eine systematische Studie, Breslau 1935.

Döring, Nicole, Sexuelles Begehren im Cyberspace, in: Renate-Berenike Schmidt/Uwe Sielert (Hg.), Handbuch Sexualpädagogik und sexuelle Bildung, Weinheim/Basel 2008, 271–279.

Ebertz, Michael N./Hunstig, Hans-Georg (Hg.), Hinaus ins Weite. Gehversuche einer milieusensiblen Kirche, Würzburg 2008.

Enders, Ursula, Zart war ich, bitter war's. Handbuch gegen sexuellen Missbrauch, Köln 2001; ³2008.

Enders, Ursula/Wolters Dorothee, Wir können was, was ihr nicht könnt. Ein Bilderbuch über Zärtlichkeit und Doktorspiele, Köln 2009.

Funiok, Rüdiger, Medienethik. Verantwortung in der Mendiengesellschaft, Stuttgart 2007.

Fraling, Bernhard, Sexualethik. Ein Versuch aus christlicher Sicht, Paderborn 1995.

Gärtner, Stefan, Das »Thema Nummer eins«? Perspektiven für das sexualpädagogische Handeln in der kirchlichen Jugendarbeit, in: MThZ 53 (2002) 144–152.

Gärtner, Stefan, Zwischenbilanz. Eine Auswertung zum Dialog um den Sexualitätsbrief der Jugendkommission der Deutschen Bischofskonferenz. Mit einem Vorwort von Jugendbischof Franz-Josef Bode, Band 5 Diskussion – Praxis – Dokumentation hg. von der Arbeitsstelle für Jugendseelsorge der Deutschen Bischofskonferenz (afj), Düsseldorf ²2001.

Gärtner, Stefan, Zwischenbilanz. Düsseldorf ⁸2011.

Gemeinsame Synode der Bistümer in der Bundesrepublik Deutschland, Ziele und Aufgaben kirchlicher Jugendarbeit, in: Ludwig Bertsch u.a. (Hg.), Offizielle Gesamtausgabe, Freiburg 1976, 277–311.

Gernert, Johannes, Generation Porno. Jugend, Sex, Internet, Köln 2010.

Gesing, Reinhard (Hg.), »Mit der Liebe«. Der »Rombrief« Don Boscos und seine Bedeutung für die Pädagogik und Jugendpastoral heute, München 2009.

Gloël, Andreas, Pornografie und Sexualverhalten. Der Porno als Orientierung und Leistungsdruck im Erleben junger Männer: eine qualitative Studie, Hamburg 2010.

Gründel, Johannes, Die eindimensionale Wertung menschlicher Sexualität, in: Franz Böckle (Hg.), Menschliche Sexualität und kirchliche Sexualmoral, Düsseldorf 1977, 74f.

Gründel, Johannes, Grundlinien einer christlichen Sexualmoral, in: Stefan Rehrl (Hg.), Christliche Verantwortung in der Welt der Gegenwart, München 1982, 157–177.

Gurzeler, Veronika Bonilla/von Ah, Manuela, Lust von Anfang an, in: Wir Eltern. Das Familienmagazin für die Schweiz (Themenheft: Die sexuelle Entwicklung) 88 (2010) Heft 3, 12–18.

Haag, Herbert/Elliger, Katharina, Zur Liebe befreit. Sexualität in der Bibel und heute, Zürich/Düsseldorf 1998.

Halter, Hans, Bibel und Sexualität, in: Ders./Ziegler, Albert /Mieth, Dietmar /Camenzind-Weber, Hildegard (Hg.), Sexualität und Ehe. Der Christ vor einem Dauerproblem, Zürich 1981, 9–27.
Halter, Hans, Christliche Sexualethik – was könnte das heute noch sein?, in: Christoph Gellner (Hg.), Paar- und Familienwelten im Wandel, Zürich 2008, 139–170.
Hilger, Georg/Reil, Elisabeth (Hg.), Reli 9. Unterrichtswerk für katholischen Religionsunterricht, München 2000, 93–114.
Hilger, Georg/Reil, Elisabeth (Hg.), Reli Real 10 – Lehrerkommentar. Unterrichtswerk für die katholische Religionslehre an Realschulen, München 2006, 45–76.
Hilpert, Konrad, Art. Sexualethik, in: Peter Eicher (Hg.), Neues Handbuch theologischer Grundbegriffe, München 2005, Bd. 4, 139–152.
Hilpert, Konrad, Auch ein systemisches Problem? Sexueller Missbrauch und Sexuallehre der Kirche, in: Herder Korrespondenz 64 (2010), 173–176.
Hilpert, Konrad, Umgang mit Sexualität, in: Wunibald Müller/Myriam Wijlens, Aus dem Dunkel ins Licht, Münsterschwarzach 2011, 141–146.
Hilpert, Konrad, Verantwortlich gelebte Sexualität. Lagebericht zu einer schwirigen theologischen Baustelle, in: Herder Korrespondenz 62 (2008), 335–339.
Hilpert, Konrad (Hg.), Zukunftsfähige katholische Sexualethik (QD 241), Freiburg 2011.
Holzherr, Georg, Die Benediktsregel. Eine Anleitung zu christlichem Leben, Zürich 1986.
Hössli, Nina (Hg.), Muslimische Kinder in der Schule. Informationen, Praxistipps und Ideen für den Unterricht, Zürich 2005.
Hünermann, Peter (Hg.), Lehramt und Sexualmoral, Düsseldorf 1990.
Illa, Andreas/Leimgruber, Stephan, Von der Kirche im Stich gelassen. Wege einer neuen Sexualpädagogik, Kevelaer 2010.
Johannes Paul II., Familiaris consortio. Über die Aufgaben der christlichen Familie in der Welt von heute, hg. vom Sekretariat der DBK (Verlautbarungen des apostolischen Stuhls Nr. 33), Bonn 1981.
Kahlefeld, Heinrich, Fünfter Fastensonntag Joh 8,1–11, in: Konrad Baumgartner/Otto Knoch (Hg.), Unsere Hoffnung – Gottes Wort. Lesejahr C, Frankfurt a. M. 1988, 153–156.
Kasper, Walter, Zur Theologie der christlichen Ehe, Mainz 1977.
Katechismus der Katholischen Kirche, München/Rom 1992/3
Katholischen Junge Gemeinde, Bundesstelle (Hg.), Erste Allgemeine Verunsicherung?! Sexualpädagogik in der KJG, Düsseldorf 2010 (pdf).
Katholische Junge Gemeinde, Mit Jugendlichen offen über Sexualität reden. Pressemitteilung 2/2010 des Bundesverbandes der Katholischen Jungen Gemeinde (12.2.2010).
Katholischer Erwachsenenkatechismus (KEK) Bd. 2, Leben aus dem Glauben, Freiburg 1995
Katholische Junge Gemeinde der Landesarbeitsgemeinschaft Bayern (Hg.), Verhaltenskodex der KJG (Faltblatt), Augsburg 2008.
Katholischer Katechismus (Schweizer Ausgabe), Freiburg 1955.
Keil, Siegfried, Evangelische Sexualethik und sexuelle Bildung, in: Renate-Berenike Schmidt/Uwe Sielert (Hg.), Handbuch Sexualpädagogik und sexuelle Bildung, Weinheim/München 2008, 167–175.
Kleber, Karl-Heinz, De parvitate materiae in sexto. Ein Beitrag zur Geschichte der katholischen Moraltheologie, Regensburg 1971.

Klippert, Heinz, Heterogenität im Klassenzimmer. Wie Lehrkräfte effektiv und zeitsparend damit umgehen können, Weinheim/Basel 2010.

Kluge, Norbert, Der Mensch – ein Sexualwesen von Anfang an, in: Schmidt, Renate-Berenike/Sielert, Uwe (Hg.), Handbuch Sexualpädagogik und sexuelle Bildung, Weinheim/München 2008, 69–77.

Koch, Friedrich, Zur Geschichte der Sexualpädagogik, in: Renate-Berenike Schmidt/Uwe Sielert (Hg.), Handbuch Sexualpädagogik und sexuelle Bildung, Weinheim/München 2008, 23–38.

König, Klaus/Slesiona, Peter/Thoma Chiara (Red.), Reli Real Schule 10. Lehrerkommentar, München 2006, 45–76.

Kongregation für das katholische Bildungswesen (Hg.), Orientierung zur Erziehung in der menschlichen Liebe, Rom 1983 (1. Nov).

Krinetzki, Günter, Hoheslied (Die Neue Echter Bibel). Kommentar zum Alten Testament mit der Einheitsübersetzung, Würzburg 1980.

Krüger, Wolfgang, Wie man Freunde fürs Leben gewinnt. Vom Glück einer besonderen Beziehung, Freiburg 2010.

Kugler, Gudrun/Borel, Denis (Hg.), Entdeckung der Freundschaft von Philia bis Facebook (FS Christoph Schönborn), Freiburg 2010.

Kunstmann, Joachim, Religionspädagogik. Eine Einführung, Basel/Weinheim 2004.

Kutzlebe, Ulrike/Schmidt Anneliese/Walczak, Leonhard/Weber, Bertram, Zeit für Zärtlichkeit. Spielerische Übungen für Liebe und Partnerschaft. Ein neuer Zugang zur Sexualpädagogik, Dortmund 1981.

Landesstelle der Katholischen Landjugend Bayerns e.V. (Hg.), So'n Kribbeln im Bauch. VerSUCHung zu einer lustvoll verantworteten Sexualität (Werkbrief für die Landjugend 1995 III + IV), München 1995.

Lang, Josef, Wertschätzen und Abwerten. Vitamin und Virus einer Paarbeziehung, Berlin 2005.

Langer, Michael, Katholische Sexualpädagogik im 20. Jahrhundert. Zur Geschichte eines religionspädagogischen Problems, München 1986.

Langer, Michael/Verburg, Winfried (Hg.), Zum Leben führen. Handbuch religionspädagogische Spiritualität, München 2007.

Lämmermann, Godwin, Wenn die Triebe Trauer tragen, München 2002.

Lawrence, Raymond, J., Sexualität und Christentum. Geschichte der Irrwege und Ansätze zur Befreiung, Insbruck/Wien 2010.

Leben aus dem Glauben. Katholischer Erwachsenen-Katechismus, Band II, Freiburg 1995.

Lehrplan für katholische Religionslehre an der bayerischen Grundschule, Jahrgangsstufe 1 mit 4, München 2000.

Leimgruber, Stephan, Interreligiöses Lernen, München ²2007.

Leimgruber, Stephan, Sexualität gestalten lernen. Neue religionspädagogische Ansätze, in: Stimmen der Zeit 135 (2010), 47–56.

Leimgruber, Stephan, Woran wird gelernt? – Medien im Religionsunterricht, in: Georg Hilger/Stephan Leimgruber/Hans-Georg Ziebertz, Religionsdidaktik, München ²2005, 219–233; ⁶2010, 242–253.

Leimgruber, Stephan, Sexuelle Aufklärung, in: Wunibald Müller/Myriam Wijlens, Aus dem

Dunkel ins Licht. Fakten und Konsequenzen des sexuellen Missbrauchs für die Kirche und die Gesellschaft, Münsterschwarzach 2011, 97–103.

Lehmann, Karl Kardinal, Kirche der Sünder, Kirche der Heiligen, in: FAZ Nr. 77 (1. April 2010), 6.

Lehner-Hartmann, Andrea, Kindliche Sexualität – (k)ein Thema?, in: Religionspädagogische Beiträge 1995/H. 35, 133–149.

Loth, Heinz-Jürgen, Art. Sexualität Judentum, in: Michael Klöcker/Udo Tworuschka (Hg.), Ethik der Religionen. Ein Handbuch, Darmstadt 2005, 225–227.

Maier-Albang, Monika, Doktor Sommer und der liebe Gott. Wie die Kirche im Erzbistum München mit der Debatte um die Sexualität umgeht, in: Süddeutsche Zeitung Nr. 252 (30./31. Oktober/1. November 2010) R2.

Majerus, Mill, Liebesworte. Antworten auf Fragen Jugendlicher zu Liebe und Sexualität, München 1985.

Majerus, Mill und Catherine, Über Sex und Liebe reden. Ein Ratgeber für Eltern und alle, die Jugendliche begleiten, München 2005.

Mahnke, Elke, Sexualbiografische Arbeit, in: Renate-Berenike Schmidt/Uwe Sielert (Hg.), Handbuch Sexualpädagogik und sexuelle Bildung, Weinheim/Basel 2008, 663–674.

Marti, Kurt, Zärtlichkeit und Schmerz. Notizen, Frankfurt/Main, 1981; ²1990.

Martin, Beate, Körper- und Sexualaufklärung, in: Renate-Berenike Schmidt/Uwe Sielert (Hg.), Handbuch Sexualpädagogik und sexuelle Bildung, Weinheim/München 2008, 639–652.

Mendl Hans/Schiefer Ferrari Markus (Hg.), Religion vernetzt. Unterrichtswerk für katholische Religionslehre an Gymnasien 9, erarbeitet von Axel Herschke, Marianne Mayer, Siegfried Steiger und Alfred Vogler, Internetberatung Sebastian Schuhbeck, Schülerbuch und Lehrerkommentar, München 2007.

Michalke-Leicht, Wolfgang/Sajak, Clauß Peter, Bitte nüchtern bleiben. Ein Plädoyer gegen die Überforderung des Religionsunterrichts, in: Herder Korrespondenz 64 (2010), 588–592.

Michel, Ernst, Ehe. Eine Anthropologie der Geschlechtsgemeinschaft, Stuttgart 1948.

Milhoffer, Petra, Sexualpädagogik in der Grundschule, in: Renate-Berenike Schmidt/Uwe Sielert (Hg.), Handbuch Sexualpädagogik und sexuelle Bildung, Weinheim/München 2008, 547–556.

Müller, Michael, Die Lehre des hl. Augustinus von der Paradiesesehe und ihre Auswirkung in der Sexualethik des 12. und 13. Jahrhunderts bis Thomas von Aquin, Regensburg 1954.

Müller, Wunibald/Wijlens, Myriam, Aus dem Dunkel ins Licht. Fakten und Konsequenzen des sexuellen Missbrauchs für die Kirche und die Gesellschaft, Münsterschwarzach 2011.

Müller, Wunibald, Verschwiegene Wunden: Sexuellen Missbrauch in der katholischen Kirche erkennen und verhindern, München 2010.

Muhl, Iris, Fachleute im Gespräch über Lust, Leidenschaft und erfüllte Sexualität, Brunnen 2009.

Neysters, Peter, Die alternde Paarbeziehung, in: Martina Blasberg-Kuhnke/Andreas Wittmann (Hg.), Altern in Freiheit und Würde. Handbuch christlicher Altenarbeit, München 2007, 140–147.

Neubauer, Georg, Sexualität im Jugendalter, in: Schmidt, Renate-Berenike, Sielert, Uwe (Hg.), Handbuch Sexualpädagogik und sexuelle Bildung, Weinheim/München 2008, 371–384.

Nohl, Arnd-Michael, Konzepte interkultureller Pädagogik. Eine systematische Einführung, Bad Heilbrunn ²2010.
Obst, Gabriele, Kompetenzorientiertes Lehren und Lernen im Religionsunterricht, Göttingen ²2009.
Ortland, Barbara, Behinderung und Sexualität. Grundlagen einer behinderungsspezifischen Sexualpädagogik, Stuttgart 2008.
Päpstlicher Rat für die Familie (Hg.), Menschliche Sexualität: Wahrheit und Bedeutung und: Die Vorbereitung auf das Sakrament der Ehe (Verlautbarungen des apostolischen Stuhls Nr. 127), Bonn 1996.
Päpstlicher Rat für die Familie (Hg.), Orientierungshilfen für die Erziehung in der Familie und die Vorbereitung auf das Sakrament der Ehe, Bonn 1969.
Pfürtner, Stephan, Kirche und Sexualität, Reinbek b. Hamburg 1972.
Rahner, Karl/Vorgrimmler, Herbert (Hg.), Kleines Konzilskompendium, Freiburg ²⁹2002.
Raith-Paula, Elisabeth, Was ist los in meinem Körper? Alles über Zyklus, Tage, Fruchtbarkeit, München 2008.
Ranke-Heinemann, Ute, Eunuchen für das Himmelreich, München 2003.
Rat der EKD, AIDS – Orientierungen und Wege in der Gefahr, Hannover 1988.
Rehrl, Stefan, Christliche Verantwortung in der Welt der Gegenwart, München/Salzburg 1982.
Renz, Andreas/Leimgruber, Stephan, Christen und Muslime. Was sie verbindet, was sie unterscheidet, München ³2009.
Renz, Meral, Sexualpädagogik in interkulturellen Gruppen: Informationen, Methoden und Arbeitsblätter, Mühlheim an der Ruhr 2007.
Reschika, Richard, Theologie der Zärtlichkeit. Von der Liebe Gottes, Münsterschwarzach 2009.
Richard, Rainer/Kraft-Schöning, Beate, Nur ein Mausklick bis zum Grauen. Jugend und Medien, Berlin 2007.
Römelt, Josef, Christliche Ethik in moderner Gesellschaft: 1. Grundlagen; 2. Lebensbereiche, Freiburg 2008/2009.
Rotter, Hans, Sexualität und christliche Moral, Innsbruck/Wien 1991.
Sautermeister, Jochen, Sexualität und Identität, in: Hilpert, Konrad (Hg.), Zukunftsfähige katholische Sexualethik (QD 241), Freiburg/Basel/Wien 2011, 109–130.
Scheidler, Monika/Hofrichter, Claudia/Kiefer, Thomas (Hg), Interkulturelle Katechese, München 2010.
Schmid Hans/Detsch Sylvia/Heuer Thomas/Hülz, Monza (Red.), Ich nehme dich an, in: Reli 9, Unterrichtswerk für katholische Religionslehre an Hauptschule in den Klassen 5–9, hg. von Georg Hilger und Elisabeth Reil, München 2000, 93–114.
Schmidt, Renate-Berenike/Sielert Uwe (Hg.), Handbuch Sexualpädagogik und sexuelle Bildung, Weinheim/München 2008.
Schmidt, Renate-Berenike, Einleitung, in: Dies./Sielert, Uwe/(Hg.), Handbuch Sexualpädagogik und sexuelle Bildung, Weinheim/München 2008, 11–20.
Schmitt, Hanspeter, Überforderung Zölibat, in: Diakonia 41 (2010), 283–289.
Schockenhoff, Eberhard, Ehe – nicht-eheliche Lebensgemeinschaften – Ehelosigkeit, in: Johannes Gründel (Hg.), Leben aus christlicher Verantwortung. Ein Grundkurs der Moral, Bd. 3, Düsseldorf 1992, 31–49.

Schütz, Elisabeth, Interview zu: Die sexuelle Entwicklung der Kinder, in: Wir Eltern (Themenheft: Die sexuelle Entwicklung) 88 (2010), Heft 3, 12–18.
Schwab, Ulrich, Kompetenzorientierung als religionsdidaktisches Prinzip, in: Christina Kalloch/Stephan Leimgruber/Ulrich Schwab, Lehrbuch der Religionsdidaktik. Für Studium und Praxis in ökumenischer Perspektive, Freiburg ²2010, 341–360.
Schütz, Elisabeth/Kimmich, Theo, Körper und Sexualität. Entdecken, verstehen, sinnlich vermitteln, Zürich 2010.
Sekretariat der Deutschen Bischofskonferenz (Hg.), Brief der Jugendkommission der Deutschen Bischofkonferenz an die Verantwortlichen in der kirchlichen Jugendarbeit zu einigen Fragen der Sexualität und der Sexualpädagogik (AH 148), Bonn 1999.
Shell Deutschland Holding (Hg.), Jugend 2006. Eine pragmatische Generation unter Druck. 15. Shell Jugendstudie, Frankfurt 2006.
Shell Deutschland Holding (Hg.), Jugend 2010. Eine pragmatische Generation behauptet sich. 16. Shell Jugendstudie, Frankfurt 2010.
Sielert, Uwe, Einführung in die Sexualpädagogik, Weinheim 2005.
Sielert, Uwe/Schmidt, Renate-Berenike, Einleitung. Eine Profession kommt in die Jahre, in: Dies. (Hg.), Handbuch Sexualpädagogik und sexuelle Bildung, Weinheim/München 2008, 11–20.
Siggelow, Bernd/Büscher, Wolfgang, Deutschlands sexuelle Tragödie – Wenn Kinder nicht mehr lernen, was Liebe ist, Asslar ³2008.
Steurer, Dagmar, Ein kritischer Vergleich bestehender Konzepte der Sexualpädagogik, Saarbrücken 2010.
Sinn und Gestaltung menschlicher Sexualität, in: Gemeinsame Synode der Bistümer in der Bundesrepublik Deutschland, Offizielle Gesamtausgabe – Ergänzungsband, Freiburg 1977, 159–183.
Summerhill: Pro und Contra. 15 Ansichten zu A. S. Neills Theorie u. Praxis, Reinbek b. Hamburg 1971.
Thielicke, Helmut, Theologische Ethik, Bd. 3, Basel 1964
Timmermanns, Stefan/Tuider, Elisabeth, Sexualpädagogik der Vielfalt. Praxismethoden zu Identitäten, Beziehungen, Körper und Prävention für Schule und Jugendarbeit, Weinheim/München 2008.
Timmermanns, Stefan, Sexuelle Orientierung, in: Renate- Berenike Schmidt/Uwe Sielert (Hg.), Handbuch Sexualpädagogik und sexuelle Bildung, Weinsheim/München 2008, 261–270.
Trocholepczy, Bernd, Die Agora der Netzwelt, in: Herder Korrespondenz 64 (2010), 236–240.
Valtl, Karlheinz, Sexuelle Bildung: Neues Paradigma einer Sexualpädagogik für alle Lebensalter in Renate-Berenike Schmidt/Uwe Sielert (Hg.), Handbuch Sexualpädagogik und sexuelle Bildung, Weinheim/München 2008, 125–140
VELKD (Hg.), Evangelischer Erwachsenenkatechismus. suchen – glauben – leben, Gütersloh ⁸2010.
Walter, Joachim, Sexualität und geistige Behinderung, Heidelberg ⁵2005.
Wanzeck-Sielert, Christa, Sexualität im Kindesalter, in: Schmidt, Renate-Berenike/Sielert, Uwe (Hg.), Handbuch Sexualpädagogik und sexuelle Bildung, Weinheim/München 2008, 363–370.
Westheimer, Ruth/Mark, Jonathan, Himmlische Lust. Liebe und Sex in der jüdischen Kultur, Frankfurt/New York 1996.

Windlin, Sabine/Felber, Michael, Zum Virus. HIV in der Schweiz: Fakten, Facetten und Geschichten, Kriens 2009.
Wronska, Lucyna/Kunz, Daniel, Interkulturelle Sexualpädagogik: Menschenrechte als Motiv der Integration, in: Renate-Berenike Schmidt/Uwe Sielert (Hg.), Handbuch Sexualpädagogik und sexuelle Bildung, Weinheim/München 2008, 281–293.
Youcat Deutsch. Jugendkatechismus der Katholischen Kirche. Mit einem Vorwort von Papst Benedikt XVI., München 2011.
Zenger, Erich, Die Nacht wird leuchten wie der Tag. Psalmenauslegungen, Freiburg 1997.
Ziebertz, Hans-Georg, Biografisches Lernen, in: Georg Hilger/Stephan Leimgruber/Hans-Georg Ziebertz, Religionsdidaktik. Ein Leitfaden für Studium, Ausbildung und Beruf, München ^{6}2010, 374–386.
Ziebertz, Hans-Georg, Ethisches Lernen, in: Georg Hilger/Stephan Leimgruber/Hans-Georg Ziebertz, Religionsdidaktik. Ein Leitfaden für Studium, Ausbildung und Beruf, München ^{6}2010, 434–452.
Ziebertz, Hans-Georg, Moralerziehung im Wertepluralismus. Eine empirisch-theologische Untersuchung nach moralpädagogischen Handlungskonzepten im Religionsunterricht und in der kirchlichen Jugendarbeit zu Fragen der Sexualität. Reihe Theologie und Empirie, Bd. 9, Kampen/Weinheim 1990.
Ziebertz, Hans-Georg (Hg.), Sexualität im Wertpluralismus, Mainz 1991.
Ziebertz, Hans-Georg/Kay, William K., Youth in Europe, Münster 2005.
Ziegler, Albert SJ., Sexualität und Ehe, in: Hans Halter u.a. (Hg.), Sexualität und Ehe. Der Christ vor einem Dauerproblem, Zürich 1981, 28–67.
Zollitsch, Robert, Votum an der Herbstversammlung der DBK 2010.
Zühlke, Gernot, Die Kunst des Paargesprächs. So bleibt ihre Beziehung lebendig, Freiburg 2007.

10.2 Vorlesebücher für Kinder zwischen 1 und 6 Jahre

Bossbach, Christel/Raffauf, Elisabeth/Dürr, Gisela, Mama, wie bin ich in deinen Bauch gekommen?, Augsburg 1998.
Brandenberg, Aliki, Gefühle sind wie Farben, Weinheim/Basel 2007.
Bundeszentrale für gesundheitliche Aufklärung (BZgA) (Hg.), Dem Leben auf der Spur. Wissenswertes für Mädchen (und Jungen), Köln 2003.
Fagerström, Grethe/Hansson, Gunilla, Peter, Ida und Minimum, Ravensburg 1989.
Flacke, Uschi/Brockamp, Melanie, Wie kommt das Baby in den Bauch?, Würzburg 2003.
Härdin, Sonja, Wo kommst du her? Aufklärung für Kinder ab 5, Bindlach 2002.
Herrath, Frank/Sielert, Uwe, Lisa und Jan. Ein Aufklärungsbuch für Kinder und ihre Eltern, Weinheim ^{3}1996.
Nilsson, Lennart, Ein Kind entsteht, München 2003.
Perols, Sylvaine, Der Körper. Band 38 aus »Meyers kleiner Kinderbibliothek«, Mannheim 1995.
Pro Familia (Hg.), Mein Körper gehört mir. Ein Aufklärungsbuch der Pro Familia, Bindlach 2002.

Rübel, Doris, Wir entdecken unseren Körper, Ravensburg 2003.
Rübel, Doris, Woher die kleinen Kinder kommen, Ravensburg 2003.
Quizkarten Mensch, Schwager & Steinlein Verlag, Köln 2007.

10.3 Internet-Adressen

Amendt, Günther, Die Liebe und der Tausch, in: Die Tageszeitung (taz), 30.12.2003.
    www.taz.de/pt/2003/12/30/a0182.nf/textdruck (02.02.2010).
Bundesleitung der Katholischen Jungen Gemeinde (Hg.), Pressemitteilung, Düsseldorf 2009.
http://kjg.de/fileadmin/user_upload/08_presse/2010/PM_02_10_Arbeitshilfe_Sexualpaedagogik.pdf (12.02.2010).
Bundesministerium für Familie, Senioren, Frauen und Jugend (Hg.), Ein Netz für Kinder – Surfen ohne Risiko? Ein praktischer Leitfaden für Eltern und Pädagogen, Berlin 2009.
http://www.bmfsfj.de/bmfsfj/generator/BMFSFJ/Service/Publikationen/publikationen,did=4712.html (13.01.2011)
Bundesstelle der Katholischen Jungen Gemeinde e.V. (Hg.), Erste Allgemeine Verunsicherung?! Sexualpädagogik in der KJG, Düsseldorf 2010.
http://kjg.de/fileadmin/user_upload/04_positionen/Geschlechterdemokratie/2010–02–12_kjg_sexualpaed_arbeitshilfe_web_final.pdf (12.02.2010).
Dehm, Ursula /Schumacher, Gerlinde, Medien und Tabus. Ergebnisse einer Grundlagenstudie des ZDF (Zusammenfassung), Mainz April 2010.
http://unternehmen.zdf.de/fileadmin/files/Download_Dokumente/DD_Engagement/ZDF_Grundlagenstudie_Medien_und_Tabus_April_2010.pdf
Generation Porno?. Studie über die Bedeutung sexualisierter Web-Inhalte in der Lebenswelt von Jugendlichen.
http://www.bildungsklick.de/mobil/a/72925/generation-porno/(04.07.2010).
Schmieding, Bettina, Generation Porno. Ist die sexuelle Verwahrlosung Jugendlicher nur ein Medienphänomen?, in: Deutschlandfunk, 09.01.2010.
http://www.dradio.de/dlf/sendungen/marktundmedien/1101949/(04.07.2010).
Sinus Heidelberg/Berlin/Zürich, Die Sinus-Milieus in Deutschland 2011.
http://www.sociovision.de (12.06.2010)

10.4 Filme

Grundschule

Lind-Lagerlöf, Daniel (Reg.), Miffo. Frisch getraut ist halb geschieden (DVD), Komödie, Altersbeschr. ab 6 Jahren, 94 Min., Schweden 2003.

Morávek, Vladimír (Reg.), Sex in Brno (DVD), Komödie, Altersbeschr. ab 6 Jahren, 103 Min., Tschechien 2003.
Myklebust, Elke (Reg.), Kinder-Kummer, Altersbeschr. ab 6 Jahren, 7 Min., Norwegen 1987.
Weitere Auskünfte: www.matthias-film.de (Matthias Film); www.filmwerk.de (Katholisches Filmwerk).

Sekundarstufe I und II

Benkriane, Ali (Reg.), Anna, Amal & Anousheh (DVD), Altersbeschr. ab 12 Jahren, 163 Min., Schweiz 2007.
BZgA, Sexuell übertragbare Krankheiten inkl. HIV/Aids (DVD), Altersbeschr. ab 14 Jahren, Deutschland 2009.
Doose, Hanna (Reg.), Häschen in der Grube, Altersbeschr. ab 14 Jahren, 11 Min., Deutschland 2004.
Jugendmagazin des Senders Freies Berlin (SFB), Moskito: Sexualität (Video), Dokumentarfilm, Altersbeschr. ab 14 Jahren, 42 Min., Deutschland 1989.
Glenaan, Kenny (Reg.), Yasmin (DVD), Drama, Altersbeschr. ab 12 Jahren, 84 Min., Großbritannien/Deutschland 2004.
Graf, Christa (Reg.), Memory Books, Altersbeschr. ab 6 Jahren, 90 Min., Deutschland 2009.
Homosexualität. Ich bin wie ich bin, Altersbeschr. ab 12 Jahren, Deutschland 1999.
Medienprojekt Wuppertal, Jung und Schwanger (Video/DVD), Film-Dokumentation, Altersbeschr. ab 12 Jahren, 184 Min., Deutschland 2008.
Pro Familia Landesverband Hessen, Liebe und so Sachen – ein Aufklärungsfilm, der ein Liebesfilm ist. Aufklärungsfilm im Segment »Sexualität und Behinderung«, Deutschland 2009.
Satu, Siegemund (Reg.), Alles wieder gut, Altersbeschr. ab 6 Jahren, 20 Min., Deutschland 2008.
Sembène, Ousmane (Reg.), Moolaadé – Bann der Hoffnung (DVD), Drama, Altersbeschr. ab 12 Jahren, 120 Min., Senegal/Frankreich u.a. 2005.
Stadt Zürich (Fachstelle für Gleichstellung), Flirt, Anmache oder Übergriff? (DVD), Altersbeschr. zwischen 9 und 16 Jahren, Schweiz 2008.
Werneck, Sandra (Reg.), Mögliche Lieben – Amores possiveis (DVD), Drama, Altersbeschr. ab 12 Jahren, 89 Min., Brasilien 2001.
Sexualität und Aufklärung. Was man vor dem ersten Mal wissen sollte (DVD), Kurzspielfilm, Altersbeschr. ab 12 Jahren, 16 Min., Deutschland 2008.
Sex – eine Gebrauchsanweisung für Jugendliche (DVD), Zeichentrick, Altersbeschr. ab 12 Jahren, 18 Min., Dänemark 1989.
Weitere Auskünfte: www.matthias-film.de (Matthias Film)www.filmwerk.de (Katholisches Filmwerk).

10.5 Handbücher und Materialien für Eltern, Schule und Jugendarbeit

Aktion Lebensrecht für Alle e.V. (Alfa) (Hg.), Schwanger ... mit 16? Vollständige Unterrichtsreihe mit Materialien für alle weiterführenden Schulen, Ausgburg 2010.
Bundeszentrale für gesundheitliche Aufklärung (Hg.), Liebevoll begleiten ... Körperwahrnehmung und körperliche Neugier bei Kleinkindern. Ein Ratgeber für Eltern zur kindlichen Entwicklung vom 1. bis 6. Lebensjahr, Köln 2010.
Bundeszentrale für gesundheitliche Aufklärung (Hg.), Präventionsmappe »Körperwissen und Verhütung«, Deutschland 2009.
Bundeszentrale für gesundheitliche Aufklärung (Hg.), Veränderungen des Sexualverhaltens von Studentinnen und Studenten 1966 – 1981 – 1969, in: Wissenschaftliche Grundlagen. Teil 2 Jugendliche, Köln 1999, 141–156.
van Dijk, Lutz/van Driel, Barry, Sexuelle Vielfalt lernen. Schulen ohne Homophobie, Querverlay 2008.
Ganguly, Martin, »Ganz normal anders – lesbisch, schwul, bi.« Das Lebenskunde Sonderheft, hg. vom Humanistischen Verband Deutschlands (lku@humanismus.de).
Grütter, Karin/Ryter, Annamarie (Hg.), Persönliche Grenzen respektieren. Module rund um das Thema sexuelle Belästigung für die Lernbereiche Gesellschaft, Sprache und Kommunikation, Buch und CD-Rom, Bern 2008.
Hannemann, Kathrin/Schreiber, Kirsten/Voß, Heike, Freundschaft, Liebe Sexualität. 11 Lernstationen für den Ethikunterricht (8.–10. Klasse), Buxtehude 2011.
Hartmann, Jutta, Vielfältige Lebensweisen. Pädagogisches Prinzip und Unterrichtsthema in der Schule, in: Praxis Schule 5–10 (Heft 6), 1999.
Jegge, Gabriela, Prävention sexueller Übergriffe in der Schule, in: Wicki, Werner/Bürgisser, Titus (Hg.), Praxishandbuch Gesunde Schule, Bern 2008.
PLANes. Stiftung für sexuelle und reproduktive Gesundheit (Hg.), Mit mir nicht. Mit dir nicht, Schweiz 2008.
Sielert, Uwe, Sexualpädagogik. Konzeption und didaktische Hilfen für die Aus- und Fortbildung von Multiplikatoren, Dortmund 1991.
Sielert, Uwe/Valtl, Karlheinz (Hg.), Sexualpädagogik lehren. Didaktische Grundlagen und Materialien für die Aus- und Fortbildung, Weinheim 2000.
Stiftung Kinderschutz Schweiz/Mütter- und Väterberatung Schweiz (Hg.), Sexualerziehung bei Kleinkindern und Prävention von sexueller Gewalt, Schweiz 2009.
Keden-Obrikat, Folke, Homosexualität: Ich bin, wie ich bin. In: Religion betrifft uns: Unterrichtsmaterialien, Aachen 1999.
Mit Vielfalt umgehen. Sexuelle Orientierung und Diversity in Erziehung und Beratung (Handbuch). Hg. vom Ministerium für Gesundheit, Soziales, Frauen und Familie des Landes Nordrhein-Westfalen, Düsseldorf 2004.
www.diversity-in-europe.org. Informationen, Methoden und Adressen zum Thema sexuelle Orientierung in Schule und Jugendarbeit.

10.6   Beratungsadressen

www.aidshilfe.de
Deutsche Aidshilfe

www.bide.ch
Begegnung in der Ehe (Maienfeld)

www.bravo.de
Dr. Sommer-Team gibt Auskunft über sexualitätsbezogene Fragen

www.ctl.ch
Christlich-Therapeutische Lebensberatung CTL (Bern)

www.isp-dortmund.de
Sexualpädagogische Aus- und Fortbildung

http://www.ebz-muenchen.de/schwangerschaftsberatung/angebot.php
Sexualpädagogik an Schulen

www.familiy.de
Verschiedene Artikel in der Rubrik »Wir beide« zum Thema Sexualität (Witten)

www.mfm-projekt.de
Wertorientiertes sexualpädagogisches Präventionsprojekt für Mädchen und Jungen von Dr. med. Elisabeth Raith-Paula

www.loveline.de
Bundeszentrale für gesundheitliche Aufklärung

www.porno-frei.ch
Seelsorgeangebot zum Thema Porno- und Sexsucht (Winterthur)

www.sextra.de
Pro Familia

www.team-f.de
Christliche Ehe- und Familienseminare (Lüdenscheid)

www.teen-star.de
www.teenstar.at
Sexualpädagogische Kurse für Jugendliche und junge Erwachsene zur Persönlichkeitsbildung von Dr. med. gyn. Hanna Klaus

www.weisses-kreuz.de
Weißes Kreuz Deutschland, Fachstelle für Sexualethik und Seelsorge (Ahnatal/Kassel)

www.wkz.ch
Schweizerisches Weißes Kreuz, Fachstelle für Lebensschutz, Sexualethik und Beziehungsfragen (Dürrenäsch)

10.7 Bibelstellenregister

Gen 1,1–2,4a 47
Gen 1,25–31 48
Gen 1,27 60, 137
Gen 1,28b 48
Gen 1,31b 48, 66
Gen 2,4b–25 47
Gen 2,21–25 49
Gen 2,24 49
Gen 2,24b 49, 61
Gen 3,14 53
Gen 3,16 53
Gen 3,19 53
Gen 4,1f. 49, 61
Gen 19 57, 61, 94
Gen 29,30 59
Gen 38,8–10 64

Lev 18,7 53
Lev 19,18 58, 101, 117
Lev 20,11 53

Dtn 22,22f. 56
Dtn 27,20 53

Ri 19,22 94

2 Sam 11,2–12,55 142

Ps 51,3–7 65
Ps 139,1–17 50
Ps 139,14 51
Ps 139,16 51

Spr 5,18–20 59

Koh 3,1–8 59
Koh 9,7–9 60

Hld 2,3 52
Hld 2,5c 51
Hld 3,2 52
Hld 4,9 51
Hld 4,13.16 52
Hld 7,2–10 99
Hld 7,5–13 52
Hld 7,7.11 52
Hld 8,6b 51
Hld 8,11f. 52

Jer 1,6 84
Jer 1,7 84

Mt 5,27–32 61
Mt 5,43–47 59
Mt 9,18–26 66
Mt 18,6 123
Mt 19,3–11 61
Mt 19,12 26, 61, 111
Mt 25,40 58

Mk 1,30 112
Mk 5,25–34 56
Mk 7,15 56
Mk 8,22–26 54
Mk 9,36f. 54
Mk 10,5–9 61
Mk 10,11 61
Mk 14,8 55

Lk 8,43–48 56
Lk 10,27 58, 101
Lk 10,38–42 54
Lk 16,18 61
Lk 17,33 80
Lk 19,1–10 54

Joh 8,1–11 54, 56
Joh 8,11 61
Joh 12,1–8 55
Joh 15,13 59, 104
Joh 15,13–15 104

Röm 1,26f. 57, 94
Röm 12,11 84
Röm 13,12 53
Röm 14,14 56

1 Kor 5,1–13,
    hier: 5,13b 53
1 Kor 6,9 94
1 Kor 7,5 61
1 Kor 7,7 61
1 Kor 7,9 61
1 Kor 12,31a 58
1 Kor 12,31b–13,13 57f.
1 Kor 13 57, 80, 121
1 Kor 13,4 58
1 Kor 13,8 11, 58
1 Kor 13,13 101
1 Kor 14,1 58

Gal 5,1 9, 49
Gal 5,6 100

Eph 5,25 51

1 Thess 4,4 61

1 Tim 1,10 94
1 Tim 2,15 61
1 Tim 4,4 99

Hebr 5,14b 53

1 Joh 1,1 11
1 Joh 4,16b 58
1 Joh 4,19 58
1 Joh 4,20 58

10.8 Personenregister

Adam, August 70, 87, 188
Aurelius Augustinus von Hippo 6, 25, 63–66, 90, 185, 193
Barth, Karl 74, 188
Bartholomäus, Wolfgang 25, 98, 113, 188
Benedikt XVI. 44–45, 52, 62, 80, 83, 92, 117, 151, 188, 196
Böckle, Franz 72, 190
Bode, Franz-Josef 79, 190
Boff, Leonardo 23
Buber, Martin 98
Büscher, Wolfgang 18, 27, 172, 195
Chagall, Marc 137
Doms, Herbert 70, 87, 190
Elliger, Katharina 57, 62, 65, 87, 190
Freud, Sigmund 24, 31–33, 35, 68
Gehrig, Peter 92
Gernert, Johannes 19, 27, 190
Gründel, Johannes 12, 66, 190, 194
Haag, Herbert 49, 57, 62, 65, 87, 190
Haring, Keith 137
Hilpert, Konrad 44, 104, 106, 110, 113, 191, 194
Jansenius, Cornelius der Jüngere 66
Johannes Paul II. 113, 137, 151, 187, 191
Kasper, Walter 90, 98, 100, 106, 114, 191
Kay 123, 196
Kinsey, Alfred C. 70
Kolles, Oswalt 70
Kunstmann, Joachim 24, 27, 192
Kunz, Daniel 124, 125, 127, 180, 196
Lang, Josef 117, 127, 192
Luther, Martin 74
Majerus, Catherine 12, 44, 93, 105, 114, 193
Majerus, Mill 12, 44, 93, 105, 114, 137, 193
Merleau-Ponty, Maurice 92
Mey, Reinhard 137
Michel, Ernst 70, 88, 193
Neill, Alexander S. 68, 195
Neysters, Peter 40, 44, 193
Ödipus 33
Onan 63, 64
Platon 72, 92
Raith-Paula, Elisabeth 119, 127, 194, 200
Reich, Wilhelm 68
Renz, Andreas 125, 194
Renz, Meral 119, 127, 194
Schockenhoff, Eberhard 10, 12, 70, 194
Schütz, Esther Elisabeth 91, 195
Sielert, Uwe 10, 12, 24, 36, 40, 44, 82, 87, 88, 89, 91, 96, 113, 114, 127, 148, 178, 184, 194, 195, 196, 199
Siggelkow, Bernd 18, 27, 172
Starke, Kurt 40, 44
Stiehle, Jutta 18
Thielicke, Helmut 74, 195
Timmermanns, Stefan 96, 114, 154, 157, 159, 163, 184, 195
Tuider, Elisabeth 153, 154, 157, 159, 163, 184, 195
Valtl, Karlheinz 9, 12, 82, 88, 195, 199
Wanzeck-Sielert, Christa 31, 32, 35, 44, 195
Wronska, Lucyna 124, 125, 127, 180, 196
Ziebertz, Hans-Georg 20, 25, 123, 127, 184, 192, 196
Zollitsch, Robert 23, 27, 196
Wittgenstein, Ludwig 93

10.9 Sachwortregister

Arbeitsgemeinschaft der Jugend-
　pastoral der Orden (AGJPO) 76f.
Arche 18
Aufklärung (sexuelle), aufklären 35ff., 162
Beratung 37, 38, 121 154, 163, 200
Beratungsstelle(n) 11, 25, 121, 133, 164
Berufsschule 7, 143, 182
Bezugspersonen 17, 30, 35, 108, 134
Bibel 10, 22, 25, 46–60, 61, 62, 65, 78, 80,
　87, 94, 95, 101, 121, 139, 185
Bildung, sexuelle 9f., 12, 82f., 106, 115f.,
　129f., 134
Biografiearbeit 8, 150, 173, 174, 175
Bisexualität 94
Bravo, Dr.-Sommer-Studie 13, 16, 19
Cyber-Sex 78
Deus caritas est (2005) 45, 52, 63, 80f., 86,
　188
Doktorspiele 33, 182, 190
Dr.-Sommer-Team 17, 109
Ehe 10, 39, 54, 61, 66, 68, 70ff., 79f., 86, 90,
　95, 106ff., 109ff., 131, 135, 137, 171
eingetragene Partnerschaft 95, 107, 121
Eltern 11, 16f., 29ff., 35ff., 75f., 83, 97, 100,
　107f., 120, 129, 173
Elternschaft (verantwortete) 100
Empathie 122
Entwicklungsphasen, sexuelle 35, 73
　– anale Phase 32
　– orale Phase 31
　– phallisch-genitale Phase 33
Ephebophilie 95
Erbsünde 65, 66
Erziehung (antiautoritär) 68
Ethik 62, 70, 74, 88, 107, 135, 136, 141,
　185, 188, 193, 194, 195
Evangelische Kirche in Deutschland (EKD)
　74ff.
Evangelische Religionslehre 135, 138
fächerübergreifend(-er Unterricht) 29,
　130, 143
Familie 21, 26, 30ff., 43, 71, 74, 90ff.,
　106ff., 121, 129, 131, 135, 185

Freiheit 9, 20, 26, 36, 37, 44, 49, 56, 68,
　72, 101, 104, 120, 135, 136, 185
Freundschaft 25, 59, 69, 78, 101ff., 121,
　134, 174, 183, 185
Fruchtbarkeit 96, 99, 120, 127, 194
Geborgenheit 19, 30, 98, 102, 112, 137
Geburt 30, 31, 36, 75, 133, 165
Generation Porno 13, 19, 27, 190, 197
Geschichte 9, 24, 25, 46, 53, 59, 63ff., 130,
　141
Gewalt 10, 16, 26, 29, 70, 91, 105, 121, 125,
　126, 127, 131, 143, 145, 151, 152, 164,
　177, 186
Gewaltdarstellungen 8, 175
Gewissen 20, 104, 122, 123, 124, 136, 141
Grundschule 36, 129, 130, 131, 132, 133,
　148, 197f.
Gymnasium 14, 140ff., 182
Hauptschule 14, 134ff., 148, 182, 188, 194,
　197ff.
Heterosexualität 75, 94ff., 144, 170
Hohelied Salomos 5, 45, 51, 60, 98, 121,
　142, 147
Homosexualität 16, 21, 46, 57, 61, 71, 75,
　77, 79, 83, 86, 94, 95, 121, 125, 137,
　140, 147
Humanisierung (der Sexualität) 16, 26, 69,
　82
Identität 7, 15, 33, 82, 96, 97, 98, 105, 117,
　133, 144, 145, 152, 174, 181, 185
Identitätskompetenz 7, 115, 116, 117
Interkulturelle Kompetenz 124
Interreligiöse Kompetenz 124
Intersexualität 95, 96
Intimsphäre 92, 124, 144, 147, 152
Islam 125, 178, 179, 188, 189
Judentum 193
Jugendarbeit, interkulturelle 179
Jugendarbeit, kirchliche 25, 27, 39, 77,
　107, 124, 149ff., 184, 186
Jugendkommission der Deutschen
　Bischofskonferenz 76, 77, 79, 87,
　190

Katechismus der Katholischen Kirche (KKK, 1992/3) 72, 73, 76, 83, 84, 85, 87, 90, 93, 191
Katholischer Erwachsenen-Katechismus (KEK II, 1995) 60, 69ff., 110, 114, 192
Katholischer Katechismus für die Bistümer Deutschlands (1955) 67
Keuschheit 21, 85, 189
Kindergarten 5, 33ff., 82, 118, 129, 130, 131, 182
Kinder und Jugendliche mit Behinderung 91, 131, 144f., 157, 164
Kleinkind 5, 30, 89, 185
Kommunikation 7, 34, 40, 44, 78, 90, 96, 98, 104f., 106, 125, 133, 135, 144, 161, 167, 168, 175, 176, 177, 181, 186
Kompetenz, ethische 122, 123, 124, 129
Kompetenz, interkulturelle 124
Kompetenz, interreligiöse 124
Kompetenz, kommunikative 7, 115, 118
Kompetenz, soziale 7, 115, 121
Kompetenz, sprachliche 7, 118, 129
Kultivierung der Sexualität 105
Kulturrevolution (1968) 25, 63, 68f., 87
Lehrer/in 11, 17, 83, 91, 129ff., 180
Liebe 6, 7, 8, 9, 11, 12, 16, 18, 19, 25, 27, 30, 32, 34, 39, 40, 42, 44, 45, 46, 51, 52, 54, 56, 57, 58ff., 68, 70, 71, 75, 78, 80, 81, 83ff., 90, 92, 93, 97, 98, 99, 100ff. 112, 113, 114, 117, 119, 120, 121, 122, 124, 131, 136, 150, 162, 165ff., 177, 180, 182, 184, 185, 186, 187
Lust 16, 31, 33, 64ff., 78, 85, 87, 91, 98f., 101, 131, 144, 145, 177
Materia-gravis-Lehre-in-sexto 66, 67, 73
Medienkompetenz 7, 8, 115, 125, 126, 163, 175, 176, 177
Menschenbild, biblisches 45, 46, 47, 49
Menschenbild, christliches 9, 26, 35, 72, 123, 139, 141, 185
MFM Projekt 36, 200
Missbrauchsdelikte 10, 13, 21f., 31, 34, 70, 76, 83, 89, 90, 95f., 111, 123, 139, 144, 148, 151f., 178

Mündigkeit 6, 20, 69, 73, 74, 89, 135, 146, 149
Nacktheit 49
Orientierung, sexuelle 95, 131, 164, 172, 181, 199
Pädophilie 22, 95
Papst 37, 44, 45, 52, 80, 81, 83, 85, 86, 88, 151
Partnerbezug 99, 104
Pastoralkonstitution Gaudium et spes (GS) 13, 70, 71, 99f.
Personalisierung 104
Perspektivenwechsel 10, 70, 73
Pönalisierung 67, 95
Pornografie 7, 8, 19, 20, 21, 85, 121, 125, 126, 151, 175, 177
Prostitution 53, 85, 90, 121, 146
psychosexuelles Moratorium 35
Pubertät 36, 73, 91, 110, 118, 120, 133, 134, 141, 182, 184
Realschule 7, 14, 138, 139, 148, 182
Regeln sexueller Kommunikation 7, 44, 90, 104, 106, 181
Religionspädagogik 5, 11, 14, 23, 24, 25, 27, 70, 86, 105, 151, 180, 185, 192
Religionsunterricht 5, 7, 14, 25, 29, 36, 39, 119, 121, 124, 126, 128ff.
Rücksichtnahme 104
Sachkompetenz 7, 115, 116, 118, 120, 121
Schatten des Sexuellen 10
Schöpfung 26, 47, 49, 50, 51, 52, 54, 61, 74, 80, 85, 117, 136
Schule 3, 5, 7, 8, 12, 14, 15, 16, 22, 25, 36, 39, 41, 43, 74, 81, 91, 96, 109, 113, 118, 119, 121, 124, 126, 128ff., 150, 151, 153, 165, 175, 177, 180, 181, 182, 184, 186, 189, 199
Schwangerschaft 36, 133, 141, 163, 165, 172, 176, 181
Selbstbestimmung 9, 20, 24, 37, 68, 72, 91, 107, 136, 144, 152
Selbstreflexion 122
Selbstverpflichtung 8, 150, 151, 186
Selbstverwirklichung 68, 97, 122, 149
Sexualkunde 29, 90, 120, 129, 131

Sexualmoral 10, 13, 22, 54, 63, 68, 69, 70, 73, 76, 87, 151, 188, 189, 190, 191
Sexualpädagogik, christliche 10, 11, 26, 86, 186
Sexualpessimismus 60, 66
Sexuelle Übergriffe (s. auch Missbrauchsdelikte) 153
Shell Jugendstudie (2010) 13, 14, 15, 27, 195
Sinndimensionen menschlicher Sexualität 7, 96ff.
Solosexualität 92, 93, 113, 189
Stufenleiter der Zärtlichkeit(en) 105, 110, 112, 146
Synode 72 des Bistums Basel 71f., 91
Tage der Orientierung 8, 139, 150, 165ff., 171, 172
Teenstar 36
Transsexualität 95, 96, 172
Transzendenz 93, 100, 105

Unzucht 53, 85
Vergewaltigung 85, 90, 172
Verhaltenskodex der KJG in Bayern 151ff.
Verliebtsein 16, 18, 35, 51, 60, 101, 134, 137, 139, 175
verwahrlost 13, 21
voreheliche Beziehung(en) 61, 110
voreheliche Lebensgemeinschaften 78
Weiterbildung/Fortbildung 122, 199, 200
Wertekommunikation 20, 77, 123
Wertewandel 122
Youcat – Jugendkatechismus (2011) 63, 83ff., 84, 85, 86, 88, 98, 196
Zärtlichkeit(en) 18, 21, 30, 32, 40, 41, 45, 55, 77, 78, 93, 97, 99, 103, 105, 110, 112, 131, 137, 146, 159, 184
Zölibat, zölibatäre Lebensform 78, 111ff., 194
Zweites Vatikanisches Konzil (1962–65) 13, 25, 67ff., 70, 87, 99, 108, 182, 186

205

10.10 Textnachweis

S. 16, 17 Auszüge aus »Jugend 2010«© 16. Shell Jugendstudie, S. 332, 305–310

S. 19 Grafik, in: Jugendsexualität 2010 © Bundeszentrale für gesundheitliche Aufklärung (BZgA), Köln

S. 189 Ruth Pfau, in: Das Herz hat seine Gründe © Verlag Herder GmbH, Freiburg i.Br. ^{4}2010

S. 156f., 159ff., 165f. Auszüge aus: Stefan Timmermans/Elisabeth Tuider, Sexualpädagogik der Vielfalt, Juventa Verlag, Weinheim 2008

Alle Bibeltexte sind der Einheitsübersetzung der Heiligen Schrift entnommen © Katholische Bibelanstalt, Stuttgart 1980

Für Studium und Berufspraxis

Stephan Leimgruber
INTERRELIGIÖSES LERNEN
ISBN 978-3-466-36748-1

Wie können unterschiedliche Menschen, Kulturen und Religionen in gegenseitigem Respekt zusammenleben? Was können sie voneinander lernen? Dieses Buch zeigt Wege für den Dialog zwischen Christen, Juden, Muslimen, Hindus und Buddhisten auf: grundlegende Informationen und Methodenvorschläge für Begegnung und gemeinsame Lernerfahrungen. Für Religionsunterricht, Gemeindearbeit und Erwachsenenbildung.

Georg Hilger, Stephan Leimgruber, Hans-Georg Ziebertz
RELIGIONSDIDAKTIK
Ein Leitfaden für Studium, Ausbildung und Beruf
Neuausgabe
ISBN: 978-3-466-36886-0

Alles Wissenswerte zum Thema Religionsunterricht – umfassend, kompakt und jetzt in vollständig überarbeiteter Neuausgabe. Das unentbehrliche Standardwerk für angehende Religionslehrerinnen und -lehrer katholischer wie evangelischer Konfession.

www.koesel.de